写真①交通・道路・鉄道大学の学生たちによるホーチミン廟建設
出典：Bộ Đại Học và Trung Học Chuyên Nghiệp. Đại Học và Trung Học Chuyên Nghiệp: Tập San của Ngành Đại Học và Trung Học Chuyên Nghiệp. tháng 3, 1977, p.22.

写真②フエ科学大学の教員、学生による生産労働の様子
出典：Bộ Đại Học và Trung Học Chuyên Nghiệp. Đại Học và Trung Học Chuyên Nghiệp: Tập San của Ngành Đại Học và Trung Học Chuyên Nghiệp. tháng 3, 1976.

②

写真③旧ハノイ総合大学(ハノイ国家大学の前身)

写真④ハノイ大学(教育訓練部所管の大学。英語学部や日本語学部など、ベトナム高等教育における外国語教育の中心的機関の1つである)

写真⑤教育管理学院（教育訓練部所管の高等教育機関。現職教員の研修や学位取得のためのプログラムも多く展開している）

写真⑥ FPT大学の授業風景（ベトナムで最初の企業が設立した私塾大学。教室は必ずしも設備が充実しているとはいえない）

④

写真⑦教育訓練部(ベトナムにおいて教育に関わる事項を管轄する中央行政部門。教育訓練部は工学分野の有力大学であるハノイ工科大学に隣接している)

写真⑧国家教授職資格授与式の様子(2015年11月12日にハノイの国家会議センターで開催。ベトナム全国から大学教員、研究者、公安幹部などが集まり、教授職授与式に参列する)

The Structure of Higher Education System in Vietnam

現代ベトナム高等教育の構造

国家の管理と党の領導

関口洋平

東信堂

はしがき

　本書の目的は、ベトナムにおいて計画経済体制から市場経済体制への移行（以下、体制移行）に伴って生じる高等教育の管理運営改革と国家と共産党による大学への管理・統制の実態を考察することで、多様化した高等教育の構造のなかで国家や党がいかなる論理から大学へ関与するのかを明らかにすることである。

　ベトナムでは、1986 年にドイモイ政策が打ち出される以前の高等教育は社会の一握りの「エリート」のためのものであり、その目的は主として国家公務員の養成であった。大学は国家や共産党による厳しい管理と統制のもとに置かれていた。1986 年にドイモイ（刷新）政策を打ち出して以降、「工業化」と「現代化」を旗印に国力の増強と経済発展を目指して高度職業人材の養成が求められるようになるなか、ベトナムにおいて高等教育は一貫して重視されてきている。とりわけ 1990 年代半ば以降、ベトナムでは高等教育の量的拡大が図られる過程で、国内外のさまざまな資源・資本を活用しながら高等教育の市場化と国際化が積極的に進められてきた。国家の限定的な財源のなかで高等教育を丸抱えするのをやめ、民営セクターの導入・拡大を図るとともに、公立大学の法人化や運営自主権の拡大を進めるようになっている。

　詳しくは本文に譲るが、こうした体制移行の過程でベトナムでは、民営大学の多様化が進められてきた。まずは民立大学と呼ばれる共産党が理事会と関わって大学を監督するいわば「社会主義的私立大学」の設置が進められた後、2005 年には共産党から距離を取り企業的な管理運営をおこなう私塾大学の設置が正式に認可された。また、公立大学では運営自主権が拡大していく過程で、大学の自主性や「自治」、「学術の自由」といった主張がなされるようになっている。周知のとおり、共産党による一党支配体制が維持されている社会主義国ベトナムで、こうしたドラスティックな改革が生じているのはなぜなのか。また体制移行の過程で、国家や共産党は大学とそこで扱われる知識に対していかなる論理から関与しているのだろうか。こうした問題関心が本

書の出発点となっている。

　ベトナムの高等教育の特質は、従来の社会主義体制下で形成された高等教育の制度(連続性)と、体制移行の過程で進められてきた高等教育の改革(新規性)とが、モザイク状に存在していることである。そうした例として高等教育行政では、中央の教育行政部門のみならず、教育を管轄事項としない多数の中央省庁が当該領域に関わる専門的な単科大学を一定数所管する体制が現在もなお採られている。こうした観点から、本書では国家を教育行政部門と非教育行政部門とに分けて、両者の大学への関与の論理について検討をおこなっている。本書の検討を通じて、ベトナムにおける大学像や大学の役割のみならず、大学をめぐる中央省庁間の関係性についても明らかになる。

　従来の体制における高等教育制度との連続性として、ベトナムでは共産党が高等教育システムや大学に細胞のように設置にされた党組織を通じて高等教育に一定の関与をし続けてきた。しかしながら、これまでのベトナム高等教育に関する研究では、共産党が大学の管理運営に関与する事実については言及するものの、その実態や関与の論理について体系的な検討はおこなわれてこなかった。本書では、文献調査と現地での質問紙調査や聞き取り調査を通じて、ベトナム高等教育における共産党の大学への関与の実態とその論理が明らかになる。共産党と大学との関係を論じるための分析枠組みとして本書では、従来の大学管理運営に関する研究で用いられてきた「国家」、「市場」、「大学」からなるクラークのトライアングル・モデルに「党」を4つ目の要素として加えて検討をおこなう。

　こうした分析の枠組みを設定したうえで本書は、高等教育の構造におけるベトナム「らしさ」を浮かび上がらせるため、ロシアと中国という類似の国家体制を採るほかの体制移行国との比較的な視点のもとに置きながらベトナム高等教育の改革について考察するものである。

　本書がベトナムの教育に関心を持つ読者のみならず、広くアジア地域における高等教育改革や高等教育の管理運営研究に関心を持つ読者にとっても参考になれば幸いである。

目次／現代ベトナム高等教育の構造－国家の管理と党の領導－

はしがき……………………………………………………………………… i

序　章　研究の目的と課題 …………………………………… 3
 1　研究背景と問題関心 ………………………………………………… 4
 2　研究対象国の妥当性 ………………………………………………… 7
 3　研究目的と課題の設定 ……………………………………………… 9
 4　先行研究の検討：比較教育学におけるベトナム高等教育研究の動向 … 13
 5　本書の構成 …………………………………………………………… 17
 6　ベトナムの学校教育体系と用語の定義 …………………………… 21

第1章　体制移行国における高等教育の構造変動：
   ロシアと中国を事例として ……………………… 35
 1　はじめに ……………………………………………………………… 36
 2　高等教育における「体制移行論」の検討：理論的枠組みの提示 …… 38
 3　高等教育の社会主義的構造：
   国家社会主義体制下における高等教育の構造 ………………… 44
 4　体制移行に伴うロシア高等教育の変動 …………………………… 47
 5　体制移行に伴う中国高等教育の構造変動 ………………………… 53
 6　比較考察：ロシアと中国における高等教育の構造変動 ………… 59
 7　おわりに ……………………………………………………………… 63

第2章　「国家社会主義体制」のベトナムにおける高等教育の構造 … 73
 1　はじめに ……………………………………………………………… 74
 2　北ベトナムにおける社会主義的高等教育の基本構造の形成 …… 76
 3　南ベトナムにおける高等教育の基本構造 ………………………… 83
 4　南ベトナム接収に伴う高等教育の社会主義的改造 ……………… 88

5　南北統一期ベトナムにおける高等教育の社会主義的構造 ………… 94
　　6　おわりに ……………………………………………………………………… 98

第3章　ベトナム高等教育における民営大学の管理運営改革 … 107
　　1　はじめに ……………………………………………………………………… 108
　　2　体制移行と高等教育の変動 ……………………………………………… 109
　　3　高等教育における「社会化」の展開 ………………………………… 114
　　4　私塾大学の管理運営体制：制度設計を中心とする比較的検討 …… 118
　　5　私塾大学の実態 …………………………………………………………… 124
　　6　私塾大学における管理運営の論理 ……………………………………… 130
　　7　おわりに ……………………………………………………………………… 135

第4章　ベトナム高等教育における公立大学の管理運営改革 … 143
　　1　はじめに ……………………………………………………………………… 144
　　2　体制移行に伴う大学の自主性拡大 ……………………………………… 145
　　3　大学の自主性に関する議論：
　　　　『教育科学雑誌』における大学と教育部の見解 ……………………… 149
　　4　大学入学者選抜における大学への権限委譲改革 …………………… 155
　　5　教育課程における大学への権限委譲改革 …………………………… 160
　　6　学位授与における大学への権限委譲改革 …………………………… 166
　　7　公立大学における管理運営の論理 ……………………………………… 171
　　8　おわりに ……………………………………………………………………… 174

第5章　ベトナムの大学管理運営における多数省庁所管方式の構造と論理 … 185
　　1　はじめに ……………………………………………………………………… 186
　　2　社会主義国における多数省庁所管方式の導入：
　　　　ソビエトと中国を事例として ……………………………………………… 188
　　3　ベトナムにおける多数省庁所管方式の歴史的経緯 ………………… 192

4　非教育行政部門の所掌事項と権限配分関係 ················ 197
　　5　非教育行政部門による大学と知識に対する関与の実態 ········ 202
　　6　ベトナム高等教育における多数省庁所管方式の構造と論理 ···· 209
　　7　おわりに ·· 211

第6章　ベトナムの大学管理運営における党による関与の構造と論理 ··· 217
　　1　はじめに ·· 218
　　2　高等教育における党の方針 ······························ 219
　　3　大学党組織の役割：文献調査を中心に ···················· 226
　　4　大学党組織の実態的役割：ハノイにおける聞き取り調査を中心に ··· 233
　　5　党による大学の管理運営への関与の論理 ·················· 240
　　6　おわりに ·· 243

第7章　現代ベトナムにおける高等教育の構造改革の論理 ··· 255
　　1　国家体制と高等教育の構造の相互関係：体制移行国ロシアと中国の事例から ··· 256
　　2　国家社会主義体制における
　　　　ベトナム高等教育の構造と国家および党の論理 ············ 259
　　3　体制移行の過程における
　　　　ベトナムの大学管理運営改革と国家および党の論理 ········ 261
　　4　多様化した高等教育の構造における
　　　　国家と党による大学への関与の論理 ······················ 269
　　5　体制移行とベトナム高等教育の構造的特質 ················ 279

終章　「体制移行」という視角からみえるもの ··············· 285
　　1　ベトナム高等教育における構造改革の論理 ················ 286
　　2　結語 ·· 290

引用文献 ·· 295
あとがき ·· 310
索　引 ·· 315

ベトナムにおける高等教育改革の年表

時期	重要法規・主な出来事
1986年	ベトナム共産党第6回大会においてドイモイ路線が採択される。
1989年	民営セクターの展開に関する会議が開催される。
1993年	・第7期第4中総において投資資源、国際機関の援助、外国資本の動員が教育改革の方針になる。 ・「半公大学」、「民立大学」、「私塾大学」が民営機関として規定された。 ・ハノイ国家大学が創設される。
1996年	ベトナム共産党第8回大会において「社会化」政策が提唱される。
1998年	「教育法」が公布される。
2000年	「民立大学の組織と活動に関する規則」が公布される。
2001年	「国家大学の組織と活動に関する規則」が公布される。
2003年	「大学条例」が公布される。
2005年	・2005年の第5号議決「教育・医療・文化・スポーツ活動の社会化の推進に関する政府議決」において、教育機関の営利性が承認される。 ・「私塾大学の組織と活動に関する規則」が公布される。
2006年	・ベトナムがWTOに加盟する。 ・民立大学の私塾大学への転換が決定される。 ・「高等教育アジェンダ」が公布される。
2007年	「単位制システムによる正規大学・短大訓練規則」が公布される。
2009年	ホーチミン市師範大学において「ベトナムの大学・短大における自主性と責任に関する問題」研究会が開催される。
2010年	「大学条例」が公布される。
2012年	「高等教育法」が公布される。
2015年	高校卒業試験と大学入試が「国家後期中等教育卒業試験」に一本化される。
2018年	ハノイ法科大学において「大学の自律的運営に向けた刷新」研究会が開催される。

現代ベトナム高等教育の構造
―国家の管理と党の領導―

序　章

研究の目的と課題

1　研究背景と問題関心
2　研究対象国の妥当性
3　研究目的と課題の設定
4　先行研究の検討
　　比較教育学におけるベトナム高等教育研究の動向
5　本書の構成
6　ベトナムの学校教育体系と用語の定義

1　研究背景と問題関心

　21世紀に入り国際社会では、グローバル化や知識基盤型社会化の進展に伴い社会経済の構造が大きく変容するなかで、大学は学術研究機関としての新たな知識の創出と次世代を担う人材の養成にあたりますますその重要性を高めてきている。日本においては近年、教育・研究の環境を改善すると同時に、急速に変化する社会のなかで大学の伝統的特質とも言える自律性のあり方を問い直すため、とりわけ大学の管理運営ないし「大学ガバナンス」をめぐる改革が喫緊の課題となっている[1]。また、世界的な動向をみても、グローバル化に対応するという潮流のなかで国家の政策や市場の原理などの力学によって大学の管理運営体制の改革が生じてきている。具体的には、いずれの国でも国家の保護下にあって比較的高い自律性を享受した大学から企業化しグローバル化した大学へと、大学を形成する制度全体がゆるやかに移行していくことが予測されている[2]。

　大学の管理運営に市場原理を導入しようとする改革は世界的な潮流であり、従来の計画経済体制のもとで高度に中央集権的な高等教育システムを構築してきた社会主義圏の国々においても確認できる。政治経済学の分野では、大きくロシア(旧ソ連)、東欧諸国といった従来の社会主義体制から政治体制の民主化と市場経済体制への移行を経験している国々をはじめ、中華人民共和国(以下、中国)やベトナム社会主義共和国(以下、ベトナム)などの移行経済期にある社会主義国を指して「体制移行国」と呼んでいる。これらの国々では、20世紀の末に国家体制が大きく転換し、計画経済体制から市場経済体制への移行(以下、体制移行)が生じることで市場化とともにグローバル化が急激に進展しつつある。こうした体制移行国は「比類のない民営化の実験地」とみなされ、体制移行の「核」にあるのは国家から民間への諸権限の委譲に他ならないと指摘されているのである[3]。

　このように世界的な事象として大学の管理運営改革がおこなわれてきており、その過程では国家と大学の関係が捉え直されるようになってきている。

一般的な観点から国家と大学の関係についてみれば、国家による大学への関与の程度によって2つの主要なモデルとして「統制モデル(State-control model)」と「監督モデル(State-supervising model)」を挙げることができる[4]。前者の国家による「統制モデル」は、フランスや旧ソビエトの高等教育システムによって代表され、形式上、国家が高等教育システムの力学のすべての面を統制するようなモデルである。一方、国家による「監督モデル」は、アメリカやイギリスの高等教育システムによって代表されるものであり、大学には学生募集や教育課程、教員の雇用などの各側面において高度な自治や自主権が与えられ、国家は「控えめな役割」を果たすようなモデルである[5]。

　この2つのモデルはそれぞれ対極に位置づけることができるが、大学の管理運営に市場原理を導入しようとする改革の潮流とも関わって、2000年代にはますます多くの国で「統制モデル」から「監督モデル」への移行が生じたとされる[6]。強調しておきたいのは、こうした変化は体制移行国における大学のありようにおいても生じていることである。つまり、従来の体制では、知識の生産・伝達をめぐる学術の自由や大学の自治が否定され、大学は細部に至るまで厳格な国家による統制下に置かれていた。社会主義圏の大学では、体制移行の過程で国家から大学への諸権限の委譲が生じ、大学には「自治」や「自主権」が与えられるようになってきている[7]。なかでもアジアにおける体制移行国についてみれば、体制移行の過程で中国の高等教育システムは「監督モデル」の方向へと進んだと指摘されているし[8]、ベトナムも「監督モデル」を志向しているという指摘がある[9]。ただし、こうした動きはあくまで国家による大学に対する統制の程度や性質の変化を意味するものであり、国家は大学に対して一定の関与を継続している。そして中国やベトナムでは、現在もなお事実上の一党支配体制が採られていることから、国家に加えて共産党(以下、党)による大学への関与が存続しているのである。

　それでは、政治経済体制や国をとりまく環境の急激な変化のなかで、体制移行国では、大学の管理運営をめぐっていかなる論理のもとどのような改革がおこなわれてきているのだろうか。そして体制移行の過程では、国家が大

学や知識への関与をおこなうのはいかなる論理に支えられてのことなのだろうか。帝政期のロシアをフィールドとする橋本は、大学の自治や学術の自由を尊重する立場から、「大学と国家との関係をめぐる問題系は悩ましく」「学問の自由への国家的脅威は、20世紀後半以降の自由民主主義体制のもとではもはや問題になりえないかのように語られ」たものの、こうした「大学や学問と国家との関係を批判的に問いただす作業が、改めて重要」になっていると述べている[10]。そのうえで、「学問の自由や大学のあり方に対して第二次世界大戦後も社会主義圏では引き続き厳しい制約が支配していた」ことから、「社会主義からの体制転換諸国の経験」を検討する必要性を指摘している[11]。このことは、「大学とは何か」、「国家は大学の管理運営に対してどの程度まで関与するのが望ましいのか」という大学の理念型を考えるうえで、社会主義国の体制移行の過程における国家による大学への関与の論理や、大学のありようの変容について検討することの重要性を示唆している。

　国家と大学の関係という視点から、大学の管理運営体制について検討するこれまでの研究をみれば、その多くに「国家」、「市場」、「大学」の3つの要素の合力を枠組みとするクラークのトライアングル・モデルが影響を及ぼしてきたと言ってよい[12]。しかしながら、体制移行国のなかでも中国やベトナムを検討の対象とするとき、こうした国々では体制移行の過程においても一党支配体制が採られており、大学やそこで扱われる知識に対しては、国家に加えて党も関与を続けている状況が確認される。このことをふまえると、これまでの見方では十分な分析ができるとは言いがたい。とりわけベトナムでは、本書の検討において明らかにしていくように、体制移行の過程において国家と党が一枚岩ではなく、それぞれが異なる役割を果たすようになっている。具体的には、党は「領導者」として国家を含めたベトナム社会全体の方向性を打ち出すようになっているのに対し、国家はそうした方向性のもとで具体的に管理をおこなう「管理者」としての役割を担うようになっているのである[13]。このように、これまでの分析枠組みでは不十分であり、ベトナムにおける高等教育システムを対象とするときには、これまでの枠組みに新たに

「党」を加えることで「国家」、「市場」、「大学」そして「党」からなる4つの要素の合力によって高等教育システムを検討する必要性が示唆される。

2　研究対象国の妥当性

　本書では、主たる研究の対象国として、党による一党支配を維持しつつ経済体制の市場化を進めている体制移行国のベトナムを取り上げる。本書における議論の時間枠としては、南北ベトナムが統一され社会全体の社会主義建設が推し進められた1970年代の高等教育の構造を把握したうえで、主として大学の運営自主権の拡大のため法的制度の整備と実態における改革が進んだ1990年代から2010年代までのおよそ30年間に焦点をあてる。本書において、ベトナムを中心に検討を進める理由は次の3点によるものである。

　第1に、ベトナムはその歴史上、中国やフランス、ソビエトをはじめとする大国や国際社会の強い影響のもとに一貫して置かれ、そうした関係性の変化のなかで国家体制や大学のありようが大きく決定されてきた。こうした特徴にみるように、ベトナムは、特定の国家体制や歴史的な条件が大学のありようをどのように規定するのかについて検討し、国家と大学の相互の関係を考察するうえで非常に適した事例である。20世紀以降のベトナムの国家としての歴史を具体的にみれば、1945年に宗主国であったフランスから独立した後、ソビエトによる援助のもと社会主義体制を採る北ベトナムとアメリカの援助のもと資本主義体制を採る南ベトナムとで国家が二分されていたが、1976年に南北が統一されて以降は国家社会主義体制が南ベトナムにもしかれることになった。ベトナムの大学のありようは、本書で検討していくように、それぞれの時代の国家体制の影響下で形成されてきたのである。また、1986年にドイモイ（刷新）政策が打ち出されて以降は、党による一党支配体制には大きな変化はないものの、国家と経済の発展をめざして、従来の計画を主とする経済体制に市場原理が持ち込まれると同時に、対外開放政策が採られるようになっている。

第 2 に、体制移行の過程でベトナムでは、急激な市場化が高等教育システムにおいても生じており、それに伴い大学のありようや管理運営体制が変化してきている。すでに述べたように、こうした高等教育の市場化は体制移行国のみならず、世界的に観察される事象である。ただし、特徴的な変化としてベトナムでは、民営高等教育セクターが形成され、それが発展していく過程で、民立大学と私塾大学という 2 つの異なる民営大学の類型が存在したうえで、民立大学から私塾大学への転換が進められつつある。また市場化は、一部の大学を対象とした法人化や大学に対する諸権限の委譲をはじめとして、公立大学の管理運営体制にも影響を及ぼすようになっている。このように高等教育の市場化が進む過程でベトナムでは、大学類型の多元化により国家と大学との距離の多様化が生じている。具体的にいえば、従来ベトナムでは大学の設置主体は国家に限定され、主として単科の専門大学と少数の総合大学からなる高等教育システムが採られていた。しかし体制移行の過程では、政府や各中央行政部門が設置主体となる類型として国家大学、地方拠点型の総合大学、従来型の単科大学[14]が形成され、民営大学類型としては、民間団体が設置主体である民立大学や企業による設置が認められる私塾大学が生み出されたことで、大きく 5 つの大学類型からなる複合的な高等教育システムが形成されるようになっている。とりわけ、ベトナムにおける民営大学類型の多様化という事象は、「民営化の実験地」と総称される体制移行国において、高等教育の市場化がもたらす大学の自主的・実験的な運営の可能性や、国家と大学との関係性を考察するための重要な論点を提供するものである。

　そして第 3 に、このような高等教育の変容の一方で、従来の社会主義国家に共通してみられた高等教育行政制度である「多数省庁所管方式」や、大学における党組織の存在など、現在もなお従来の体制からの連続性を確認することできる。多数省庁所管方式とは、高等教育行政において中央の教育行政部門のみならず教育を管轄事項としない多数の中央省庁が、当該領域に関わる専門的単科大学をそれぞれ一定数所管する形態のことである。こうした大学の所管方式にみられるように、従来の社会主義体制における理念型としての

大学は、専門分化し多数の中央省庁にそれぞれ所管されることにより、各経済領域で直接的に役に立つような知識を伝達・生産する機関として位置づけられていた。体制移行に伴う高等教育の変容をこうした従来体制との連続性から捉えることで、国家や党との関係における大学の役割やそのありようを検討するための極めて重要な視点を得ることができる。

このように、国家体制や社会の変動と結びついて大学のありようはどう変容し、国家や党は大学との関係をいかに結び直しているのかを検討するうえで、ベトナムは適格な研究対象国である。その根拠を改めてまとめれば、①歴史的な性格上、数度の国家体制の転換と大学のありようの変容を経験していること、②体制移行の過程で、民営大学類型の多元化改革や公立大学の自主性ないし「自治」を拡大する改革をおこなってきていること、そして③こうした変化にもかかわらず、国家や党による関与という従来の体制からの連続性が確認できることの3つに集約される。こうした状況から浮かび上がる問題認識は、次のような問いである。すなわち、ベトナムでは体制移行の過程で国家と大学の関係はどのように変化してきており、「自主性」や「自治」という概念と関わって大学のありようはいかに変容してきたのか。そして、体制移行の過程では、国家や党は大学やそこで扱われる知識に対していかなる論理から関与するのだろうか。

3　研究目的と課題の設定

本書の目的は、このような問題認識のもと、ベトナムにおける大学の管理運営体制に焦点をしぼり、体制移行に伴う高等教育の構造改革と国家と党による大学への管理・統制の実態を考察することを通じて、多様化した高等教育の構造における国家と党による大学への関与の論理を明らかにすることである。その際とくに、体制移行の過程において教育行政部門に加えて非教育行政部門も大学を所管し、大学に対して一定の関与をおこなっていると推察されることから、「国家」による大学への関与を大きく教育行政部門による関

与と非教育行政部門による関与の2つに分けて検討する。また同時に、ロシアと中国を比較対照国とし、これらの体制移行国における国家と大学の関係および大学のありようの変容についてマクロな視点から検討することで、体制移行国における高等教育の構造変容の方向性に関して理論的な洞察を得る。そのうえで、体制移行国という比較的な視点のもとにベトナムを置くことで、ベトナム高等教育の独自性について検討する。

以上をふまえて、本書では以下の3つの課題を設定する。

第1の課題は、ベトナム高等教育の変容を解釈するための理論的な視座を得るため、体制移行国における高等教育構造の変容を検討することを通じて、国家体制と高等教育の構造の相互関係について明らかにすることである。そのため、体制移行国では高等教育がどのように変容してきたのか、また、政治体制の民主化を含むかどうかという体制移行パターンの相違は国家と大学の関係にいかなる影響を及ぼすのかという問いを設定する。具体的には、ロシアと中国を事例国として、体制移行の過程における高等教育の変動の論理について比較考察をおこなう。その際とくに、国家社会主義体制と呼ばれる従来の国家体制からの移行過程において、大学の管理運営に関わるいかなる権限が国家のものとして掌握され続けるのか、また、どのような権限が大学に委譲されるのかという視点から検討する。

第2の課題は、現代のベトナムとの連続性から南北統一期の北ベトナムを中心に取り上げ、従来の体制下における高等教育の歴史的展開とその構造を検討することを通じて、大学の管理運営における国家と党の論理について明らかにすることである。ドイモイ政策が打ち出される以前の従来の体制において、国家および党と大学とは、大学の機能である教育と研究(知識の伝達と生産)からみたとき、どのような関係にあったのだろうか。先行研究では、従来の体制下のソビエト・モデルにもとづく大学には研究活動が求められていなかったとされるが[15]、先行研究における議論の時間軸は主として1960年代までであり、南北統一を目指して国家総動員で社会主義建設が進められた1970年代の状況について体系的に明らかにした研究は非常に限定的であ

る[16]。こうしたことから、旧南ベトナムの大学の接収を含む、1970年代の高等教育の改革(高等教育の社会主義的改造)について検討することで、より実態を反映した「国家社会主義体制」下のベトナムの大学像を提示する。

そして第3の課題は、1986年にドイモイ政策が打ち出されて以降の体制移行の過程を中心に、「国家」を構成する主体である教育行政部門および非教育行政部門、それから「国家」や社会に対する領導者である「党」の3つの主体による大学管理運営の論理について明らかにすることである。体制移行に伴ってベトナムでは、大学類型の多元化をはじめとして、高等教育システムの多様化が生じている。そうした過程で、大学の組織構造や自主権について規定した2003年の「大学条例」の公布や2005年の「私塾大学規則」の公布を通じて、大学の管理運営改革が実施されてきている。一方では、繰り返しになるが体制移行の過程においても、ベトナムでは大学の管理運営に関して従来からの連続性が確認できる。つまり、現在もなお教育行政部門のみならず教育を本来の所掌事項としない非教育行政部門が大学を設置しているし、大学の設置類型を問わず、党は大学の内部に大学党組織を置いて何らかの形式で大学への関与を継続しているのである。ガバナンスの考え方については後述するが、クラークによれば大学の管理運営ないしガバナンスについて、ガバナンスとは広く「高等教育システムと直結した環境の中にいる人の手で誰の手がそのシステムの上に置かれているのか」という概念であるとされる[17]。また、ハーマンは、ガバナンスを「いかに権力が配分され行使されているか、国家とシステムおよび機関との関係はどうなっているのか」という概念として示している[18]。こうしたことをふまえて、本書では、大学の管理運営において「誰が」、「何をどの程度」、そして「いかなる原理のもとで」管理するのかという共通の視点から、教育行政部門、非教育行政部門それから党による大学への関与の論理を明らかにする。

以上の3つの課題の検討結果をふまえて総合的な考察を加えることで、体制移行の過程における高等教育の構造改革の実態を明らかにするとともに、国家や党との関係における大学の役割について考察する。そのうえで、多様

化した高等教育の構造における国家および党による大学への関与の論理を明らかにする。

このような観点から、比較教育学に対する本書の研究の意義として次のように3つを指摘することができる。

1つ目は、体制移行という共通の事象を経験している複数の国家を横断的に検討することで、体制移行と高等教育の構造との関係を明らかにすることである。このことは、大きく大学のありようを規定する国家体制や歴史的条件など、国家と大学の相互の関係性について新たな知見を提供することにつながる。また、体制移行国における民営高等教育改革の実態を横断的に検討することで、体制移行に伴う民営高等教育セクターの内部多様性を明らかにできる。こうした知見は、次節で述べるように、相対的に一国研究を重視する傾向にある日本の比較教育学における分析視点の多様化とその学術的発展に貢献するものである。

2つ目は、ベトナムに関する一国研究としてみたとき、本書ではベトナムにおける「国家」を一枚岩ではなく「党」と「国家」に峻別し、さらに「国家」を教育行政部門とそれ以外の中央行政部門にわけてそれぞれの大学との関係を検討していく。このことは、ベトナム高等教育の研究や大学の管理運営研究を深化させることにつながる。具体的には、国家と大学との関係をより多面的に明らかにするとともに、大学や大学教員が活動するうえで基盤となる大学観をめぐるベトナム社会の特質を明らかにすることができる。

加えて3つ目は、本書の研究を通じてベトナムの社会やその高等教育システムの実態について理解を深めることで、日本およびベトナム両国間の相互理解の進展に貢献できることである。近年、日本の高等教育機関に学びに来るベトナム人留学生は急増傾向にあり、2017年現在では、中国からの留学生に次いで第2位となっている[19]。また、日系企業とベトナムの企業とのつながりもますます緊密になってきている[20]。こうした日本とベトナムとのあいだの国際的な教育交流や相互の社会・経済関係の強化が進められている現状に鑑みれば、ベトナム高等教育の構造を体系的に明らかにすることは

喫緊の課題なのである。

4　先行研究の検討：比較教育学におけるベトナム高等教育研究の動向

(1) 日本におけるベトナム高等教育研究の動向

　ところが日本では、体制移行国という比較的な枠組みのなかに置いてベトナムにおける大学管理運営のあり方を検討しようとする研究はもとより、ベトナム高等教育に関する研究自体が進んでいるとは言いがたい状況にある。

　日本における多くの比較教育学研究者が指摘するように、日本の比較教育学の特徴は複数の国を横に並べて比較検討することで教育的異同を抽出したり理論を形成したりするというよりも、一国研究ないし特定地域の研究を重視する傾向にある[21]。こうした状況から日本では、中国やベトナムというアジアの体制移行国について、一国研究や地域研究として教育改革を検討する研究はすでに一定程度の蓄積があるものの、体制移行国という共通の枠組みのもとで複数の国々を横断的に検討する研究は極めて限定的であった。そうしたものとして主要な研究を挙げれば、南部・関口による体制移行に伴う基礎教育の変容について考察した研究や[22]、南部によるアジア地域を対象とした体制移行と高等教育に関する先駆的研究が存在する程度である[23]。また、検討対象とする地域は異なるものの、川野辺や嶺井が率いる研究グループによるソビエト連邦崩壊後の中央アジア諸国における教育変動の比較研究は、体制移行の過程における教育改革や教育実践の変容を横断的に比較し、その異同を明らかにしている点で画期的な先行研究である。ただし、この研究は体制移行という概念について明示的に検討しているわけではない[24]。

　次いで、一国研究としてのベトナム高等教育に関する先行研究について概観しよう。近年日本ではベトナムの教育に対する研究関心が高まってきているが、そのなかでも高等教育の研究は決して多くはない状況にある。試みにCinii Articleにおいて「ベトナム」「高等教育」で検索すると42件が出てくるのに対して、「ベトナム」「教育」で検索すると879件の結果が出てくる。生産

年代別に879件の論文の内訳をみてみれば、1970年代までに出されたものは66件、1980年代は9件、1990年代は97件、2000年代は306件、そして2010年から2018年現在は401件となっており、とりわけ2000年代以降にベトナムの教育に関する研究が急増してきていることがわかる[25]。

こうした状況から、日本におけるベトナム高等教育に関する主要かつ体系的な研究としては、近田による先駆的な論考がある程度であった。近田の研究は、ベトナムの高等教育の政策の歴史を丹念に明らかにするなか、中国をはじめとしてベトナムの国家体制や高等教育のモデルに影響を及ぼした国々との比較的な検討をすることで、ベトナム高等教育の特質を浮き上がらせている。ただし、それは研究の性質上、現代の高等教育改革に十分な焦点があてられておらず、研究の主題も必ずしも管理運営体制に焦点をしぼったものとはなっていない[26]。また、ベトナム高等教育における大学の管理運営体制を主たる対象とした先行研究についてみれば、わが国ではチャン・チ・ダオ、ラム・クアン・チェップ、スローパー・デイヴィッドや[27]、すでに指摘した近田による論考が部分的に言及していることを除けば、関口による一連の論考しかない[28]。しかしながらこれらの研究はいずれも、ベトナム高等教育における大学の管理運営改革の1つの側面やある特定の時点だけを切り出して大学の管理運営のあり方について論じたものにとどまっている。こうした点で、体制移行という経済体制の変容をはじめとする社会全体の変動過程において、ベトナム高等教育の構造を体系的に明らかにし、そうした構造のなかに位置づけることで大学の管理運営体制の特質を明らかにしようとする研究はこれまで存在してこなかった。また、民営高等教育については近年、体制移行に伴い高等教育が市場化するなかでダイナミックな管理運営体制の変化が生じているが、中国とベトナムの民営高等教育の方式を比較検討した大塚による先駆的な研究を除けば[29]、この分野においても体系的な研究はなされていない状況にある。

(2) 諸外国におけるベトナム高等教育研究の動向

　体制移行国における教育や高等教育の変容を理論的に捉えようとする研究は、主として東欧諸国、旧ソ連圏の教育学研究者を中心に進められてきた。これらの研究者は体制移行という事象の当事者でもあり、学術的にも国家の政策的にも、体制移行と教育との関連性を研究することの必要性が相対的に高いことがその要因になっていると考えられる。なかでも主要な研究を挙げれば、体制移行の一般的な理論に関する検討をおこない、そのうえで東欧・中欧におけるイデオロギーの変容や教育改革を中心に考察している Birzea による研究や[30]、比較教育学における体制移行国の再検討という視点から、主として東欧・中欧そして旧ソ連圏における教育と体制移行の関係について検討している Silova による研究[31]などがある。Silova による体制移行と教育に関する体系的な研究は中国の高等教育についても検討対象としているものの、こうした先行研究の対象は主として東欧諸国や旧ソ連を構成した国々に限定されており、アジアにおける体制移行国を主たる対象とするものとはなっていない。

　一国研究としてベトナムの高等教育に関する先行研究についてみてみると、英語文献の先行研究も非常に限定的である。試みに ERIC[32] において、「higher education」「Vietnam」という2つの語をキーワードとして検索すると458件が出てくるが、これに「governance」という用語を加えて検索したところ該当するのは15件になった。要旨から内容を確認したところ、高等教育の管理運営を扱っていると判断される論文は3件に過ぎなかった。このうち、Dao, Van Khanh による研究[33] は、ベトナム中部の地方拠点型の総合大学を対象に大学管理運営の課題を実証的に明らかにするものであり、Pham, Thi Lan Phuong の研究[34] は、高等教育の管理運営改革の大きな焦点の1つである質保証を主として検討している。そして Hayden, Martin and Thiep, Lam Quang の研究は[35]、機関内部のガバナンスを保証するための法規の確立について「高等教育アジェンダ」を手がかりに論じている。この検索では出てこなかった英語文献として、主要なものには Dao, Van Khanh and Hayden,

Martinの研究[36]などがあり、この研究は体制移行の過程にある大学に対して、制度的自律性を確保することや、多数省庁所管方式を廃止して単科大学にも広範な自主権を与えていくこと、それから高等教育法を制定するべきことなどが論じられている。しかしいずれも、本書の問題関心からみたときに十分な研究蓄積があるとは言えない。

一方、近年ベトナムにおいては、大学の管理運営改革は教育学分野における重要な研究主題の1つとなってきており、中央教育行政部門である教育訓練部(以下、教育部)や教育部に直属する研究所であるベトナム教育科学院により遂行される研究を中心に、すでに一定程度の研究蓄積がある。こうした研究は、次のように大きく2つに分けることができる。1つは、現状のベトナム高等教育における大学管理運営体制のありようを把握し、東南アジア地域や欧米・日本の高等教育のありようと比較することで、ベトナムの大学の管理運営をよりよくするための課題を強調するタイプの研究である。もう1つは、主として歴史的な観点からベトナム高等教育の発展に対する党の政策や方針に焦点をあてることで、その成果を強調するタイプの研究である。ただし、教育部をはじめとして中央行政部門レベルの報告書を含めても、一冊の図書として出版されている文献はあまり多くはなく、その大半が教育部や各大学が発行する研究雑誌に論文として掲載される形式を取っている。

こうした性格上、ベトナムにおいても体系的な研究は必ずしも多くはない。そのなかでも、①課題強調型として主要な先行研究を挙げれば、『教育管理科学』として管理運営体制における基本的な課題についてまとめたチャン・キエムによる研究や[37]、ベトナムの教育における管理運営体制の改革について、理論的な検討をしたうえで、ベトナムが抱える課題を分析するファン・ヴァン・カーによる研究[38]、そして、各国における高等教育制度とガバナンスのありようについて比較的な視点から検討しながら、現代ベトナムの高等教育の特徴について考察しているチャン・カイン・ドゥック、グエン・マイン・フンによる研究[39]などが挙げられる。また、学術雑誌に掲載される研究論文は多岐にわたっているが、そのなかでも教育部の機関誌であ

る『教育科学雑誌』の研究論文について取り上げると、ターイ・ヴァン・タイン、グエン・ニューアン[40]、ファン・ヴァン・カー[41]、ヴー・ティ・マーイ・フォン[42]、レー・タイン・タム[43]などが近年の主要な研究として挙げられる。

また、②成果強調型の主要な研究を挙げれば、1945年から1995年までのベトナムにおける教育の発展の歴史について、国家や党による改革の成果という視点から体系的に教育改革の事業史を整理した教育部による研究[44]や、党の領導の成果として1965年から1975年の北ベトナムを中心に大学や中級職業教育機関の発展の歴史について論じているゴー・ヴァン・ハーによる研究[45]、それから1996年から2005年までを対象として、現代のベトナムにおける高等教育の発展に対して党が果たした役割について論じているマーイ・タイン・ホンによる研究[46]などである。このようにベトナムでは近年、高等教育の管理運営に関する研究がより多くおこなわれるようになっているが、こうした研究は国家的な要請のもとで実施されることが多く、それとも関わって、課題の発見か成果の強調かのいずれかに力点が置かれるため中立的な視点から実施された研究は限定的なのである[47]。

こうした国内外の状況にみるように、ベトナムの国家体制の変動過程における大学のありようの変化や、そうした高等教育構造の改革を進める国家や党の論理を体系的に明らかにしようとする研究は、これまでおこなわれてこなかった。

5　本書の構成

本書で分析の対象とする時間軸は、1970年代の高等教育の構造を把握したうえで、主として大学の運営上の自主権拡大のため法的制度の整備と実態における改革が進んだ1990年代から2010年代までのおよそ30年間である。また、本書の研究手法は全体を通じて文献調査と現地における聞き取り調査を主としている。とりわけ文献調査において活用するのは、中央教育行政部門の機関誌である『大学・中級職業教育雑誌』、『教育科学雑誌』、『教育発展

雑誌』、『教育と社会雑誌』、そして党中央の機関紙である『ニャンザン』(人民)などである。

　以上をふまえて、本書の構成は次のとおりとする。

　本書は大きく7つの章から構成される。第1章では、ベトナム高等教育を考察するうえでの理論的な視座を得るため、典型的な体制移行国である中国とロシアの高等教育の構造変容について検討する。次いで、ベトナムにおける高等教育の構造について考察した第2章から第6章は、大きく3つの部分から構成される。第2章では、歴史的な観点から南北統一期の北ベトナムを主として取り上げ、体制移行に至るまでの従来の体制下における高等教育の歴史的経緯とその構造について検討する。また、第3章と第4章では、体制移行の過程におけるベトナム高等教育の構造について、それぞれ民営大学と公立大学に焦点をあてて、教育部による大学の管理運営改革の論理を中心に考察する。そして第5章と第6章では、主として教育部以外の主体による個々の大学への関与のあり方について検討する。具体的には、第5章では非教育行政部門による大学への関与の論理について考察し、第6章では党による大学への関与の論理について考察する。第7章では、ここまでの検討の成果をふまえてすでに提示した研究課題について検討するとともに、総合的な考察をおこなう。

　まず第1章では、ベトナム高等教育の変容に関する理論的な視座を得るため、体制移行国の高等教育の構造変動の典型的事例として、ロシアと中国の高等教育改革について検討する。具体的には、高等教育の「体制移行論」について理論的な検討をしたうえで、ロシアと中国における体制移行に伴う高等教育変容に関して、①大学設置主体・財源調達方法、②人材養成構造、そして③権限配分構造の3つの項目を比較的に分析することで、ベトナムの高等教育変容をみるうえでの説明枠組みを提示する。検討を通じて、体制移行以前のロシアと中国においてともに高度な国家的統制のもとに置かれた大学は、体制移行の過程で法人化されており、総体として一定程度「自律的な機関」になりつつあることを示す。

第2章では、主として南北統一期の北ベトナムを中心に、従来の体制下における高等教育の歴史的展開とその構造について先行研究を批判的に検討することで、体制移行以前の大学の理念型と大学をめぐる国家と党の一貫した論理を明らかにする。具体的には、従来の体制として特徴づけられる「国家社会主義体制」下におけるベトナム高等教育の展開過程と南ベトナム接収に伴う高等教育の社会主義的改造について検討することを通じて、国家社会主義体制下におけるこれまでのベトナムの大学像を批判的に再検討する。これにより、大学は教育と研究を通じて国家および党に奉仕する「従属的な」機関としてみなされていたことを示す。

　第3章から第6章までは各論として位置づけられ、1986年にドイモイ政策が打ち出されて以降の体制移行の過程を中心に、教育部、非教育行政部門、それから党の3つの主体それぞれによる大学の管理運営に対する関与の論理を明らかにする。その際、高等教育の制度設計を所掌事項に含む教育部については、高等教育の構造改革の方針とともに、全体として民営大学および公立大学を「いかなる原理のもとで」管理しようとするのかについて検討する。加えて、各章とも共通して、大学の管理運営において「誰が」、「何をどの程度」、そして「いかなる原理のもとで」管理するのかという観点から、個別の大学との関係について検討する。

　ベトナムにおいて教育部は高等教育改革を主導しており、1990年代には体制移行の過程で民営セクターを形成し、2000年代半ばには民営大学類型の多様化改革を断行した。また教育部は、公立セクターにおける大学に対しても2000年代には管理運営体制の改革と大幅な権限委譲をおこなっている。こうしたことをふまえて第3章では、高等教育の市場化のなかでも民営大学の管理運営改革に焦点をしぼり、民営大学類型である民立大学および私塾大学を対象とする管理運営体制の比較検討を通じて、民営大学の管理運営改革における教育部の論理を明らかにする。このことを通じて、2000年代半ば以降、ベトナムにおいて高等教育の市場化がいっそう進展していることを示す。また、第4章では公立大学に焦点をあてて、管理運営改革に関する議論

の背景を把握するために教育部の機関誌『教育科学雑誌』を中心に掲載論文を経年的に分析するとともに、大学の自主権に関する制度変容の状況を検討することで、従来の体制からの大学のありようの転換と公立大学の管理運営における教育部の論理を明らかにする。このことを通じて、全体として公立大学の管理運営のありようは教育部によるマクロな管理のもとでより自主的なものとなりつつあることを示す。

　こうした体制移行の過程における高等教育の構造改革に対して、第5章および第6章では、従来の体制からの連続性に焦点をあてて、大学の管理運営に対する非教育行政部門および党の関与・統制の論理について検討する。このうち第5章では非教育行政部門による所管大学に対する所掌事項と大学側の自主権に関する検討をおこなうとともに、実態面から非教育行政部門の大学への関与について考察する。こうした検討から、非教育行政部門との関係における大学の役割を示すとともに、多数省庁所管方式における非教育行政部門による大学への関与を支える論理を明らかにする。そして第6章では党による高等教育の方針と大学党組織による大学の管理運営の論理について明らかにする。具体的には、体制移行の過程における高等教育の方針と大学教員のありようについて、詳しくは本文で検討していくが、「紅（社会主義的忠誠心）」と「専（学術的専門性）」という大学教員のありようを規定する概念を手がかりに、従来の体制からの変容を確認する。それらをふまえて、現地における聞き取り調査を中心に、大学類型ごとの管理運営における大学党組織の役割について考察する。こうした検討を通じて、党の論理は従来の体制から一貫して変化していないことを示す。

　第7章では、第6章までの検討の結果にもとづいて総合的な考察を加えることで、すでに提示した本書の3つの研究課題について検討する。それをふまえて、体制移行の過程における高等教育の構造改革の実態を明らかにするとともに、国家や党との関係における大学の役割について考察する。こうした検討を通じて、多様化した高等教育の構造における国家および党による大学への関与の論理を明らかにする。

6. ベトナムの学校教育体系と用語の定義

　本書における具体的な検討に入る前に、ベトナムの学校教育体系を確認するとともに、本書における用語について定義をしておくことにする。

　なお、本書ではベトナム語で用いられる漢語のニュアンスができるだけ保たれるように訳出をおこなっている。主要な用語の例としては、大学の「自主：Tự chủ」性や「私塾：Tư thục」大学などが挙げられる。このように漢語をそのまま残して訳出を試みるのは、こうした用語が示す概念が北ベトナムと南ベトナムで類似の意味を持っていたとしてもその意味を表すため実際に用いられた漢語は南北で異なるという歴史的背景を考慮するからである。具体的には、本書の検討においても言及していくが、「自主」であれば南ベトナムではより直接的に「自治」という用語が憲法のなかに存在し、実際に用いられていた。また「私塾」であれば、現在は正規の民営教育機関の類型として用いられるが、南ベトナムでは「私」学校、「私立」学校という用語が存在していたのである[48]。このことをふまえ、漢語を活かしながら訳出することで、北ベトナムから連続している現代ベトナムの国家や党の考え方に接近することができると考える。

(1) ベトナムの学校教育体系

　ベトナムにおける現行の教育制度は、1998年の「教育法」や2005年および2009年の「改正教育法」において詳細が規定されている。従来は議決や通達などの形で規定されていたが、1998年に教育法が制定されたことで、はじめて体系的な教育制度が整備された。

　ベトナムの教育制度は大きく就学前教育、普通教育、職業教育、高等教育、そして生涯教育からなる。このうち、普通教育は5－4－3制であり、初等教育(5年制)と前期中等教育(4年制)を合わせた9年間が義務教育となっている。後期中等教育は、普通教育とそれに並列する職業教育から構成される。ベトナムの教育の目標は次のように定められる。すなわち、「教育の目標は

ベトナム人の全面的な発達である。道徳、知識、健康、審美眼、職業を有し、民族独立の理想と社会主義に忠誠を誓い、公民としての人格、資質、能力を形成・養成し、祖国の建設と防衛事業の要求に応じる人材を養成することである」(「2005年教育法」、第2条)。以下では、ベトナムの学校教育体系について普通教育を中心に概観しておきたい。高等教育機関に関する説明は、用語の定義において詳細におこなう。

ベトナムの学校教育体系において子どもが最初に学ぶのは、就学前教育段階の幼稚園である。対象は3歳から6歳の子どもである。通学は義務ではなく、すべての子どもが通うわけではない。

初等教育は、原則として6歳から10歳の生徒を対象とし、無償で提供するものとされている。2010年の状況として、初等教育純就学率は97％となっているものの[49]、粗就学率が100％を超える地域や二部制を導入している地域も存在している。2002年からは、こうした地域差に配慮すると同時に教育の質的向上を図るため、新カリキュラムが導入されることで、週あたりの授業時間数や二部制の日数などに制限が設けられた。また、新たに音楽や美術が必修科目化された。児童は小学校において、①ベトナム語、②算数、③道徳、④自然と社会(1〜3学年)、⑤科学(4・5学年)、⑥歴史と地理(4・5学年)、⑦音楽、⑧美術、⑨手芸(1〜3学年)、⑩技術(4・5学年)、⑪体育を学習する。

前期中等教育は、原則として11歳から14歳の生徒を対象としており、初等教育の修了を進学要件としている。具体的には第5学年時の全国統一試験に合格することが要件であるが、ほとんどの生徒は合格している。前期中等教育の規模も拡大しており、2010年の純就学率は83％となっている。前期中等教育機関において生徒は、①語文、②数学、③公民教育、④物理、⑤化学(8・9学年)、⑥生物、⑦歴史、⑧地理、⑨音楽、⑩美術、⑪工芸、⑫体育、⑬外国語、⑭選択科目を学習する。

それから後期中等教育は、原則として15歳から17歳を対象とし、前期中等教育を修了したうえで、高校入学試験に合格することが進学要件となる。後期中等教育も拡大傾向にあり、2001年では33％と限定的であったも

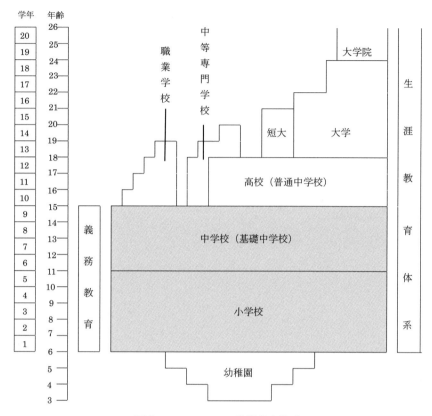

図序-1　ベトナムの学校教育体系

出典：Cộng Hòa Xã Hội Chủ Nghĩa Việt Nam. "Luật Giáo Dục ."2005. および Cộng Hòa Xã Hội Chủ Nghĩa Việt Nam. "Luật Sửa Đổi, Bổ Sung Một Số Điều Của Giáo Dục ."2009 より、筆者作成。

のが2010年には純就学率が50％まで増加している。高校は、普通高校とより高度な教育を提供する専門高校（文科系・理科系）の2つの類型から構成され、こうした高校の類型に応じてカリキュラムでは特定科目の授業時間数の比重が多少異なっている。普通高校における標準的なカリキュラムについて示せば、①語文、②数学、③公民教育、④物理、⑤化学、⑥生物、⑦歴史、⑧地理、⑨工芸、⑩体育、⑪外国語、⑫情報学、⑬選択科目となっている。

生涯教育制度では、就学年齢を過ぎた青少年や在職者を対象に生涯を通じ

た学習機会を提供している。生涯教育には、「文盲撲滅・継続教育プログラム」のように非正規課程に位置づき各教育段階の卒業資格と結びつかないものと、「国民教育体系の資格取得のためのプログラム」のように正規課程の修了資格に直結するプログラムがある。

(2) 本書における用語の定義

次いで、用語の定義をおこなう。具体的に定義する用語は、大きく①「高等教育の構造」、②「大学」、それから③「党の領導」と「知識人」である。

1 「高等教育の構造」

本書では、大学の管理運営的側面に焦点をあてることから、「高等教育の構造」について高等教育ガバナンスの考え方をふまえて定義する。

高等教育のガバナンスは高等教育研究のなかでも一貫して重要な主題となっているが、近年では、グローバル化や知識経済の進展といった高等教育を取り巻く環境の変化のなかで、とりわけ重要な主題となってきている。ただし、高等教育のガバナンスとは何かということについてはいくつもの定義が可能であり、統一された見解はほとんどないと言ってよい[50]。それはおおまかには誰が意思決定をおこなうのかということに関わるものであり、その焦点は高等教育システムのレベルから、機関のレベル、そして機関内部のレベルにまで広がりを持っている。こうしたなかでも主要な研究として、すでに述べたようにクラークやハーマンは、マクロな視点から高等教育ガバナンスに定義を与えており、それは広く「高等教育システムと直結した環境の中にいる人の手で誰の手がそのシステムの上に置かれているか」、あるいは「いかに権力が配分され行使されているか、国家とシステムおよび高等教育機関との関係はどうなっているか」というものである。

また、機関内部に主として焦点があてられている定義には、次のものがある。すなわち、「目的、政策、プログラムそして手続きに関してなされる、高等教育機関における意思決定の構造とプロセス」[51]を高等教育ガバナンス

とするものである。

　加えて、高等教育機関の外部と内部という2つの側面から高等教育のガバナンスを捉えた定義として、マーギンソンとコンシディンによるものがある。すなわち、大学のガバナンスとは、「大学内部の価値観、意思決定システム、資源配分、目的そして権威とヒエラルキーの決定に関わるものである。それはまた、機関としての大学とさまざまな学界との関係、並びに大学と政界、経済界、地域社会とのつながりに関わるものである」[52]。

　こうした高等教育のガバナンスに関する定義をふまえて、本書では「高等教育の構造」を、①高等教育システムにおいて大学のありように影響を及ぼす主体、②大学内部の管理運営体制、それから③高等教育を管理・統制しようとする国家や党といった権力主体と大学との権限配分関係によって総合的に規定されるものと定義する。

　なお「高等教育の構造」に関する本書の定義は、第3章から第6章までの分析において「誰が」、「何をどの程度」、そして「いかなる原理のもとで」大学を管理するのかという共通する視点のもとで検討を進めていくことと関連している。とりわけ①高等教育システムにおいて大学のありように影響を及ぼす主体について言えば、すでに強調したように、本書では大学のありようや管理運営に影響を及ぼす主体をクラークのトライアングル・モデルを援用しながらも、「国家」「市場」「大学」の3つの要素に対して第4の要素である「党」を加える。本書の第3章以降において具体的に検討していくように、体制移行の過程では「党が領導し、国家が管理する」という役割分担が生じてきている[53]。このことをふまえると、大学の管理運営においても国家と党の役割が峻別されるようになっていると推察されることから、本書では体制移行の過程では「国家」と「党」を切り分けて、それぞれが高等教育システムに影響を与えているものと想定して論じていく。

2　「大学（Đại học）」

　ベトナムの高等教育システムにおいて「大学」とは主として、「①大学（原語：

Đại học)」「②大学校(原語：Trường đại học)」「③学院(原語：Học viện)」「④高等学校(原語：Trường cao đẳng)」の各高等教育機関を含む概念として用いられる[54]。まず、それぞれの高等教育機関の特徴を述べておこう。①の「大学」は、主として複数の高等教育機関(構成員大学)や研究機関から構成される高等教育機関の集合体であり、総合大学としての特徴を持っている。具体的には、ハノイおよびホーチミン市に存在するハノイ国家大学およびホーチミン市国家大学の「国家大学」の類型や、ターイグエン、フエ、ダナンなど経済の要衝に位置する「地域拠点型の総合大学」の類型がこの「大学」に含まれる。そして教育および研究などの具体的な活動は、例えば国家大学の場合、下部組織である構成員大学や国家大学に直属する科(学部に相当)のレベルで実施されている。

また、②および③の「大学校」と「学院」は、主として4〜6年制の単科の高等教育機関であり、いずれもが教育部を含め、多数の中央省庁がそれぞれ所管している大学類型である。現在ではいずれの類型も研究活動を積極的におこなうことがめざされているものの、歴史的にみれば、「学院」は所管部門の要請のもとでより専門的な研究をおこなうことが重視されていた。そして④の「高等学校」は、いわゆる短大に相当し、2〜3年制の教育課程を提供している。なおこの類型は、独立した高等教育機関である場合と、4年制以上の高等教育機関のなかで教育課程(短大課程)として提供される場合がある。いずれの場合でも、短大課程を修了後、大学課程に編入することが可能であり(その場合、専攻分野が同じであれば大学課程は短縮される)、短大課程から大学課程への接続は比較的容易である。高等教育在籍者数の比率でみれば、年度によって多少の相違はあるものの、大きく高等教育就学者数全体の70％〜80％が大学課程に在籍している[55]。

以上のことをふまえて、本書において大学とは大学課程を提供する高等教育機関である「① Đại học(原語：大学)」「② Trường đại học(原語：大学校)」「③ Học viện(原語：学院)」の3つの類型を指すものとする。具体的に本書で扱う主要な大学類型としては、①については国家大学に焦点をあて、②および③についてはこれらの類型に含まれる各高等教育機関を適宜対象としながら、

総称として大学という用語を用いることにする。

　なお、こうした定義とも関わるが、本書において「国家」とは教育部とそれ以外の中央省庁である非教育行政部門を指すこととする。地方政府である市・省級人民委員会は主として短大を所管しており、本書では短大を検討の対象に含めないことから地方政府と短大の関係は議論の対象とせず、「国家」には地方政府を含めないことを断っておく。

3　「党の領導」と「知識人」

　本書では、「党が領導し、国家が管理する」という党と国家の役割をふまえ、党が高等教育システムや大学に対して一定の介入をおこなっている状況に着目する。白石によれば、領導とは、党が「国家・社会の管理・運営に関しての基本的指針や方向性を決定する」こととしている[56]。また、ベトナム社会科学アカデミー哲学院のヴー・ヴァン・ヴィエンによれば、領導とはベトナムが発展していくための綱領、路線、方針、そして計画などを通じて、国家や社会に対して方向性を提示していくための党の役割であるとされる[57]。第2章や第6章において詳しく検討するように、ベトナムにおいて党は教育部を通じて間接的に高等教育システムに関わったり、大学党組織を通じて個別の大学、それから機関内部の教員に対して関与したりしている。こうしたことから本書において「党の領導」とは、党が掲げる基本的指針や方針のもとで国家や大学、そしてその構成員に対して党が一定の関与・介入をおこなう行為の総称として捉えることとする。

　また、党の領導の定義とも関わって、本書では直接的な検討の対象とはしないものの、大学の管理運営をめぐる党や国家の論理を検討する際の重要な概念として党による「知識人の領導」という用語について言及している。ベトナムにおいて「知識人」とは誰かという概念は、時代によって異なる範囲を持つものであると推察されるが[58]、ベトナムが1945年に独立して以降、党は一貫して「知識人」に対して領導をおこなってきている。具体的には、1945年を前後するベトナムの建国期には在野の「知識人」をいかに党の内部へと

「取り込む」かが課題とされていたし、また、北ベトナムが社会主義建設を進め、1970年代半ばの南北ベトナムの統一が差し迫った時期には、党による「知識人の領導」がいっそう重要視されていったのである。とりわけ、1976年のベトナム共産党第4回大会の議決では、南北ベトナムの統一という新たな段階における社会主義建設の路線が決定された。そこでは国家や党の統制のもとで「知識人」の集団を建設するため、大学院教育をベトナムにおいて導入し、大学院教育を通じて「知識人」を養成する路線が打ち出された[59]。

このことをふまえて、本書では、高等教育との関連から「知識人」の範囲をしぼってより限定的な意味で用いることにする。すなわち、ベトナムにおいて高等教育、とりわけ大学院レベルの教育を通じて、より高次の学位や職階を取得した人物のことである。

【注】(本書の各章で言及している聞き取り調査の対象者に関して、その所属機関や職階はすべて聞き取りを実施した当時のものである。)
1 　中央教育審議会大学分科会「大学のガバナンス改革の推進について(審議まとめ)」、2014年、1～4頁。
2 　江原武一「大学の管理運営改革の世界的動向」江原武一、杉本均編著『大学の管理運営改革：日本の行方と諸外国の動向』東信堂、2005年、10～11頁。
3 　Gupta, A. *Beyond Privatization*. London: Macmillan Press, 2000, pp.6-7.
4 　Fielden, J. *Global Trends in University Governance*. Washington, D. C.: The World Bank, 2008, p.2.
5 　ブレイ、マーク「教育の統制：集権化と分権化の問題と葛藤」アーノブ、F・ロバート、トーレス、アルベルト・カルロス、フランツ、スティーブン編著、大塚豊訳『21世紀の比較教育学：グローバルとローカルの弁証法』福村出版、2014年、320～321頁。
6 　Fielden, 2008, *op.cit.*, p.2.
7 　1990年代初頭の体制移行国(東欧・旧ソ連諸国)における高等教育を含む教育政策の特徴は、共通して教育機関に対する国家的な統制を弱めることや教育の民主化、学術・教育における自由の原則の確立、教育の「民主化」・「人間化」であるとされる(Birzea, C. *Educational Policies of the Coutries in Transition*. Strasbourg: Coucil of Europe,1994, pp.42-54)。
8 　ブレイ、マーク、前掲論文、2014年、321頁。
9 　Van, Khanh Dao and Hayden, M. "Reforming the Governance of higher Education in Vietnam". In Harman, G., Hayden, M. and Pham Thanh Nghi (eds.). *Reforming*

Higher Education in Vietnam: Challenges and Priorities. Dordrecht: Springer, 2010, p.133.
10　橋本伸也「大学と国家：ヨーロッパ大学史に見る悩ましい関係」広田照幸、石川健治、橋本伸也、山口二郎『学問の自由と大学の危機：岩波ブックレットNo.938』岩波書店、2016 年、52 〜 53 頁。
11　同上論文、54 頁。
12　村澤昌崇は、大学に対する多様なアクターの関与の仕方（直接・間接）、関与の強弱、関与の内容（法的な関与や資金提供）などの組み合わせを考えることで、多様な大学のガバナンス・モデルが想定されるとしている。そのうえで、論者によって相違はあるものの、より一般的なガバナンスのモデルとして「政府（官僚支配型）」、「教授団（同僚支配型）」、そして「市場支配型」の 3 つがあるとしている（村澤昌崇編集『大学と国家：制度と政策（リーディングス日本の高等教育 6）』玉川大学出版部、2010 年、108 頁）。
13　白石昌也編著『ベトナムの国家機構』明石書店、2000 年、15 〜 16 頁。
14　本文の検討において詳しく述べるが、このうち国家大学（ハノイ校およびホーチミン市校）は政府の管轄下に置かれるのに対して、地方総合大学（ターイグエン大学、フエ大学、ダナン大学）は教育部の管轄下に置かれている。
15　近田政博『近代ベトナム高等教育の政策史』多賀出版、2005 年、202 頁やラム・バー・ダン、ヌン・スアン・ギエム、スローパー、デイヴィッド「研究活動と高等教育」スローパー、デイヴィッド、レ・タク・カン編、大塚豊監訳『変革期ベトナムの大学』東信堂、1998 年、145 〜 146 頁などを参照。
16　例えば、近田、前掲書、2005 年では南ベトナムの接収時の高等教育改革を除けば、1970 年代の高等教育の政策についてはほとんど言及がされていない。また、ラム、バー・ダン、ヌン、スアン・ギエム、スローパー、デイヴィッドの研究では「1967 年に国立研究所・研究センター群が設置されて以後、1980 年代の終わりまでは、科学研究活動はこの研究所のネットワークで集中的に行われた」という記述がなされている程度である（ラム、バー・ダン、ヌン、スアン・ギエム、スローパー、デイヴィッド、前掲論文、1998 年、145 〜 146 頁）。
17　クラーク、R・バートン著、有本章訳『高等教育システム：大学組織の比較社会学』東信堂、1994 年、122 頁。
18　Harman, G. "Introducton Section Ⅲ Governance, Administration and Finance." In Clark, R. B. and Neave, G. (eds.). *The Encyclopedia of Higher Education: Vol.2 Analitycal Perspectives*. Oxford: Pergamon Press, 1992, pp.1282-1285.
19　独立行政法人日本学生支援機構「平成 28 年度外国人留学生在籍状況調査等について（2017 年 3 月 31 日）」、2 頁。以下の URL より 2018 年 10 月 15 日最終アクセス。
（http://www.jasso.go.jp/about/statistics/intl_student/__icsFiles/afieldfile/2017/03/29/

data16_brief.pdf)

20　日本貿易振興機構(JETRO)によれば、2017年12月現在ベトナムに進出している日系企業は1753社であり、日本企業による投資額も2015年でおよそ18億ドルであったものが、2017年には87億ドルに上昇している。以下のURLより2018年10月15日最終アクセス。
(https://www.jetro.go.jp/world/asia/vn/basic_01.html)

21　例えば山田は、日本の比較教育学の特徴として、「単一の国を取り上げて、そのなかで地域や学校を事例とする」と述べているし(山田肖子「学会紀要に見る研究実践の傾向」山田肖子、森下稔編著『比較教育学の地平を拓く：多様な学問観と知の共働』東信堂、2013年、95頁)、また、杉村も日本比較教育学会での発表を取り上げて、「現地の言葉を習得し、それを使って調査研究を実施することを重視したものが多」く、「比較教育研究本来の『比較』を含まない研究が多く含まれている」と言及している(杉村美紀「日本における比較教育学研究の方法論をめぐる論議―日本比較教育学会の研究動向を中心に―」ブレイ、マーク/ボブ・アダムソン、ボブ/メイソン、マーク編著(杉村美紀・大和洋子・前田美子・阿古智子訳)『比較教育学：何をどう比較するか』上智大学出版、2011年、269頁)。

22　南部広孝、関口洋平「社会主義国の体制移行に伴う教育変容：ベトナムと中国を中心に」『京都大学大学院教育学研究科紀要』第57号、京都大学大学院教育学研究科、2011年、1～24頁。

23　例えば、南部広孝『アジアの「体制移行国」における高等教育制度の変容に関する比較研究』(平成25年度～平成28年度科学研究費補助金(基盤研究(B))(課題番号：25285230)最終報告書　研究代表者：南部広孝)、2017年が挙げられる。

24　なかでも、クセインとグリナーラは、市場経済への移行という視点からキルギス共和国における高等教育の発展状況について、独立後の高等教育システムの構築や高等教育機関の国際化、高等教育財源の多様化などについて論じている(クセイン、イサーエフ、グリナーラ、ショクシェワ「グローバル化時代の高等教育の発展；キルギス」嶺井明子、川野辺敏編著『中央アジアの教育とグローバリズム』東信堂、2012年)。

25　このように2000年代以降、急速にベトナム教育に関する研究が増加してきているものの、高等教育研究は比較的少数であり、その大多数は普通教育に関するものである。なかでも国際教育協力、国際教育開発の視点を持ったものが一定数を占めている。

26　その主題は、ベトナムが歴史上、複数の国家体制を採る過程において、外国の教育モデルがどのように受容され、また変容したのかを明らかにすることである(近田政博、前掲書、2005年)。

27　スローパー、デイヴィッド、レ・タク・カン、前掲書、1998年。

28　これらの論考は以下のとおりである。

・関口洋平「ベトナム高等教育における私塾大学の特質に関する研究：管理運営的側面における制度設計を中心に」『比較教育学研究』第 46 号、日本比較教育学会、2013 年、21 〜 40 頁。
・関口洋平「ベトナム高等教育における博士学位授与制度の動態に関する一考察：大学における自律性の拡大過程として」『京都大学大学院教育学研究科紀要』第 59 号、京都大学大学院教育学研究科、2013 年、277 〜 289 頁。
・関口洋平「ベトナム高等教育における社会主義的改造過程に関する一考察：ベトナム共和国接収前後の比較的検討を通じて」『京都大学大学院教育学研究科紀要』第 60 号、京都大学大学院教育学研究科、2014 年、111 〜 123 頁。
・関口洋平「ベトナムにおける高等教育行政構造の特質に関する研究：多数省庁による所管分担方式の持続的原理」『比較教育学研究』第 49 号、日本比較教育学会、2014 年、114 〜 135 頁。
・関口洋平「ベトナムの大学入学者選抜制度における権限配分の論理：体制移行期の制度改革を中心に」『京都大学大学院教育学研究科紀要』第 61 号、京都大学大学院教育学研究科、2015 年、369 〜 381 頁。

29　大塚豊『中越両国の高等教育拡張における民営化方式の有効性と影響に関する比較研究』(平成 11 年度〜平成 13 年度科学研究費補助金 (基盤研究 (C)(2))(課題番号：11610256) 研究成果報告書　研究代表者：大塚豊) 名古屋大学大学院国際開発研究科、2002 年。
30　Birzea, 1994, *op.cit.*
31　Silova, I. (ed.). *Post-Socialism is not Dead: (Re) Reading the Global in Comparative Education*. Bingley: Emerald, 2010.
32　Educational Resource Information Center が作成する教育学関係文献の全国情報システムのことである。
33　Dao, Van Khanh. "Key Challenges in the Reform of Governance, Quality Assurance, and Finance in Vietnamese Higher Education: A Case Study." *Studies in Higher Education*. Vol.40, No.5, 2015, pp.745-760.
34　Pham, Thi Lan Phuong. "The Renovation of Higher Education Governance in Vietnam and Its Impact on the Teaching Quality at Universities." *Tertiary Education and Management*. Vol.18, No.4, 2012, pp.289-308.
35　Hayden, Martin and Thiep, Lam Quang. "Institutional Autonomy for Higher Education in Vietnam." *Higher Education Research and Developmen*. Vol.26, No.1, 2007, pp. 73-85.
36　Van, Khanh Dao and Hayden, 2010, *op.cit.*, pp.129-142.
37　Trần Kiểm. *Những Vấn Đề Cơ Bản của Khoa Học Quản Lý Giáo Dục*. Hà Nội: Nhà xuất bản Đại học Sư phạm, 2015.
38　Phan Văn Kha (Chủ Biên). *Đổi Mới Quản Lý Giáo Dục Việt Nam: Một Số Vấn Đề Lí*

Luận và Thực Tiễn. Hà Nội: Nhà xuất bản Đại học Quốc gia Hà Nội, 2014.

39 Trần Khánh Đức và Nguyễn Mạnh Hùng. *Giáo Dục Đại Học và Quản Trị Đại Học*. Nhà xuất bản Đại học Quốc gia Hà Nội, 2012.

40 Thái Văn Thành, Nguyễn Như An. "Vai trò của trường bộ môn trường đại học trước bối cảnh đổi mới căn bản, toàn diện giáo dục và đào tạo." *Tạp Chí Giáo Dục Khoa Học*. tháng 3, số 114, 2015, pp.12-15.

41 Phan Văn Kha. "Đổi mới căn bản, toàn diện nền giáo dục theo hướng chuẩn hóa, hiện đại hóa, xã hội hóa, dân chủ hóa và hội nhập quốc tế." *Tạp Chí Giáo Dục Khoa Học*. tháng 11, số 74, 2011, pp.1-5.

42 Vũ Thị Mai Hường. "Tăng cường tính tự chủ, tự chịu trách nhiệm của các trường đại học, cao đẳng Việt Nam theo hướng tiếp cận quản lý dựa vào nhà trường." *Tạp Chí Giáo Dục Khoa Học*. tháng 7, số 82, 2012, pp.36-38.

43 Lê Thanh Tâm. "Tự chủ và chịu trách nhiệm trong quản lí trường đại học." *Tạp Chí Giáo Dục Khoa Học*. tháng 10, số 73, 2011, pp.43-46.

44 Trần Hồng Quân (Tổng Chủ Biên). *50 Năm Phát Triển Sự Nghiệp Giáo Dục và Đào tạo (1945-1950)*. Hà Nội: Nhà xuất bản Giáo Dục, 1995.

45 Ngô Văn Hà. "Đảng lãnh đạo sự nghiệp giáo dục đại học và trung học chuyên nghiệp ở miền bắc giai đoạn 1965-1975." Luận Văn Thạc Sĩ Lịch Sử (Đại học quốc gia Hà Nội Trường đại học khoa học xã hội và nhân văn), 2003.

46 Mai Thanh Hồng. "Đảng cộng sản Việt Nam lãnh đạo phát triển giáo dục đại học từ năm 1996 đến năm 2005." Luận Văn Thạc Sĩ Lịch Sử (Đại học Quốc gia Hà Nội Trung tâm đào tạo, bồi dưỡng giảng viên lý luận chính trị), 2011.

47 そうしたなかでも Phạm Thị Thanh Hải (Chủ Biên). *Tự chủ đại học trong bối cảnh đổi mới giáo dục: Nghiên cứu trường hợp Đại học quốc gia Hà Nội*. Hà Nội: Nhà xuất bản Đại Học Quốc Gia Hà Nội, 2018 は、質問紙調査と聞き取り調査を通じて、ハノイ国家大学を事例に大学の自主性の実態について明らかにしている。具体的にこの研究では、ハノイ国家大学の教職員256名を対象に、組織、人事、財政、学術の大きく4つの側面について自主権の実態が検討されており、おおまかにいずれの側面でも国家大学から各構成員大学の部局レベルへと自主権が委譲されてきていることが明らかにされている。

48 Hoàng Thị Hồng Nga. Giáo dục đại học dưới chế độ Việt Nam Cộng Hòa (1956-1975). Luận án tiến sĩ lịch sử (Đại học quốc gia Hà Nội Trường đại học khoa học xã hội và nhân văn), 2016.

49 本文で確認している初等教育純就学率、前期・後期中等教育純就学率はいずれも、2012年に打ち出された政府首相決定「2011－2020年教育発展戦略」において記載された数字である。

50 Austin, I. and Jones, G.A. *Governance of higher education: Global perspectives,*

theories, and practices. New York: Roultedge, 2016, p.3.

51 Millet, J.D. *New structures of campus power: Success and failure of emerging forms of institutional governance.* San Francisco, CA: Jossey-Bass, 1978, p.9.

52 Marginson, S. and Considine, M. *The enterprise university.* New York: Cambridge University Press, 2000, p.7.

53 Lê Hữu Nghĩa. "Xây dựng đảng trong sạch, vững mạnh- nhân tố quyết định sự ổn định và phát triển bền vững chế độ chính trị ở Việt Nam." *Tạp Chí Cộng Sản.* số 892, tháng 2, 2017, p.58

54 高等教育法では、おおまかに短大(④ Trường cao đẳng：高等学校)、大学(② Trường đại học：大学校)、それから学院(③ Học viện：学院)を1つのグループとしてその組織構造について規定しており(第14条)、国家大学についてはそれとは区別して組織構造を規定している(第15条)。

55 なお教育部による統計から近年の数値を挙げれば、高等教育全体に占める大学課程在籍者の割合は2013年度で71%、2014年度で77%、2015年度で79%となっており、大学課程に就学する学生は高等教育全体において拡大傾向にある。以下のURLより2018年10月15日最終アクセス。(https://www.moet.gov.vn/thong-ke/Pages/thong-ko-giao-duc-dai-hoc.aspx)

56 白石、前掲書、2000年、16頁。

57 Vũ Văn Viên. "Nâng cao năng lực lãnh đạo của Đảng trong công cuộc đổi mới đất nước thời gian tới." Nguyễn Xuân Thắng, Vũ Văn Phúc, Phạm Văn Đức và Nguyễn Linh Khiếu(Đồng Chủ Biên.). *Văn Kiện Đại Hội XI của Đảng: Một Số Vấn Đề Lý Luận và Thực Tiễn.* Hà Nội: Nhà xuất bản Khoa Học Xã Hội, 2012, p.143.

58 Nguyễn Thu Hải. "Vai trò trí thức trong xây dựng, củng cố và bảo vệ chính quyền cách mạng giai đoạn 1945-1946." *Tạp Chí Giáo Dục và Xã Hội.* tháng 11, 2014, pp.40-41では、1945年から1946年にかけて、ホー・チ・ミンは、人士(愛国的名望家)、知識人、宗教家を説得して党に引き入れることをめざしたとされる。また、1946年に、ホー・チ・ミンはパリ在住の越僑の知識人に対しても革命の参加を呼びかけている。このように、建国時の知識人とは革命に参加しようとする意思を持ち、当時では極めて限定的であった高等教育を受けた経験のある人物であったと考えられる。ベトナムの知識人に関するより細やかな検討は本書の枠を超えるため深くは立ち入らないが、抗仏戦争からベトナム戦争の過程で、より強く社会主義的政治思想が知識人のなかにも求められるようになっていった。なお、知識人と党との関係について検討した近年の主要な文献にはNguyễn Thắng Lợi. *Trí Thức và Công Tác Trí Thức của Đảng: trong Thời Kỳ Đổi Mới.* Nhà xuất bản Chính Trị Quốc Gia Sự Thật, 2017がある。これによれば、知識人とは「高い学歴や高度の専門性を備えているのみならず、何よりもまずその時局の問題に対して関心や正しい見解をもった人物のこと」であり、「知識人は、創造

者としての役割をもっており、精神的な価値を豊かにするとともに知識を伝達するものである」と定義されている。

59 "Xung quanh vấn đề đào tạo trên đại học ở trong nước." *Đại Học và Trung Học Chuyên Nghiệp: Tập San của Ngành Đại Học và Trung Học Chuyên Nghiệp*. tháng 5, 1977, p.32.

第1章

体制移行国における高等教育の構造変動
ロシアと中国を事例として

1　はじめに
2　高等教育における「体制移行論」の検討
　　理論的枠組みの提示
3　高等教育の社会主義的構造
　　国家社会主義体制下における高等教育の構造
4　体制移行に伴うロシア高等教育の変動
5　体制移行に伴う中国高等教育の構造変動
6　比較考察：ロシアと中国における高等教育の構造変動
7　おわりに

1　はじめに

　1990 年を前後して、多くの社会主義国は政治・経済体制の転換を経験し、それに伴っていずれの国でも万般にわたる高等教育改革が打ち出され、その構造が変化してきている。序章において述べたように、本書では「体制移行」国のことを、大きく従来の「中央集権的な計画経済体制から市場経済体制への移行を経験している(旧)社会主義国」と定義する。こうした定義をふまえると、体制移行国はロシアや東欧諸国のように政治体制の転換を経て民主化された国々と、中国や本書で主たる検討の対象とするベトナムのように、現在もなお社会主義体制を採る国々に分けることができる。それでは、体制移行国では高等教育の構造がどのように変容し、体制移行のパターンの相違は国家と大学の関係にいかなる影響を及ぼすのだろうか。

　本章では、こうした問題認識のもと、マクロな視点から主として大学の管理運営に関わる権限配分の構造変化を手がかりに、ロシア(旧ソ連)と中国における体制移行に伴う高等教育の構造変動の状況について比較的な検討をおこない、体制移行国における国家体制と高等教育の構造の相互関係を明らかにすることを目的とする。本章での検討を通じて提示する体制移行に伴う高等教育変容に関する理論的視座は、第 2 章以降においてベトナム高等教育について考察するうえでの理論的な枠組みとなるものである。本章においてとりわけこの 2 カ国を検討対象に選定するのは、国家の規模やその歴史的な経緯から典型的な体制移行国と呼べることに加え、ロシアが政治体制と経済体制の両システムの急激な転換(「ショック療法」)を経験したのに対し、中国は経済体制のみの転換(「漸進主義」)を経験してきている点で、体制移行のパターンと高等教育の相互の関係を考えるうえで適格かつ対照的な事例であると考えるからである[1]。

　具体的な検討に入る前に、後の議論との関係から、体制移行と高等教育に関する見方について確認しておく。Pastovic は、1993 年に執筆した論文のなかで体制移行に着目し、ロシアや東欧などの体制移行国に共通する教育改革

の特徴とその課題を予測的に捉えるための枠組みについて論じている[2]。そこでは次のような指摘がなされた。すなわち、とりわけ「ショック療法」を経験した体制移行国では、「経済・政治的な発展の過程が不安定であるために、体制移行国における教育の変動を予測的に記述することは非常に不確かなものになってしまう」。なぜなら、学校や大学を、国家利益のための「官僚的」「閉鎖的」な機関から教育を享受する個人の発展に基礎を置く「民主的」で「開放的」な教育機関への変容を強調する「解放の教育観」は、従来の体制下での「権威主義と国家による管理への反発であるとともに、急激に変容する社会のなかでの期待」を表したものに過ぎないからである[3]。そして「教育はあらゆる社会的なインフラの基礎をなすため」「教育システムの改革は、そうした文脈のもとで検討されなくてはならない」にも関わらず、新国家の教育に関わる制度設計者は体制移行当初、国家が直面することになる経済面での生産量の低下や雇用の危機、民族間の衝突などの社会的不安をあらかじめ想定することができなかった[4]。

こうした指摘からは第 1 に、体制移行国、とりわけロシアのように民主化と従来の体制の崩壊を経験した国家では、体制移行初期に従来の体制への「反発」から生じる理念的側面が高等教育改革をけん引しうること、第 2 に、体制移行の過程を通じて、政治と経済、社会の発展や混乱といった実態的な変化が継続して高等教育政策に影響を及ぼすことの 2 つの視点が示唆される。加えて重要なのは、この 2 つの視点はいずれも、高等教育のありようは社会を構成するさまざまな要素と密接に結びついているという見方に立っていることである[5]。本書ではこうした見方のもとで議論を進めていく。

本章では、まず、体制移行に伴う高等教育の構造変動を説明するための理論的枠組みについて主要な先行研究を手がかりに検討する（第 2 節）。それからロシアと中国を取り上げ、体制移行以前の国家と大学の関係性について検討し（第 3 節）、そのうえで体制移行の過程における国家と大学の関係を考察するための具体的な項目として、大きく①大学設置主体・財源調達方法、②人材養成構造、そして③権限配分構造に着目し、各項目について検討する（第

4節・第5節)。この3つの項目に焦点をしぼるのは、本書における「高等教育の構造」の定義に鑑み、大学のありよう(理念型)の決定や大学の管理運営における権限配分の様式を検討するために適していると考えられるからである。最後に、こうした検討をふまえて比較考察をおこない、体制移行の過程における国家と大学の関係を明らかにする(第6節)。

2 高等教育における「体制移行論」の検討:理論的枠組みの提示

それでは、主要な先行研究をふまえて、社会主義国における高等教育の変動を分析するための理論的枠組みについて検討することからはじめよう。

すでに述べたように、高等教育のありようは社会を構成する諸要素と密接に結びついているという点で、体制移行国における高等教育の特徴を検討する際には体制移行のパターンが高等教育の変動の方向性を一定程度規定するという視点が重要である。こうした考え方にもとづいて体制移行国における教育システムを分析しようとする研究にはすでにいくらかの蓄積がある。そうした例として、Balzerは「いかなる産業社会においても教育は社会全体のシステムと深く結びついている」と述べている[6]。また、Froumin and Yaroslavによれば、社会主義国の高等教育の変容パターンは体制移行それ自体から影響を受けるとし、「ロシア連邦が1991年に成立して以降、高等教育システムは従来のソビエト体制下におけるそれとは多くの点で異なってきている。高等教育変動の過程には、旧社会主義国家圏に共通する社会・経済体制の移行における一般的なパターンが反映されている」と述べている[7]。そして、ロシア一般・専門教育省のBeliakov(当時)らも、ロシアを非常に極端な事例と位置づけたうえで「体制移行を経験している国々では、教育改革を生じさせるきっかけは政治的、経済的、そして社会的な体制の転換である。体制移行に伴う外部からのショックが教育に影響を与え続ける」としている[8]。このように体制移行が教育変容に何らかの影響を及ぼすという視点は、改革・開放政策のもとで市場経済体制への移行を経験してきている中国

の高等教育のありようを検討するうえでも有益であろう。

　しかしながらこうした指摘にも関わらず、これまでの研究はロシアと中国における高等教育の変動を説明するため体制移行のあり方に着目してきたとは言いがたい。本章では、体制移行に伴う高等教育変動の分析枠組みについて検討するため、前段階としてまずは「国家管理」と「市場的結合」からなる概念装置を設置し、そこに高等教育システムを位置づけることにする[9]。というのも、体制移行国は「民営化の実験地」とされ、「計画(国家)から市場へ」という動きが社会全体の変化の特徴として強調されているからである[10]。

　クラークは、一次軸の両極に「国家管理」と「市場」を設定することで、国家を単位として高等教育システムを軸上に位置づけている。この軸はおおまかに言えば、一方は中央政府の意思が大学の管理運営を細部に至るまで決定する高等教育システムであり、他方は、市場において個々の大学が「自律的機関」として活動する高等教育システムを表すものとなっている。典型的な国家の事例を挙げれば、「市場的相互作用を国家が征服してしまった」事例として「国家管理」が強固な一方の極にはソビエトが位置づけられるし、他方で「市場」原理が作用する極にはアメリカを位置づけることができる[11]。

　この軸からみれば体制移行に伴って経済体制の市場化が共通して進むロシアと中国では、大きく「国家的統制」が強いモデルから「市場的作用」の強いモデルへと、高等教育システムが全体として移行しつつあると推察される[12]。

　次いで、こうした動きを念頭に置いて、主要な先行研究を手がかりに国家体制と教育との関係を捉えようとする教育の「体制移行論」について検討する。

　南部・関口は、教育の体制移行論について主として政治経済学における中兼のモデル[13]を参考にしながら、その概念をまとめている。それによれば第1に、体制移行とは、「体制」について「さまざまなルールと規範が一つの体系の下に束ねられることで作られた制度同士が、有機的に結合し、体系化されたもの」と定義したうえで、「体制を構成している各種の制度の主要部分、あるいは大部分が変化・代替(移行)していくこと」である。第2に、国家にとって教育とは、組織的であると同時に「制度的に構築されたものである」。

そして第3に、「ある体制を形成する制度同士は互いに一定の親和性があり」、教育も制度的に構築された「体制」である以上、「政治体制や経済体制の変化と無関係ではいられない」[14]というものである。なぜなら、政治体制と経済体制、それから教育の体制など、体制間相互には「ある種の対応関係」が存在すると考えられるからである[15]。

こうした考え方を展開すれば、政治経済体制と高等教育の相互の関係性について示唆を得ることができる。具体的に先行研究では、基礎教育を対象にして、政治体制は教育の目標や学校管理運営の仕組みと、経済体制は教育のありようのなかでも財源調達の仕組みなど経営的側面とより強い結びつきがあることが明らかにされている[16]。

また、すでに言及したようにPastovicは、体制移行国における教育改革が直面する課題について論じるなかで、教育とそれをめぐるシステムである国家体制との相互関係についてモデルを提示している[17]。そこでは「改革(Reform)」を、あるシステムを構成するサブシステム全体に変化をもたらすものと定義し、そのうえで、教育を社会全体からなるシステムの1つとして捉えている。そして教育システムの「改革」にあたっては、教育のありようは隣接するサブシステムである経済、文化、政治の各システムの変化から影響を受けると同時に、教育もまた、国家の体制により程度の差はあるものの、そうしたサブシステムに対して影響を与えるという相互に影響を及ぼしうる関係性が提示されている[18]。

こうした考え方の経路をふまえると、すでに述べてきたように体制移行国の高等教育変容は、おおまかに体制移行の過程で政治、経済体制のありようや、文化・イデオロギーなどの諸要素から影響を受けて進んでいくと考えられる[19]。実際にPastovicは、基礎教育において教育目標を変化の指標として、政治・経済体制との相互関係について論じている[20]。そこでは、体制移行の過程における教育目標の変化の方向性について、次のことを明らかにしている。すなわち、党を残した計画経済体制から市場経済体制への漸進的な体制移行では、党のイデオロギーにもとづく政治的な国民の同質化を目指す教

育から、経済発展を前提とする教育へとその目標が変化するとされる。一方、政治体制の民主化を伴う急進的な体制移行では、教育目標が多様化し曖昧なものになるとともに、教育目標において支配的なイデオロギーがなくなることで、「教育分野において科学的な探求が実施されるようになる」と指摘されている[21]。なお、こうした政治体制の民主化を経験した体制移行国の場合、それまでの党による支配的なイデオロギーがなくなることで、「真空地帯」となったイデオロギーのなかに「リベラリズム」や「ナショナリズム」など、従来の党のそれに取って代わる新たなイデオロギーが必要となるという見方も存在することを指摘しておく[22]。

それでは、こうした教育の「体制移行論」の考え方を体制移行国における高等教育の変動に対して適用すれば、どのような分析視点が得られるだろうか。

ここではまず、**表1−1**の枠組みを設定する。表1−1では、国家体制を非常に単純化して、政治体制（民主主義・権威主義）と経済体制（市場経済・計画経済）のそれぞれ2通りの体制からなる合計4つの類型が想定されている。こうした国家体制の分類からみれば、社会主義国の体制移行には大きく2つのパターンが存在することになる。すなわち、体制移行には「(C)国家社会主義体制から(A)先進資本主義体制」への移行と、「(C)国家社会主義体制から(B)開発独裁体制」への移行が想定される[23]。

そしてこのことをふまえて、表1−1における「(B)開発独裁体制」と「(C)国家社会主義体制」を規定する政治体制である「権威主義的政治」に、社会における市民的・政治的自由度や価値観の多様性の程度によって「全体主義」を加えるとともに、経済体制については市場の自由化の度合いによって「混合経済」を加えることで[24]、体制移行の類型を改めて位置づけたものが**図1−**

表1−1　政治体制と経済体制との組み合わせ

	権威主義的政治	民主主義的政治
市場経済体制	(B)開発独裁体制	(A)先進資本主義体制
計画経済体制	(C)国家社会主義体制	(D)民主主義的計画経済体制

出典：中兼和津次『体制移行の政治経済学』名古屋大学出版会、2010年、9頁の図1−5を修正して筆者が作成。

1である。ここで「全体主義」とされる政治体制は、強度のイデオロギーによる政治的な動員が図られ、個人が国家や党による全体目標やスローガンの統制下に置かれることで、個人の意見や自由が認められないような政治体制を指す[25]。また、「混合経済」と呼ばれる経済体制については、経済体制において市場原理を導入しながらも、国家による計画や管理を一定程度受ける経済体制のことを指すものとする[26]。こうしたことをふまえると、図１－１において、体制移行国のなかでも中国は「開発独裁体制」型に、ロシアは「先進資本主義体制」型の体制移行国に位置づけられる。

　唐によれば、「(B)開発独裁体制」に位置づく体制移行の過程における中国は、「国家に対する経済的自立性が強まり、それが政治的自立性の向上にも寄与」することで、「情報化や自由化、価値の多様化が緩やかに」進む社会であるとされる[27]。このことは、「開発独裁体制」における政治体制では、事実上の一党支配体制は継続されながらも、全体主義体制のそれと比較して個人による諸活動の自由や価値の多様性が緩やかに認められるようになりつつあるという見方を示している。そして、このように体制移行のパターンを類型化すれば、体制移行国における政治体制や経済体制の転換は、大学の管理運営のなかでも政治体制に影響を受けやすい側面と経済体制により関わる側面のそれぞれに対して一定の影響を及ぼすことが予想される。ただし、こうした見方は同時に、現代の中国とベトナムのように同じ体制移行パターンにあっても、体制移行過程のより細かな相違によって高等教育変容の具体的な状況や構造改革の実態には違いが生じうることを示唆している。

　以上の議論を総合すれば、本章での仮説的な説明枠組みを次のように示すことができる。すなわち、体制移行以前のロシアと中国において、ともに高度な国家的統制のもとに置かれた大学は、経済体制が計画経済体制から市場経済体制へと移行する過程で一定程度「自律的な機関」になりつつある、というものである。加えて重要なのは、党による事実上の一党支配が継続し、そのため政治体制の民主化を経験していない中国では、体制移行に伴う高等教育変容は主として大学の経営面を中心に表れるのに対し、ロシアでは政治体

第1章　体制移行国における高等教育の構造変動　43

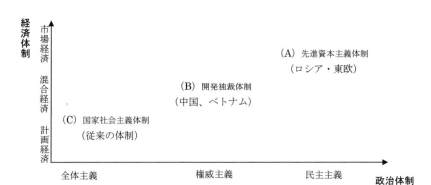

図１－１　体制移行の類型

出典：唐亮『現代中国の政治：「開発独裁」とそのゆくえ』岩波新書、2012年、iii頁の図を加筆・修正して筆者が作成。

制の転換、すなわち民主化を経ることで、管理運営の経営的側面に加えて高等教育の目標や大学の理念型が劇的に変容しより広範な自主権が大学に与えられるようになるという見方である。このことを示せば**表１－２**のようになる。

なお、ロシアにおける体制移行の時期区分について上野は、1992年から1999年をロシアが「市場経済と民主主義へと向かう体制転換期」であるとする一方で、2000年代以降のロシア社会を「権威主義の体制」と評価している[28]。こうした点から本章では、とりわけロシアの体制移行の時期については、民主化・市場化が急激に進んだと考えられる1990年代を中心に議論を進めつつ、2000年代以降の改革については国家体制の揺り戻しという社

表１－２　ロシアと中国における高等教育の変動：仮説的説明枠組み

	ロシア（民主化・市場化）	中国（市場化）
体制移行以前	大学の細部に至る諸活動に対する国家と党による統制	
体制移行過程	・大学による自律的活動の増大 ・大学の経営面における自主権拡大 ・大学の理念、管理運営体制の民主化 ・大学から党の撤退	・大学による自律的活動の増大 ・大学の経営面における自主権拡大 ・管理運営体制の漸次的変化 ・大学における党の存続

出典：筆者作成。

会の状況を念頭に置いて検討を進めることとする[29]。

3　高等教育の社会主義的構造：国家社会主義体制下における高等教育の構造

　具体的な高等教育変容の検討に入る前に、ロシア(旧ソビエト連邦)と中国の「国家社会主義体制」のもとでの高等教育の構造的特徴について確認しておく。両国の高等教育ともにおおよそ共通する構造的特徴を持っている。具体的には以下に示すとおりである。

(1) ソビエト(旧ソビエト連邦)

　ソビエトでは、主として1930年頃から1960年頃の期間で、高等教育に共産主義社会の建設という使命が与えられ、社会主義的高等教育とも言える基本的な特徴がみられるようになった。こうした高等教育の構造的特徴をおおまかに整理すれば、それは①私立大学が存在せず、単科大学中心の高等教育システム、②中央地方の諸官庁が独自に多数の高等教育機関を運営する複雑な所管関係(「多数省庁所管方式」)、③人事やイデオロギー、教育内容、学位の授与[30]など大学の広範な活動に対する国家と党による統一的管理、④国家と党による要請のもとでの工学・農学分野の重視、それから⑤大学を社会主義建設の思想的な「武器」にするという方針にもとづく大学自治の否定にまとめられる[31]。加えて、社会主義建設を献身的におこなう専門的人材を養成するため、それ以前では機会が限定的であった労働者や農民にも高等教育を拡大したことも重要である。社会主義建設のために党は国家と一体となって教育を「利用」し、「必要不可欠なイデオロギー的教化を施すとともに、近代的な産業社会の建設に必要な知識」の伝達を図った[32]。

　指令的な計画経済体制下において、このような高等教育の構造を支えた論理は次のようなものである。すなわち、「私有制」が認められない国有経済体制において、専門分化した単科大学は各経済部門(工業、農業、教員養成など)を管理する中央行政部門に所管されていた。そして、各経済部門で必要となる

人材が計上されたうえで、この計画のもと国家の経済発展に貢献する専門人材を養成することが大学の役割とされたのである。

次に引用する指摘はこうした考え方を裏付けるものである。

　「旧ソビエト連邦における高等教育は、伝統的に中央によって支配され、その管理下に置かれてきた。高等教育の展開は」、「全体として国民経済の発展戦略のなかに位置づけられてきた」。「国家が高等教育を発展させる目的は、国家の防衛能力を発展させるために極めて重要度の高い領域において大規模な産業プロジェクトを計画・実施することができる科学者、エンジニア、管理者をはじめとする幹部要員(カードル)を確保することであった」[33]。

なお、序章でも述べたように、本書では各経済部門を管理する中央・地方の行政部門が専門的人材を養成するためにおのおの一定数の大学を所管する体制のことを多数省庁所管方式と呼ぶ。建国初期のソビエトでは、高等教育機関は各加盟共和国の教育人民委員部に管轄されていたが、国家の社会主義的改造を目指す過程で多数省庁所管方式が導入されたのである[34]。多数省庁所管方式の形成過程については、第5章において詳述する。

(2) 中国

中国における従来の高等教育の構造的特徴を述べると、次のようになる。すなわち、①私立大学は存在せず、単科大学が中心の高等教育システム、②理系が厚く、文系が薄い「重理軽文」の基本構造、③中央地方の諸官庁が独自に多数の高等教育機関を運営し、所管関係が複雑であること(多数省庁所管方式)、また、④大学の教育内容や人事に至る厳格な国家管理などである。こうした高等教育制度の原型は、1950年代にソビエト連邦の高等教育制度を模倣することで形成された[35]。なお、中国は1960年代にソビエトへの依存から脱却したものの、この時期に形成された体制が基本的には維持されてき

たことは重要である[36]。

　従来の体制下における中国の高等教育の構造の論理について、1950年の第一次全国高等教育会議の内容を手がかりに確認する。同会議のなかで馬叙倫教育部長は、開幕の辞として「われわれは、統一方針の下、必要性と可能性にもとづいて、全国の公私立高等教育機関あるいはその特定の学院・系を一応調整し、もって国家建設の需要によりよく資するようにしなければならない」と述べている[37]。

　加えて同会議では、ソビエトの専門家が次のように述べていることも重要である。

「ソ連が技術の上で帝国主義国家に追いつき、追い越す業績を挙げえたのは、第一に軽・重工業の工場を迅速に建設したからであり、第二に多くの工業および農業専門家を養成したからであり、後者はソ連の高等教育の主要な任務であった。…ソ連には総合大学はわずか30校しかないが、全国の高等教育機関の総数は800校余りあり、これはソ連の高等教育の発展が単科大学を発展させる道を歩んできたことを示すものである。単科大学の任務は主として具体的業務に関する技術専門家を養成し、各方面の建設の需要を担うことである」。「つまり、高等教育改革の目的は『抽象』や『該博』な学府を次第に具体的、専門的な学府へと変えていくことである」[38]。

　実際としても、中国は単科大学に重点を置いて高等教育を発展させるこの方式の影響を強く受けることになった。大学を「具体的、専門的な学府」へと変容させていくことと関連して、中国では、第5章で述べるように、多数省庁所管方式の原型は社会主義体制を目指す国造りの一環として建国初期の1950年代に形成された。具体的には、1953年に政務院によって交付された「高等教育機関の指導関係の修正に関する決定(以下、修正決定)」を通じて、それ以前の主として中央教育行政部門が一括して大学を所管する方式が転換さ

れたのである[39]。その要点は、中央教育行政部門以外の中央各部・委員会による高等教育行政への直接関与を定めたことであり、「教育を実情と密接に結びつけるのに資するため、各高等教育機関を直接管理する活動に関して」、「中央教育部と中央の各関係行政部門とが分業して責任をもつ」とされた[40]。

このようにソビエトや中国をみると、従来の「国家社会主義体制」下における大学は、自治という概念を持たず、経済発展の需要と国家的統制のもとで運営される具体的・専門的な人材養成機関とみなされていた。

4　体制移行に伴うロシア高等教育の変動

それでは、体制移行に伴ってロシアにおける国家と大学の関係はどのように変動したのだろうか。従来の体制を改革しようとする動きは、ソビエト時代末に打ち出された「ペレストロイカ（構造改革）」からはじまる。スローガンの1つに「自由化・民主化」を掲げた「ペレストロイカ」をふまえ、1987年3月には「高等教育および中等専門教育の改革の基本方針」が出された。ここでは従来の体制を改め、大学の管理運営の民主化、大学の権限の拡大、大学の自主性の尊重が強調された[41]。この時点では、マルクス・レーニン主義教育の質的改善など従来の体制維持につながる政策も存在したが、大学側は、こうした改革を教育・研究にあたり独自の価値を追求する自由を与えるものと捉えたのである[42]。

ロシアにおける1990年代の高等教育改革の方針は、「ペレストロイカ」の精神を受け継いでおり、大きく次のように整理される[43]。すなわち、①高等教育の民営化と集権的資源配分政策の否定、②工業などの主要経済部門と関連させた人的資源政策の否定、③大学の管理運営体制の民主化、そして④中央政府による統制・関与の縮小である。これらの方針をふまえて、国家と大学の関係という視点から、具体的に高等教育のありようがどのように変容したのかについて検討していこう。

(1) 大学設置形態・財源調達方法

ロシアでは市場経済体制が導入されることで、所有制度が国有制から私有制へと転換すると同時に、需給バランスは計画ではなく市場によって決定されるようになった。このような過程で、国有資本が民営化されるとともに高等教育においても市場化が進められた。

高等教育における市場化の側面の1つは、民営セクターの量的な拡大である。従来の体制では大学はもちろんのこと教育機関はすべて公立であったが、1992年に「ロシア連邦法『教育について』」[44]（以下、「連邦教育法」）が制定されたことによって、非公立大学の設置が大々的に認められ、同年ロシア連邦初の非公立大学が設置されることとなった。大学の設置者には「社会的基金および私的基金」、「市民」、「ロシアの社会団体および宗教団体」などに加え、国内外の「企業」が認められることになり（第11条）、多様な主体による大学の設置運営がおこなわれるようになった。こうしたことを背景に非公立大学は2000年には358校まで増加し、2011年現在では大学の総数1115校のうち462校を占めるに至っている[45]。

もう1つの側面は、大学自身による財源調達手段の多元化である。民営セクターの拡大とともに、非公立大学をはじめ公立大学においても独自で収入源を創り出すことが承認・奨励されることとなった。教育活動に関わることとしては、有償の授業やプログラムの提供、それから大学が株主となって展開する企業活動からの収入なども含まれている。こうした大学の自主的な活動とも関連して、ここでとくに強調しておきたいのは、企業的活動を促進させるため「連邦教育法」では、大学に法人格の権限を与えると同時に（第33条）、大学による独自のビジネスを展開する権利を認めたことである（第47条）。こうしてみると、ロシアにおける高等教育の市場化は、民営セクターの拡大や大学の法人化に代表されるように、設置主体の多様化と大学の自律的な経営展開を生じさせている。

(2) 大学における人材養成の構造

体制移行に伴い市場化が進むなかで、ロシアでは国家による大学卒業後の人材配分計画がなくなるとともに、人的資源の配分と関わる高等教育の人材養成構造にも変化が生じてきている。従来の体制下では国家は経済発展のために工業をとりわけ重視していた。大学はそうした国家発展の論理のなかに置かれたことで、工学分野を中心に専門的な人材を輩出してきたのである。このことをふまえ、高等教育における人材養成の構造について、専門分野別の学生数の割合について実証的に示したのが**表1－3**である[46]。

表1－3から明らかになるように、全体としてロシア高等教育の構造は、国家的統制下での「工学・教育(教員養成)重視型」から市場体制下での「経済・人文・社会科学重視型」への移行を特徴としている。具体的には、従来の社会主義体制下で高等教育の中心を占めていた教員養成を主とする「教育」や、「工学」系専門分野の就学生数が相対的に減少した一方で、「経済・経営」や「人文・社会科学」を専門とする文系の学生数が飛躍的に拡大している。2011年現在では、これらの文系分野が全体の過半数を占めるに至っている。

体制移行の過程におけるロシア高等教育の人材養成構造の変容について、

表1－3　ロシア高等教育における専門分野別学生数の割合

年度	1955年	2003年	2011年
総計	100.0	100.0	100.0
人文・社会科学	0.7	21.3	24.1
経済・経営	5.7	20.0	35.0
教育	39.7	7.9	7.8
保健	8.5	7.2	3.5
自然科学	—	9.9	3.2
工学	34.7	27.7	19.5
農学	10.4	4.6	6.9
他		1.4	—

出典：1955年度のデータは、川野辺敏『ソビエト教育制度概説』新読書社、1976年、110頁の表14、2003年度のデータは、OECD. *Thematic Review of Higher Education: Country background Report for the Russian Federation*. Moscow: the State University-Higher School of Economics, 2007, p.54、2011年度のデータは、Образование в Российской Федерации: 2014: статистический сборник. Москва : Национальный исследовательский университет «Высшая школа экономики», 2014, C. 391 より加筆して筆者作成。単位は％。

その要因を検討しておこう。需要と供給の観点からみれば、需要要因としては、ロシア社会において新たに銀行、保険会社、個人による小売業など産業市場が生まれ、それに応じて多くの経営者、会計士、法律家が必要とされたことである。こうした雇用セクターにおける変化と労働市場への学生の志向が高等教育段階で新たな専門家を養成する必要性を生み出し、専門分野別では文系分野の量的拡大につながったと考えられる[47]。実際に、体制移行の過程でロシアでは、第三次産業が拡大する一方、第二次産業の比率ないし工業化率は低下している。近年の数値から工業化率を確認しておくと、2009年時点で、第一次産業、第二次産業、第三次産業の割合はそれぞれ4.7％、33.8％、61.5％となっている[48]。

こうした社会経済的な需要に応じるように、供給要因には、大学が自律的な経営戦略として有償のコースやプログラムを提供するため、市場的需要の高い経営、経済、商業に関する分野において新たな学科を設置してきている状況が挙げられる[49]。このように大学が主体的に市場ないし社会経済の需要に応じることができるようになった背景には、次に述べるように、国家から大学への権限の下方委譲がある。

(3)国家と大学間の権限配分構造

ソビエトが1991年に崩壊して以後、体制移行の過程における大学の管理運営に関する高等教育改革の方針は、「自由化・民主化」を理念として、大学の自主裁量の拡大を図るというものであった。なかでも国家と大学間の権限配分関係に関して、1990年代の高等教育改革の原則をみると、それは中央集権的な国家と党による管理を見直し、あらゆる教育機関の自律性を保障することであった。結果として、憲法から党の「指導的役割」が削除され、従来大学に置かれてきた共産党組織が排除された。また、国家科学・高等教育機関委員会による高等教育改革の草案では、大学を自らの金融資産、財産と規則を持つ法人としたうえで、大学は「入学者選抜計画、教えられるべき専門科目、大学内部の構造、そして教育プログラムの内容を決められるようにな

る。すべての大学における内部行政、財政、人事、そしてその他の決定は高等教育機関の特権になるものである」とされている[50]。

1992年の「連邦教育法」では、教育政策の原則が「国公立の教育機関における世俗性」、「教育行政の民主的、国家・社会的な性質」そして「教育機関の自律性」の保障に置かれることが規定されている(第2条)。「連邦教育法」について、澤野は、1985年12月に公布された「ソビエト連邦および連邦構成共和国の国民教育に関する立法の基礎」と比較することで、従来の国民教育の目標としてのマルクス・レーニン主義にもとづく『人格の全面的・調和的発達』と『ソビエト連邦市民、共産主義建設者の育成』が『人格の自由な発達』と『市民性と祖国愛を培うこと』に変化していると指摘している[51]。また、1996年に制定された「ロシア連邦法『高等・高等後職業教育について』」では、大学教員や学生に対し学術の自由を保障することを謳うとともに、大学の制度的自律性の強化や、国家スタンダードの基礎の確立、そして法規に基づく大学の管理運営の強化などが強調されるようになっている[52]。

こうした1990年代の教育法制について、Tatiana and Williamはその特徴を「政治的・社会的変化に共鳴する教育システムを作ろうとする社会の要求を反映」したものとし、「人間化」した「個人のための」教育アプローチが強調されていると述べている[53]。

このように1990年代を通じて、ロシアでは教育改革の基礎に「民主化」が置かれることで国家から大学への権限の大幅な下方委譲が生じてきた。具体的な大学の自主権の変動状況について、大学の管理運営においてとくに重要な項目であると考えられる学長の職能、人事、そして教育・研究などの学術活動に着目して整理すると、大きく次のようになる[54]。

第1に、ロシアでは民主化の理念に沿うように、おおまかに大学の管理運営に関する諸権限が国家から大学へと委譲された。具体的には、学長を大学内部の関係者が選出できるようになったことをはじめ、教員の雇用・昇進や教育・研究内容が大学の講座単位で決定できるようになったことなどが挙げられる。こうした大学の学術活動については大きく、①カリキュラムを作成

するうえで各大学が依拠する国家スタンダードの「大綱化」[55]、②研究主題の選択にあたっての自由度の拡大や国際雑誌への発表の自由化、それから③博士学位の最終授与主体の国家から大学への変化[56]などを大学の自主裁量の拡大として指摘できる。

　第2に、大学の運営自主権の拡大とも関連して、従来、各経済部門の発展計画により統制を受けたロシアの大学は、それぞれの「大学憲章」によって改めて統治されるようになっている。こうした機関統治の民主的な原則を実施するため、国家は各大学に内部の意思決定組織として学術評議会を設置することを定めた。このことにより、機関の管理運営における意思決定にあたっては学術評議会が大学の管理運営権を学長に委託するという形式が採られるようになっている。なお、学術評議会の詳細な役割や構成員は、各大学が策定する「大学憲章」によって独自に規定されている。

　ただし第3に、これは国家にとって重要な点であるが、ロシアにおいて国家は諸権限を大学に委譲する一方、重要な項目については依然として手放していないか、あるいは権限委譲と対になり、一定の国家基準を新たに定めている。具体的にそうした国家の所掌事項には、入学定員の規模や学長の承認、教育カリキュラムにおける国家スタンダードの策定、そして博士学位の授与の過程における高等資格審査委員会の介入が含まれている。

　このように、ロシアにおいて国家と大学の関係には、権限委譲により大学の自律的運営が可能になった部分と、国家が大学の管理運営に依然として関与している部分がある。具体的には、大学への権限委譲の一方で、学位授与をはじめとした資格に関わる事柄は高等資格審査委員会の関与を受ける必要があるし、教育課程の国家スタンダードの策定については連邦教育行政部門の組織である連邦監督サービスの関与を受ける[57]。

　また1990年代初頭以来ロシアでは、体制移行の過程で国家は高等教育政策の形成において独占的な主体ではなくなってきており、ロシア高等教育学長連盟をはじめとして、新たに非国家的な組織も高等教育政策の形成に参加するようになってきている[58]。しかし、そうではあるものの、一方でマク

ロな高等教育政策の策定に対しては連邦教育行政部門の権限は依然として強く、ロシア高等教育学長連盟などの非国家的組織の影響力は非常に限定的である[59]。加えて、高等教育行政の構造も従来体制のままである。すなわち、ロシアの高等教育行政体制をみれば、「圧倒的多数の公立高等教育機関は連邦行政部門に所管され」「そのうち約60%が教育行政部門に所管されるが、それ以外は非教育行政部門に所管されている」ように、現在もなお多数省庁所管方式がみられるのである[60]。

なお、2000年代の高等教育改革について言及しておくと、ショック療法による1990年代の経済の混乱・停滞から脱却するため、「強いロシア」を標榜するプーチンのもとで[61]、2000年に「教育のナショナル・ドクトリン」、2001年には「ロシア教育の近代化についての概念」がそれぞれ打ち出された。両文書とも経済発展のために教育が果たす役割を強調しているが、こうした政策は「再び教育を国家の近代化のための道具へと変えるための戦略の形成に主眼を置いている」とする指摘があるように[62]、ロシアでは2000年代以降高等教育に対する国家の介入が再び強まっている[63]。

5 体制移行に伴う中国高等教育の構造変動

中国では、文化大革命終結後、党の指導のもとで経済体制の転換が進められてきた。1978年の中国共産党第11期3中全会で共産党の方針を従来の階級闘争から経済建設へと転換させることが決定され、改革開放政策の展開が確立されたのである。また、1992年には中国共産党第14回大会において「中国式の社会主義市場経済」を確立することが目標として掲げられ、市場経済体制への移行が急速に進められるようになった。

こうした状況のもと、高等教育は社会的・経済的発展の基礎として一貫して重視されてきている。1970年代末には、工業、農業、国防、科学技術の「四つの現代化」建設が国家目標になることで、専門的な知識を持った人材の需要から高等教育が重視されるようになった。1990年代半ばに打ち出された

「科教興国」戦略では、国家をいち早く発展させるために科学技術と教育の振興が求められたのである。こうした戦略は1998年に教育部によって制定された「21世紀をめざす教育振興行動計画」に具体化され、高等教育については量的拡大を図ることが目標とされた[64]。

それでは、体制移行の過程において中国高等教育の構造はどのように変容しているのだろうか。ここでも前節と同様に、国家と大学の関係という視点から大きく①大学設置主体・財源調達方法、②人的資源配分、③国家と大学間の権限配分構造に着目して検討する。

(1) 大学設置主体・財源調達方法

中国では、「四つの現代化」や「科教興国」戦略のもと高等教育は一貫して量的拡大を遂げており、民営セクターの展開がこうした高等教育の拡大を支える要因の1つとなっている。計画経済体制から市場経済体制へと移行する過程で、中国では国家とは異なる設置主体を持つ民営大学の設置運営が認められ、その量的拡大が生じてきているのである。具体的に民営大学の設置主体についてみれば、民営セクターが生じた当初は、国有企業や民間団体などの公的性格を有する組織、ないし国家に認められた個人が設置主体とされたが、体制移行の過程では、設置主体の「範囲」が拡大してきており、現在では、企業や事業体を含むより多様な非国家的主体が含まれるようになっている[65]。なお中兼によれば、中国は国営企業などの大規模な民営化は国策として拒んでいるとされる。建前として社会主義を掲げる中国では民営化は「公有制を主体とする」国家理念と衝突するため「市場化はゆっくりと、民営化は遅れて実施されてきた」とされる[66]。

民営セクターにおける高等教育が国家によって承認されたのは1980年代である。民営大学の設置運営は、「中華人民共和国憲法」(1982年)や「社会諸勢力による学校設置に関する若干の暫定規則」(1987年)を通じて規定されることとなった。これ以降、民営セクターは一貫して拡大してきている。具体的な拡大状況を確認しておけば、1998年の時点で正式に認可された機関

は22校しかなかったが、2005年では252校にまで増加し、2014年には普通高等教育機関2529校のうち728校が民営高等教育機関となっている[67]。

このように中国では大学設置主体の多様化と民営セクターの拡大が生じるなかで、財源調達の手段についても多元化傾向が確認される。従来の計画経済体制下では、高等教育に関わる経費はすべて国家財政による負担であったが、1980年代以降、政府財政支出を中心としながらも、各大学が多様なルートから資金調達をおこなうことが認められてきている。そこには学費、校営産業、社会サービス、寄付、金融ローンなどが含まれている。高等教育機関の財源は、従来、高等教育行財政を支えてきた国家財政的教育経費が減少してきている代わりに機関による収入が拡大しているのである[68]。

(2) 大学における人材養成の構造

従来の中国高等教育の基本的な構造は、すでに確認したように、社会主義建設と国家発展のためにソビエトにおける高等教育の構造を模倣した「重理軽文」であった。すなわち、高等教育は工学にとくに力を入れつつ理系を中心に拡大してきた。こうした高等教育の構造は、体制移行の過程にある中国ではどのように変化しているだろうか。大学における人材養成の構造について、専門分野別学生数の割合を示したのが**表1－4**である。

表1－4から、中国の大学における人材養成の構造をみると、従来では工学を中心とした理系分野偏重であったものが、体制移行の過程では工学分野の比率は依然として最も高いものの社会科学分野でも経済や管理学を中心に拡大が生じていることがわかる。

こうした大学における人材養成構造の変化の要因について、第1に、依然として工学が重視されている理由としては中国が一貫して工業・科学技術の発展を重視していることが挙げられるだろう。具体的には、中国は「四つの現代化」、「科教興国」などの国家方針において経済発展のために工業・科学技術の振興を重視しているし、こうした方針との関連で、1986年以降形成されてきた「国家重点学科」政策でも工学系の学科が重視されている。具体

表1－4　中国高等教育における専門分野別学生数の割合

専門分野	1990年	専門分野	2001年	2010年
総計	100.0	総計	100.0	100.0
文科	4.8	哲学	0.1	0.0
財政経済	10.7	経済学	5.0	5.0
政治・法律	2.0	法学	5.4	3.1
教育(教員養成)	25.2	教育学	5.2	4.6
体育	0.7	文学	14.7	15.2
林科	0.9	歴史学	0.7	0.3
理科	4.6	理学	10.0	5.6
工科	36.1	工学	34.6	36.0
農科	4.2	農学	2.6	1.8
医学・薬学	9.8	医学	7.4	7.8
芸術	0.9	管理学	14.3	20.5

出典：教育部発展規劃司編『中国教育統計年鑑』人民教育出版社、各年版より筆者作成。単位は％。

的に1986年の国家重点学科数をみれば、416の重点学科のうち、文科は78、理科86、工科163、農科36、医科53となっており、工科の学科数が突出して高い[69]。第2に、社会科学に関する科目の拡大に関しては、市場経済体制が確立していく過程で市場経済のシステムや経営管理に関わる人材需要が市場のなかで拡大してきていることが挙げられる。

このように、中国では、工業や科学の振興を通じた経済発展の論理と市場的需要のなかで高等教育が展開されるようになってきている。

(3)国家と大学間の権限配分関係

中国では、高等教育に対して国家は建国初期から中央集権的な統一計画や管理を実施し、大学の諸活動の隅々まで統一的管理体制を敷いてきた。しかしながら1985年に教育改革全般に関する綱領的文書である中国共産党中央の「教育体制改革に関する決定」のなかで改善の必要性が説かれ、「大学の自主権拡大」が明示されて以降、管理運営体制に明瞭な変化が現れてきている[70]。1985年の「教育体制改革に関する決定」の要点は、地方政府、中心都

市が大学の設置・管理に積極的に関与すると喚起するとともに、大学の自主裁量を拡大することに置かれた。とくに大学の自主裁量に関しては、「現在、高等教育制度改革の鍵は、政府が大学を指導し過ぎた管理体制を変えること、経済と社会の発展に適応する大学の積極性と能力を高めるということである。これらのために、国家統一の教育方針と計画の指導の下で大学の自主権を拡大させ、大学が産業、科学研究、社会の各方面との連携を強化する」ことが明記された。なお、中国では地方分権化が進む過程で、従来の多数省庁所管方式の構造に変化が生じており、主として地方政府が一括して大学を所管する構造となっている[71]。

このように中国では、大学の運営自主権は1980年代から徐々に拡大され、各大学が自ら決定できる事項が増えてきている。1990年代に入るとそれはさらに拡大され、1998年に制定された「中華人民共和国高等教育法」(以下、「中国高等教育法」)では、「高等教育機関は、設立が認可された日より法人の資格を取得する」(第30条)ことが明確に規定された。これとともに、同法第32条から第38条において、学生募集の策定や設置する学問分野・専攻の調整、教学計画の策定と教材の選択・編集、科学研究や技術開発、社会サービスの実施、国外の高等教育機関との科学技術文化交流、内部組織機構の設置と人員の配置、財産の管理と使用などの活動は、各機関が主体的におこなうことが規定されている。「中国高等教育法」を法的根拠として、各大学は、自らの置かれた環境のなかで発展の方向性やそのための戦略を決めることが可能になりつつある[72]。

また、中国の大学入学者選抜のありようについて言及しておくと、1950年代から現在まで、文化大革命の時期を除いて、主として全国統一大学入学試験が学生選抜において大きな役割を果たしてきている。具体的には、入学定員数は各大学の専攻ごとに1つないし複数の省に配分されており、省が権限を持って大学入学者選抜にあたり問題を作成している[73]。こうした方式が採られるなかで、運営自主権を拡大させるという観点から、規模は小さいながらも大学が主体性を発揮して学生選抜をおこなう推薦入学や自主学生募

集などの方法も導入されてきているのである[74]。

さらに加えて、大学の運営自主権として学位授与権についてみても、「中華人民共和国学位条例」が1980年に制定されて以降、中国では国務院学位委員会から承認を受けた大学が学位を授与できるようになっている[75]。体制移行の過程で、学位授与権の審査体制においても学位授与機関である大学の権限が一定程度拡大されている[76]。すなわち、博士論文の審査や学位授与の過程に国家(教育部や国務院)が介入する学位授与体制から、主として大学内部でそうした活動ができる自律的な体制へと動いている[77]。

ただし留意する必要があるのは、中国では大学の自主裁量が以前よりも拡大してきているとはいえ、基本的な高等教育の枠組みは依然として国家が策定していることである。しかも、国家が高等教育のあり方を考える際に主として依拠するのは経済建設と社会発展の必要性であることは重要である。このことについて「中国高等教育法」では、「国家は、経済建設と社会発展の必要に基づいて」「高等教育事業を積極的に発展させる」(第6条)、「国家は、社会主義現代化建設と社会主義市場経済を発展させる必要に照らして」「高等教育の体制改革と高等教育の教学改革を推し進める」と定めている(第7条)。

また実際としても、大学は依然として党や国家の強い統制のもとに置かれているという指摘がある[78]。そこでの論点は、①学長人事、②党と行政系統との関係、そして③学内における「学術権力」のありようの大きく3点である。第1に、学長人事については、学長の人事は選挙制ではなく任命制であり、大学を所管する行政部門の直接的な指導のもと民主的推薦などの過程を経て、最後に主管行政部門の党委員会の討論によって決定される。そして、「選考過程から学内の教職員と学生は全く排除されている」とされる[79]。

第2に、党と行政系統との関係については、「中国高等教育法」において大学では「党委員会の指導のもとでの校長責任制」を実施することが規定されている(第39条)。大学の党委員会の役割は主として、機関の発展や改革の方向性の決定、主要幹部の任免、思想政治活動であり、学長の任務はこうした点に関する党委員会への提案と党委員会の決定事項の執行であるとされる。こ

のように大学内部の管理運営において、大学には党委員会を頂点とする党による統制系統と学長を頂点とする行政の統制系統が存在しているが、こうした2つの統制系統が権力配分や機能分担において協働できなければ、大学の管理運営に制約が加わってしまうことが指摘されている[80]。

そして第3に、「学術権力」についてみれば、国家から大学への権限委譲の潮流のなか大学の自主裁量権が拡大されたのは経営的側面に関するものが多く、大学の学術に関する自主裁量に関しては依然として明確化されていないと指摘されている[81]。

しかしながら、このことと関わって近年では、学内の学長を中心とする行政系統に対して大学教員からなる「学術権力」を高めようとする議論があり[82]、大学統治の原則となる「規則」を各大学で策定しようとする動きが生じつつある。具体的に、「国家中長期教育改革・発展計画綱要(2010〜2020年)」では、「公立高等教育機関は党委員会の指導のもとでの校長責任制を堅持し完成させなくてはならない」としたうえで、「規則の建設を強化する。各種高等教育機関は法規に則り規則を制定し、規則の規定に基づき機関を管理する。学術の自由を尊重し、快適な学術研究環境を整備する」と定めているのである(同綱要、第40条)。

このようにみれば、中国では大学の管理運営における学術的側面についても、近年ではゆるやかな自由化が目指されつつあると言える。

6　比較考察：ロシアと中国における高等教育の構造変動

ここまで、ロシアと中国の高等教育の構造について、国家と大学の関係に焦点をしぼって体制移行に伴う変動のありようを検討してきた。両国の体制移行の過程における高等教育の状況を改めて整理しておけば、それぞれ次のようになるだろう。

ロシアでは、従来の統一的国家統制下に置かれた大学は体制移行の過程でそのありようを大きく変えてきている。すなわち、①大学設置主体と財源調

達手段については市場化するなかで非公立大学が現れ、その量的拡大が図られてきている。同時に、大学は法人格を有するようになっており、国家支出以外の多様な財源の確保が認められるようになっている。こうした市場化が進む過程で大学は自律的な経営戦略を採るようになっており、②人材養成の構造をみれば、従来の国家的統制による工学重視の高等教育の構造を改め、産業構造の変化と市場の需要に応じるなかで経済・社会科学系が厚い専門分野の構造となっている。そして③権限配分の構造をみると、一方では、社会全体の民主化に伴って大学から党組織が撤退するとともに、大学憲章と学術評議会による機関の統治が図られ、大学の管理運営や教育・研究に関する一定程度の自主権が大学に与えられるようになっている。他方で、学内の民主的な選挙を経てはいるものの、学長の最終的な承認主体は国家であるし、学位授与のプロセスでも最終的な承認の段階で最高資格審査委員会が介入している。このようにロシアでは、大学の管理運営において国家は依然として重要な項目を所掌し、大学の管理運営に関与し続けている。

　中国では、「社会主義市場経済体制」の確立が目指されるなかで市場化が進められてきており、従来の統一的国家統制下に置かれた大学のありようには変容と従来体制からの連続性が確認される。具体的には、①大学設置主体と財源調達手段については、経済体制の市場化の過程で民営大学が設置・運営されるようになっており、民営セクターの量的拡大が生じている。また、財源調達の方法も多元化傾向にある。これに対して②人材養成の構造についてみれば、国家的方針のもとで現在も工学分野が重視されているが、文系分野にも量的拡大が確認される。そして③権限配分の構造に着目すれば、1980年代以降大学への権限委譲が潮流となっており、大学は法人格を備え一定の枠内で自主裁量を発揮できるようになっている。ただし、そうした枠組みや方向性は経済発展の論理のもと国家が規定することには変わりがない。また、現在もなお大学党組織は、政治思想・人事・機関の発展の方向性の決定などの観点から大学の管理運営に関与しており、とくに人事に関して学長の任命にあたっては、所管部門の党組織が権力を発揮する構造となっている。

ロシアと中国の体制移行に伴う高等教育の変動状況を比較的に検討すれば、次のことが明らかになる。第1に、両国とも市場経済体制への移行を経験するなかで民営高等教育が拡大してきており、従来の国家丸抱えであった高等教育財政からの転換が確認できる。こうした過程で、有償プログラムや校営企業の展開をはじめ、市場における大学の自主的な運営が促進されており、経営的側面での大学の自律性は高まっている。そして両国とも共通して、自律的な活動を促すため大学が一様に法人格を有するようになっている。

　第2に、政治体制の転換を経たロシアでは、1990年代に大学管理運営体制の民主化を図ろうとするなかで、大学からは党組織が撤退するとともに大学は新たに個別に制定される「大学憲章」によって統治されるようになった。また国家による統一的な高等教育の目標がなくなり、機関内部の意思決定組織である学術評議会を通じて各大学が自らの目標や理念を打ち立てられるようになっている。加えて、学長選出においては大学内部の意思が反映される体制が改めて創り出された。一方、政治体制の転換が生じていない中国では、学長の任命をはじめとして、大学の発展の方向性も大学党組織による関与を受けて決定される方式が一貫して採られている。

　第3に、政治体制の転換の有無に関わらず、ロシアと中国では共通して大学に教育研究上の一定程度の自主裁量が与えられるようになっているものの、国家が大学の管理運営上の重要な事項を所掌し続けているのである。ロシアでは、国家が学長の承認や教育課程基準の策定をおこない、学位の授与についてみてもその過程で国家が関与しているし、中国でも、こうした学長の人事や学位の授与における過程で国家の関与を受ける制度となっている。ただし、多数省庁所管方式に関しては、中国において大多数の大学が地方政府に移管されることで構造が変化したのに対し、ロシアでは現在もなお従来の方式が採られている。

　以上のロシアと中国における高等教育の変動を整理すれば、**表1－5**のようになる。

　このような検討の結果をふまえ、当初設定した仮説的な説明枠組みを検討

表1−5　体制移行を境とするロシアと中国における高等教育の変動状況

	ロシア	中国
高等教育の変容	・大学の法人化 ・経営面での自律性拡大 ・大学憲章および学術評議会による統治の実施、党組織の廃止 ・教育と研究における自主権拡大 ・社会科学系分野の拡大	・大学の法人化 ・経営面での自律性拡大 ・高等教育法による統治 ・地方政府が大多数の大学を所管 ・教育と研究における自主権拡大 ・社会科学系分野の拡大
大学に対する国家統制	・国家による学長の承認 ・国家スタンダードによる関与 ・国家による学位授与への関与 ・多数省庁が大学を所管	・党組織による発展方向性の決定 ・国家、党による学長選定 ・学術に関する自己裁量の制限 ・国家経済発展の論理の尊重

出典：筆者作成。

すれば、それは巨視的には妥当な説明枠組みであることが明らかになる。すなわち、体制移行に伴いロシアと中国では大学は市場化が進む過程で法人化され、経営的側面を中心に「自律的機関」化が生じているからである。そのうえでロシアでは、政治体制の民主化に伴って大学に対する党の関与がなくなっている。また、大学の管理運営における民主化を図るため「大学憲章」による機関統治の改革が実施されるとともに、大学内部の管理運営における代議的組織である学術評議会の導入が図られた。こうしたことから、依然として「党委員会の指導のもとでの校長責任制」を採る中国と比較した場合、ロシアではより民主化を志向した制度改革がおこなわれたと言ってよい。ロシアに対して、民主化を経験せず党による一党支配が事実上持続している中国では、近年では大学の「学術の自由」がゆるやかに生じつつあるが、大学の理念型は一貫して社会主義建設に資する人材の養成であり、機関の発展方針も各大学の党組織の指導のもとで打ち出されている。

　ただし微視的にみれば、ロシアでは、政治体制の民主化を経たにも関わらず、学位への介入やカリキュラム作成上の国家スタンダードの存在など、依然として重要な権限は国家の手の中にあるし、高等教育行政構造についても従来のまま多数省庁所管方式が引き継がれているのである。加えて2000年代の状況について述べておくと、ロシアではボローニャ・プロセスにおいて

ヨーロッパ高等教育圏への統合が強調され、大学の自治の拡大がめざされているものの、数度にわたる教育法の改定[83]や大学別・学部別の試験から全国統一型の試験への大学入学者選抜試験の改革などを通じて国家介入の強化が図られてきたことも事実である。このことは、すでに先行研究で指摘されているように、2000年代以降のロシアにおいて「開発独裁」型への揺り戻しが生じていると捉えることで、大学の自律的活動に対する国家介入の再拡張という現象を解釈できると考えられる。

7 おわりに

　本章において、ロシアと中国の事例の検討から明らかにしたように、体制移行過程の相違は、おおまかに社会主義国における高等教育の変動の方向を規定するものである。すなわち、社会主義国において従来の「国家丸抱え」と国家的統制の極端に強い大学制度から、ロシアでは政治体制の民主化によって大学の理念型が大きく転換したし、中国において高等教育の市場化や大学に対する自主裁量の下方委譲などが生じてきているのは計画経済体制から市場原理にもとづく経済体制の転換によるものであろう。

　本章で仮説を提示してから検討したように、体制移行がもたらす高等教育の構造変容には、市場化に関わる要因と国家の政治体制に関わる要因があるといえる。市場化に関わる観点については、ロシアと中国では市場原理を導入し、国家丸抱えの高等教育行財政から脱却する体制移行の過程で、国家財政に加えて民間資本を導入することで高等教育の財源を確保することがめざされた。具体的には、民営大学の制度化と財源調達手段および大学設置主体の多様化が進められた。また、高等教育システムに市場を導入し、大学を一定程度の競争的な環境に置いてその自主性を高めるのが望ましいとする考え方は公立大学のありようにも影響を及ぼしており、ロシアと中国では両国とも公立大学の法人化が生じている。

　一方、国家の政治体制に関わる観点については、ロシアでは1990年代に

政治体制が転換し、従来の体制への反動と新たな国家の体制として民主主義体制をめざす過程で高等教育や大学の理念型において自治的な管理運営が強調された。しかしながら2000年代以降は、プーチン主導のもと「強いロシア」に回帰する過程で権威主義体制への揺り戻しが生じ、大学はそうした力学による影響を受けつつある。他方、中国では、国家や党は漸進主義を採ることで体制の維持を一貫して図りつつ、ゆるやかに市場を導入していくことで、一定の枠内での大学の自主性の拡大改革をおこなってきている。ただし、そうした市場化がもたらす事象として「国家に対する経済的自立性が強まり、それが政治的自立性の向上にも寄与」するという指摘もあり、中国においても、経営面での自主裁量の拡大に続いて漸次的にではあるが学術に関わる大学の運営自主権の拡大が模索されてきている。

　本章での検討をふまえれば、ベトナム高等教育を分析するための概念枠組みは大きく次のように定式化できるだろう。すなわち、中国と同様に党による一党支配体制が継続しているベトナムでは、漸進的な市場化の過程で高等教育の一定程度の市場化やそれに伴う大学の管理運営における自主裁量の拡大が生じていることが予測される。また、こうした過程では大学のありようにも変容が生じる一方で、国家や党はそれぞれの論理にもとづいて大学への関与をおこなってきているという見方である。

　第2章では、ベトナム高等教育の出発点を確認するため、ベトナムにおける高等教育の歴史的展開について検討する。そのうえで、上記の概念枠組みを念頭に置きながら、第3章から第6章ではベトナム高等教育の構造について国家と大学の関係を中心に論じていく。

【注】
1　中兼によれば、本章でも論じるように、体制移行の類型は大きく社会主義独裁体制(「国家社会主義体制」)から①先進資本主義体制への移行と、②開発独裁体制への移行に区分している(中兼和津次『体制移行の政治経済学』名古屋大学出版会、2010年、9頁)。ただし、こうした移行類型について、前者に分類される国々がすべて急激な体制移行戦略である「ショック療法」を採用したわけではないとし、具体的にはショック療法を採った国の代表としては東ドイツ、ポーランド、

ブルガリア、ルーマニア、チェコスロバキア、それからロシアやモンゴルを挙げている（同上書、109 頁、Brabant, J.M. van. *The Political Economy of Transition: Coming to Grips of History and Methodology.* London: Routledge, 1998, p.105）。
2　Pastovic, N. "Problems of Reforming Educational Systems in Post-communist Countries". *International Review of Education.* Vol.39, No.5, 1993, pp.405-418.
3　*Ibid.*,p.416.
4　*Ibid.*,p.417.
5　すなわち、前者においては新しい国家体制の建設に伴ってヨーロッパを規範とした高等教育システムの導入がめざされているのであり、後者はそうした過程で、今度は実態として変化する政治経済や社会のありようが高等教育の改革計画に対して影響を与えうるという見方である。このことに関連して、次に示す指摘は重要である。「市場経済と民主主義的政治に基礎を置く（体制転換直後に）宣言された発展戦略は、現実の教育事象を予測するための信頼できる基盤にはなりえない。西欧の発展モデルを導入する試みは、現代の西欧の価値観にもとづく教育システムを形成することにつながるだろう。このことは、体制移行国が移行直前に受け入れた教育文書から言えることである。こうしたすべての文書に共通する特徴は、学校と生徒の自律性を通じて実現される自由な教育目標を高く評価しようとするパラダイムのなかに教育を組み込もうとすることである」（*Ibid.*,p.416.）。
6　Balzer, H. D. "From Hypercentralization to Diversity: Continuing Efforts to Restructure Soviet Education." *Technology in Society*, Vol.13, No.1/2., 1991, pp.123-149.
7　Froumin, I. and Kouzminov, Y. "Supply and Demand Patterns in Russian Higher Education." In Scwartzman, S., Pinheiro, R. and Pillay, P. (eds.). *Higher Education in the BRICS Countries: Investing the Pact between Higher Education and Society.* New York : Springer, 2015, pp. 97.
8　Beliakov, S., Lugachyov, M., and Markov, A. "Financial and Institutional Change in Russian Higher Education." (Centre for Economic Reform and Transformation, Department of Economics, Heriot-Watt University Working Paper No. DP98/05), 1998, p.7. 以下の URL より 2018 年 10 月 15 日最終アクセス。(http://papers.ssrn.com/sol3/papers.cfm?abstract_id=142307)
9　より詳しい議論は、以下の文献を参照。クラーク、バートン・R 著、有本章訳『高等教育システム：大学組織の比較社会学』東信堂、1994 年、154 〜 201 頁。
10　Gupta, A. *Beyond Privatization.* London: Macmillan Press, 2000, pp.6-7.
11　この概念軸とそれに関する検討は、クラークによる議論（同上書、154 〜 157 頁）をふまえたうえで、筆者が展開している。
12　こうした枠組みは、序章で述べた高等教育の統制モデルと監督モデルにおお

まかに対応していると考えられる。体制移行国を含む多くの国で統制モデルから監督モデルへの移行が生じたということをここにあてはめれば、体制移行国では国家による統制が相対的に弱まることで、国家統制が強いモデルから市場が相対的に強いモデルへの移行が生じつつあると推測される。

13　中兼、前掲書、2010年、6〜9頁。
14　南部広孝、関口洋平「社会主義国の体制移行に伴う教育変容：ベトナムと中国を中心に」『京都大学大学院教育学研究科紀要』第57号、京都大学大学院教育学研究科、2011年、3頁。
15　中兼、前掲書、2010年、6〜7頁。
16　南部、関口、前掲論文、2011年、19〜21頁。
17　そうしたモデルは、「教育と社会の発展的次元に関する相互的モデル」と呼ばれる(Pastovic, 1993, *op.cit.*, pp.407-409)。
18　*Ibid.*, pp.407-409.
19　Rollandは、教育システムの改革を、経済、社会、そして政治(イデオロギー)から影響を受ける構造の変容であると捉えている(Rolland, G. P. *Conflicting Theories of Social and Educational Change: A Typological Review*. Pittsburg Univ., PS. University Center for International Studies, 1976, pp.35-36)。
20　その際、政治体制について「独裁的」・「民主的」の2つの体制を、経済体制については「非市場的」・「市場的」の2つの体制を表す軸を用いて、社会の類型(国家体制)を①独裁・非市場型、②独裁・市場型(開発独裁体制型)、そして③民主・市場型(先進資本主義体制型)の3つに分類している(Pastovic, 1993, *op.cit.*, p.411)。
21　本書で対象とする体制移行国のベトナムにおいても、従来の体制において教育分野では教員養成を主とする「師範学」が主であったのに対して、体制移行の過程では教員養成を含む「教育科学」が重視されつつある(関口洋平「変革期ベトナムの教員養成改革の動態に関する研究：教員養成モデルの多様化という視点から」『日本教師教育学会年報』第21号、日本教師教育学会、2012年、128〜137頁)。
22　ロシアや東欧諸国において新たに求められたイデオロギーは主として、「自由主義」、「ナショナリズム」、「キリスト教民主主義」、そして「社会民主主義」の4つとされる(Birzea, C. *Educational Policies of the Coutries in Transition*. Strasbourg: Coucil of Europe,1994, pp.40-41)。なおロシアでは、1995年までは少なくとも周辺諸国のようにナショナリズムや新保守主義に傾くことなく、リベラルな政策が採られてきた(澤野由紀子「ロシア連邦における教育改革の現状と社会主義教育の「遺産」」『比較教育学研究』第22号、日本比較教育学会、1996年、54頁)。
23　中兼によれば、民主主義的政治体制を採り、なおかつ計画経済体制を採る国家体制は「民主主義的社会主義経済体制」とされ、理想主義的社会主義体制と呼

ばれるが、こうした体制で永続的なものはこれまでに構想されたことがない(中兼、前掲書、2010年、9頁)。こうした指摘をふまえ、本書ではこうした国家体制についての検討はせず、国家社会主義体制からの移行対象には含まないものとする。

24 唐亮『現代中国の政治:「開発独裁」とそのゆくえ』岩波新書、2012年、ii～v頁。
25 「全体主義」の定義は論者によって異なるが、それは独裁的な指導者の支配と市民的・政治的自由の否定を伝統的な専制や暴政ならびに権威主義体制と共有しつつ、それらとは異なり、イデオロギーによる政治的な動員が強度になされるとともに、私的領域が破壊され、全面的な政治化が進むことを特徴とする(猪口孝(ほか)編『政治学事典』弘文堂、2004年、659頁)。一方、「権威主義」は、民主政治とも全体主義とも異なる政治体制であり、複数政党制が大々的に認められないものの、全体主義においてみられる単一政党とそのもとでの大衆動員もなく、限られた範囲ではあるが多元主義が許された体制として定義される(同上書、295頁)。
26 自由放任的な自由主義経済に対して国家による積極的な介入を伴う経済体制、ないしは民間企業の市場活動と政府介入との混合から成立する経済のことである(大阪市立大学経済研究所編『経済学辞典:第3版』岩波書店、1992年、481～482頁)。こうした定義からすれば、産業政策による経済への介入は多くの国でみられることから、事実上これらの国にも混合経済の性格を確認することができるだろう。ただし、体制移行当初にロシアが採用した「ショック療法」は、価格の自由化、マクロ経済の安定化、国有企業の民営化を三本柱として進められた点で、より市場移行政策が強調されていたと言える。
27 唐、前掲書、2012年、i頁。
28 上野俊彦「第二次プーチン政権下のロシア政治」溝端佐登史編著、日本国際問題研究所協力『ロシア近代化の政治経済学』文理閣、2013年、66頁。
29 2000年代には教育に関する主要な国家目標が打ち出されている。主要なものを挙げれば、教育の役割として労働市場の需要と国家の経済成長に資することを強調した「教育のナショナル・ドクトリン」(2000年)や「ロシア教育の近代化についての概念」(2001年)、それから、ロシアの国際社会における競争力を確保するとともに、教育セクターにいっそう強く市場原理を導入する「2006－2010年における教育発展のための連邦戦略プログラム」(2005年)などである。
30 ソビエトでは、国家による大学の厳密な管理と「教育と研究の分離の原則」のもと、大学の機能は主として教育に限定されており、学位授与についても、とりわけ博士学位取得のルートは大学と研究所(アカデミー)の双方に開かれており、その最終的な授与権は国家(ソ連高等・中等専門職省当時)に属していた(川野辺敏『ソビエト教育の構造』新読書社、1978年、226～245頁)。
31 川野辺敏『ソビエト教育制度概説』新読書社、1976年、97～113頁。

32　ドブソン・リチャード・B「ソビエト社会と教育機会」カラベル・J、ハルゼー・A・H編、潮木守一（ほか）編訳、『教育と社会変動：教育社会学のパラダイム展開（下）』東京大学出版会、1980年、117頁。
33　Beliakov, Lugachyov, and Markov, 1998, *op.cit.*, p.8.
34　大塚豊『現代中国高等教育の成立』玉川大学出版部、1996年、143頁。
35　同上書、17頁。
36　1966年に文化大革命がはじまるまでの時期に、現在の普通高等教育機関、成人高等教育機関にあたる機関が設置され、運営されてきたとされる（南部広孝『中国高等教育独学試験制度の展開』東信堂、2009年、29頁）。
37　大塚、前掲書、1996年、110頁。
38　同上書、111頁。
39　大塚豊「中国高等教育行政制度の原型形成過程」『教育学研究』第60巻第2号、日本教育学会、1993年、132～133頁。
40　「関於修訂高等学校領導関係的決定」『人民日報』1953年、11月1日。
41　川野辺敏、松永裕二、嶺井明子「ソ連の高等教育改革の現状と課題」『比較教育学研究』第17号、日本比較教育学会、1991年、114頁。
42　Balzer, H. D. "Plans to reform Russian higher education" In Ansony, J. (ed.). *Education and Society in the New Russia*. New York: M. E. Sharpe, 1994, p.28.
43　Froumin and Kouzminov, 2015, *op.cit.*, p.107.
44　Закон РОССИЙСКАЯ ФЕДЕРАЦИЯ от 10.07.1992 N 3266-1 (ред. от 12.11.2012) "Об образовании."
45　Froumin and Kouzminov, 2015, *op.cit.*, pp. 97-100.
46　1995年度および2003年度は5年制の教育課程、2011年度は5年制課程に加え4年制の教育課程に在籍している学生を対象としている。表1－3の作成にあたっては、下位分類の専攻と就学者数が記載されたデータを基に大分類として括り直している。下位分類について言及しておくと、1995年度と2003年度は28分類、2011年度では4年制課程で27分類、5年制課程で28分類が存在している。専攻群に大きな変更はなく、いずれも「機械工学」や「電子技術」といった「工学」系の専攻が下位分類全体の過半数を占めている。
47　Froumin and Kouzminov, 2015, *op.cit.*, pp. 106-113.
48　ボリス・クズネツォフ「近代化がロシア経済の構造変化に及ぼす影響」溝端、前掲書、2013年、153頁。
49　現在でもなお、こうした需要に応じるように経営、経済、マーケティングの分野において大学は学費徴収を前提とした新たな学科を設置してきている。これらは、従来の高度に専門分化した単科大学を含め、すべての高等教育機関においてみられる現象である。
50　Balzer, 1994, *op.cit.*, p.32.

51　澤野、前掲論文、1996 年、55 〜 56 頁。
52　OECD. *Reviews of National policies for Education: Tertiary Education and Research in the Russian Federation*. Paris: Centre for Co-operation with Non-Members, 1999, pp.10-11.
53　Gounko, T. and Smale, W. "Modernization of Russian higher education: exploring paths of influence." *Compare*, Vol.37, No.4, 2007, p.540.
54　Bain, O. B. *University autonomy in the Russian Federation since Perestroika*. New York: Routledge Falmer, 2003, pp.99-101.
55　OECD の調査によれば、規模が大きく威信のある大学ほど国家スタンダードを無視し、自らカリキュラムを作成することを好む傾向にあるのに対して、規模の小さい大学では、国家スタンダードに則ったカリキュラムを作成する傾向にある。すなわち、「大規模な高等教育機関においては、国家スタンダードをほとんど無視しているようであった。コアカリキュラムは自前で作成し、国家の要求よりも自らの需要を考慮していた。また、必ずしも国家が検定したテキストを使用する必要もない。そうした高等教育機関にしてみれば、実際としてソビエト時代のものと比較すれば国家スタンダードは『十分に大綱的』なものとなっていると言える」(OECD, 1999, *op.cit*., p.68)。なお 2007 年現在では、大学は国家スタンダートにもとづきつつ、学士課程の教育内容についてはおおよそ 50 ％を独自に決定することができるとされている。また、修士課程の教育課程については、そのすべての内容が大学の決定に委ねられている(OECD. *Thematic Review of Higher Education: Country Background Report for the Russian Federation*. Moscow: the State University-Higher School of Economics, 2007, p.129)。
56　学位の授与については、国家の承認を受けた大学には学士・修士相当の学位を独自に授与する権限が与えられている。また、博士相当の学位(いわゆる Ph.D.) は、国家機関である高等資格審査委員会によって組織された大学内部の学位論文評議会によって授与されるようになっている(OECD, 2007, *op.cit*., pp.127-128)。
57　この組織の職能は、各大学に対する教育の質のコントロール、運営資格の付与や認証評価となっている(*Ibid*., p.125)。
58　Bain, 2003, *op.cit*., p.92.
59　Forrat, N. "Global Trends or Regime Survival: the Reforms in Russian Higher Education." (The Roberta Buffet Center for International and Comparative Studies Nother University; Comparative-Histrical Social Science Working Paper Series), 2012, pp.26-27.
60　現在もなお、大学の卒業生が所管部門やその傘下の公的機関に就職する状況があると言える。先行研究から以下の一文を引用しておく。「最も緊密な関係は、従来の体制下においてカレッジが結びつけられていたのと同様の国営企業との

関係において確認できる。そうした雇用関係の例は、教育行政部門以外の省庁あるいは地方政府と現在もなお深く結びついたカレッジにおいて最も観察されやすい。例えば、コミュニケーション・カレッジは、連邦レベルの関連省庁の管轄下にある電話や郵便などの機能と関連する出先機関と深く結び付いている」(OECD. 1999, *op.cit.*, p.44)。

61　実際としてもプーチンは、「2025 年までの国家教育ドクトリン」のなかで「過去 10 年間に、祖国の教育が獲得したこれらの成果の多くが失われてしまった」として 1990 年代の教育政策を厳しく断罪し、「教育における国家政策を転換しなければならない」と述べている(遠藤忠「ロシア連邦の教育改革の動向」大桃敏行(ほか)編『教育改革の国際比較』ミネルヴァ書房、2007 年、86 頁）。

62　Andreev, A.L. "On the Modernization of Education in Russia." *Russian Social Science Review*, Vol. 54, No.5, 2013, pp.4-21.

63　そうした高等教育の近代化のための 3 本柱として、①大学・学部単位での入学者選抜試験に代わる国家統一試験の導入、②高等教育段階でのバウチャー制度の導入、③ボローニャプロセスへの参加が挙げられる。

64　南部、関口、前掲論文、2011 年、12 ～ 14 頁。

65　より具体的には、こうした大学設置主体の特徴は 3 つの時期に区分される。まず第 1 期は、国有企業や民間団体などの公的性格を有する組織あるいは政府に認可された個人であり、第 2 期は、『社会力量による学校設置・運営に関する条例』(1997 年)において規定される「企業・事業体、社会団体およびその他の社会組織、公民個人」である。そして第 3 期は、設置主体が『民営教育促進法』(2002 年)の交付を通じて政府機関以外の社会組織および個人と定義されるようになっている（鮑威『中国の民営高等教育機関 - 社会ニーズとの対応 -』東信堂、2006 年、15 ～ 16 頁）。

66　中兼、前掲書、2010 年、117 頁。

67　教育部ホームページより、各年版「全国教育事業発展統計広報」にもとづく。以下の URL より 2018 年 10 月 15 日最終アクセス。
(http://www.moe.gov.cn/jyb_sjzl/sjzl_fztjgb/)

68　鮑威「中国の高等教育制度と大学設置形態」『大学の設置形態に関する調査研究：国立大学財務・経営センター研究報告書』第 13 号、独立行政法人公立大学財務・経営センター、2010 年、58 頁。

69　中国学位および大学院教育情報センター「国家重点学科選択項目紹介」。以下の URL より 2018 年 10 月 15 日最終アクセス。
(http://www.cdgdc.edu.cn/xwyyjsjyxx/zlpj/zdxkps/257697.shtml)

70　大塚、前掲書、1996 年、13 頁。

71　楠山研「中国における社会主義政策の変遷と高等教育および大学教員の変容」南部広孝『アジアの「体制移行国」における高等教育制度の変容に関する比較研

究』(平成 25 年度～平成 28 年度科学研究費補助金(基盤研究(B))(課題番号：25285230)最終報告書　研究代表者：南部広孝)、2017 年、35 頁。

72　南部広孝「中国における高等教育質保証と学習アセスメント」深堀聰子(研究代表)『学習アセスメントのインパクトに関する総合的研究』(平成 23 年度プロジェクト研究調査報告書：高等教育)、国立教育政策研究所、2012 年、168 頁。

73　国語、数学、外国語についてはどの省でも試験科目として課し、それ以外の科目は個別科目あるいは複数を合わせた科目として省ごとで設定される(南部広孝『東アジアの大学・大学院入学者選抜制度の比較：中国・台湾・韓国・日本』東信堂、2016 年、33 ～ 35 頁)。

74　同上書、38 ～ 43 頁。

75　「中華人民共和国学位条例」(2004 年修正)において、次のように規定されている。すなわち、「修士学位および博士学位は、国務院により、授与権が高等教育機関および科学研究機構に授けられる」(第 8 条)。以下の教育部 URL より 2018 年 10 月 15 日最終アクセス。
(http://old.moe.gov.cn/publicfiles/business/htmlfiles/moe/moe_817/200407/1315.html)

76　王忠烈著、苑復傑訳、黒羽亮一付記「中国における学位制度の現状と展望」『学位研究』第 4 号、1996 年、83 ～ 84 頁。

77　「中華人民共和国学位条例」(2004 年修正)では、主として論文の審査員の決定から論文の審査、学位の授与まで学内外の専門家によっておこなわれることが規定されている。大学への国務院の関わり方としては、まず国務院は特定の大学に学位授与権を与える。当該大学(学位授与単位)は、学位評定員会と呼ばれる組織を設置するが、その構成員のリストを国務院へと報告する(第 9 条)。そして、最終的な学位取得者のリストについても国務院へ報告することが義務づけられている(第 10 条)。

78　そうしたものとして、鮑威、前掲論文、2010 年や労凱声「教育体制改革中的高等学校法律地位変遷」『北京師範大学学報(社会科学版)』第二期、北京師範大学、2007 年、5 ～ 16 頁などが挙げられる。

79　鮑、前掲論文、2010 年、44 頁。

80　同上。

81　同上。

82　労、前掲論文、2007 年、15 ～ 16 頁。

83　具体的に連邦教育法の改正回数の頻度を 2007 年 2 月末まででみてみると、エリツィン政権下では 8 年間で 3 回おこなわれたのに対して、プーチン政権下では 7 年間で 31 回もおこなわれている(遠藤、前掲論文、2007 年、87 頁)。

第2章

国家社会主義体制のベトナムにおける高等教育の構造

1 はじめに
2 北ベトナムにおける社会主義的高等教育の基本構造の形成
3 南ベトナムにおける高等教育の基本構造
4 南ベトナム接収に伴う高等教育の社会主義的改造
5 南北統一期ベトナムにおける高等教育の社会主義的構造
6 おわりに

1　はじめに

　本章以降では、第 1 章の検討で明らかにした体制移行と高等教育の構造とのおおまかな関係を念頭に置きながら、ベトナムの高等教育を中心に議論を進めていく。本章では、体制移行の過程における高等教育の構造を分析するための出発点として、体制移行以前の「国家社会主義体制」のもとにあるベトナム高等教育の展開過程と構造について検討する。

　歴史的にベトナムは、北方で隣接する大国中国に対して、中華文化を体現する「南国」としての意識を持ってきた[1]。中華文化を象徴する具体的な制度として、11 世紀に李朝のもとでは中国式の儒教教育と科挙制度が導入されており、こうした制度はフランスの植民地教育がはじまる 20 世紀初頭まで維持された。現在に至るまで、儒教文化はベトナム人の生活規範として広く浸透しているし、科挙制度におけるいくつかの用語も、後で検討するように「進士」号をはじめとして、現代ベトナムの高等教育制度に受け継がれている。

　従来の体制における高等教育制度が形成されるまでの過程は、概括すれば次のように示すことができる。1945 年の 8 月革命によってベトナムが「ベトナム民主共和国(以下、北ベトナム)」として独立国家となるまで、ベトナムは仏領インドシナとしてフランス植民地政府の統治のもとに置かれていた。ベトナムにおける仏領植民地時代の教育は、フランス人が植民地統治を円滑におこなうための手段とされたため、ベトナム民衆のための啓蒙教育という目的は二義的なものであり、高等教育は植民地エリートを対象に植民地下級官吏を養成するためのものとされた[2]。こうした状況に対し、ホー・チ・ミンの指揮のもとでインドシナ共産党が 1945 年に独立宣言を出して以降、北ベトナムのねらいはまずは自民族のための文化を形成することであった。次いで 1950 年代以降は、社会主義建設をおこなうため高等教育の社会主義的改造を進めることに重点が置かれた[3]。一方で、1954 年のジュネーヴ協定により分離したベトナム共和国(以下、南ベトナム)では、フランス型の高等教育システムを土台にアメリカをモデルとする高等教育が実施されつつあった。

そして 1975 年に南ベトナムが解放されると、統一ベトナムとして全国規模で高等教育の社会主義的改造と建設がおこなわれたのである。

こうしたベトナムにおける高等教育の歴史的経緯について、先行研究では現代のベトナム高等教育の原型が形成されたのは 1945 〜 1975 年の期間であると指摘されている[4]。また、この期間を通じて形成されたベトナムの高等教育制度は、ソビエトのシステムを模倣したことから「ソビエト・モデル」と呼ばれ、その構造的特徴は「①私学セクターの廃止、②総合大学と単科大学の二元制度、③さまざまな省庁による管理、④大学における研究活動の欠如、など」と捉えられている[5]。

しかし留意したいのは、主要な先行研究では「ソビエト・モデル」を定式化するうえで、1970 年代におけるベトナム高等教育の改革が十分に検討されているとは言いがたいことである[6]。加えて、ソビエトやその影響下にある社会主義国家の高等教育制度自体が一定程度多様であったことも重要であろう。大学における研究活動という点に関して、1974 年にキューバで開催された第一回社会主義国高等教育大臣会議では、ドイツ民主共和国は基調報告として「教育と科学研究の統一」という主題で報告しているし、ソビエトは「高等教育の科学的方法による組織」について報告したのである[7]。このことは、「国家社会主義体制」下において「大学における研究活動の欠如」が強調されるこれまでのベトナムの大学像を批判的に再検討する必要性を示唆している。

それでは、「国家社会主義体制」における国家および党と大学とは、大学の教育と研究(知識の伝達と生産)という機能を軸としてみたときどのような関係にあったのだろうか。また、そうした関係性には国家と党によるいかなる論理が存在するのだろうか。こうした問題認識のもと、本章では、1970 年代を中心に高等教育を専門的に所掌する中央の教育行政部門である大学・中級職業教育部(以下、大学部)の機関誌『大学・中級職業教育』(以下、『大学雑誌』)などの一次資料を手がかりに、大学に関する政策と実態を検討し、「国家社会主義体制」下の従来のベトナムにおける高等教育の構造を明らかにすることを目的とする。

以上をふまえて本章では、まず、北ベトナムにおける社会主義的高等教育の形成過程について、1970年代を中心に高等教育の展開における国家の方針および大学の機能の2つの側面について検討する（第2節）。次いで、国家と大学の関係という視点から南ベトナムにおける高等教育の構造を整理したうえで（第3節）、北ベトナムによる南ベトナムの大学群の接収に伴う高等教育の社会主義的改造の実態について検討する（第4節）。そして、南北統一期のベトナムにおける高等教育の社会主義的構造を明らかにする。

本文の検討に入る前に、「党」の呼称について述べておこう。本書では、全体を通じて「党」とはベトナムの現政権党であるベトナム共産党のことを指すが、ベトナム共産党の名称が正式に用いられるようになったのは1976年である。その前身は年代ごとに呼称が異なり、1930年10月に「インドシナ共産党」が結成され、その後1951年2月には「ベトナム労働党」が結成された。組織としての連続性をふまえて、本章ではこれらの組織のことも「党」と一括して呼ぶことにする[8]。

2　北ベトナムにおける社会主義的高等教育の基本構造の形成

それではまず、北ベトナムにおける高等教育の基本的な構造がどのようなものであり、いかにして形成されたのかについて概観することからはじめよう。本節では、1945年の北ベトナム独立後、「国家社会主義体制」の形成に向けた高等教育に関する国家および党の方針に焦点をあてる。歴史的な検討をするうえでの時期区分は大きく、1945年の8月革命から出発し1970年代を境として2つに分けることとする[9]。

(1) 1945年の8月革命から1960年代に至る北ベトナム高等教育の展開

北ベトナムでは、1945年の8月革命による独立後から抗仏戦争が終結するまでの期間において、旧仏領時代の愚民化政策を廃止しベトナム人のための高等教育を拡大すること、すなわち、「民族的・民主的」な高等教育の建設

と発展に重点が置かれた[10]。こうしたなか、大学とそこにおける知識人には愚民化政策の遺制を排除するとともに、教育や生産活動を通じて抗仏戦争に勝利するべく奉仕することが求められた[11]。

1946年に、全国で抗仏戦争が勃発するとホー・チ・ミンは救国のための声明を発表し、ベトナムは全面的な戦争へと突入した。こうした状況において、党総書記チュオン・チンは、1946年12月22日の党中央常務委員会による全面的抗仏戦争に関する指示をふまえ、教育幹部に向けて著作を発表している。なかでも『抗仏戦争の絶対勝利』では、大学教員や学生など各分野を担う専門的人材に抗仏戦争への参加を呼びかけるとともに、専門的知識や技術を持ってベトナムの勝利に貢献するように「知識人の領導」をおこなっている。その1つとして具体的には、次のように述べられている。

「国を愛し、侵略者を憎みなさい」。「いまから、芸術家、教育者、そして知識人のみなさんは抗戦に参加し、文化戦線を拡大させ、フランスの文化の砦に進撃しなくてはなりません」。「医学博士、医師、看護師それから薬科学校の学生は傷病兵を治療し、介護して、幹部や大衆のために衛生処置を講じなくてはなりません」。「建築士は、防衛のための工事、建設作業に参加するとともに、関係機関や同胞の疎開、転居のために教育機関や住居を建設しなくてはなりません」。「教育者のみなさんは、人民が非識字から解放されるように奮闘し、教育を発展させ幹部や人民に対して文化補充教育をおこなうのです」。[12]

抗仏戦争下では、党が各分野の専門家を領導し役割を規定することで、党による「知識人の領導」と呼ぶことができるような状況が確認できる[13]。大学はそうした人材を輩出する養成機関として党による領導と国家の直接的な管理下に置かれた。1947年4月には、第4回中央幹部会議の議決において、抗仏戦争下での高等教育に関する方針が次のように打ち出された。すなわち、「大学の教育課程は、第1に、抗仏戦争の勝利に貢献する人材を養成するた

めの実用的なものでなければならない。医療、農業、軍事、商業そして外交などすべての領域でこうした原則は適用されねばならない」というものである[14]。また、大学のありようについては、「抗仏戦争の需要と実際の状況にもとづいて大学を設置し、大学は教育課程の構造、学習時間、授業形態に関する規定に従って活動しなくてはならない。学習は実践を伴わなくてはならず、学生は自力更生の精神を発揮して教育機関や教室を建設し、用具を準備し、抗仏戦争の工作や社会活動に参加しなくてはならない」とされた[15]。

8月革命以後、いくつかの専門大学が設置されたが、戦時下においては休講や閉校が相次ぎ[16]、抗仏戦争期を一貫して開校できたのはハノイ医科大学のみであった[17]。こうした状況のもと1951年には、戦争による直接的な影響を受けない場所に科学幹部と教員の養成をおこなう機関を設立するため、中国南寧における中央学舎区をはじめ、タインホア省第4解放区とヴィエトバク山岳地域の3つの地域に高等教育の拠点が形成された[18]。

1954年7月にジュネーヴ協定が調印され抗仏戦争が終結すると、北緯17度線を境に暫定的にベトナムを南北に分断することが規定された。同協定は2年後の1956年に全国総選挙をおこなって国土を平和的に統一することを約束していたものの、サイゴン政府のボイコットにより全国総選挙は実現されず、南北分断は1976年7月まで続くことになった。なお南ベトナムでは、フランスの後継者としてアメリカが介入しゴー・ディン・ジエムを擁することで傀儡政権が樹立された。

こうした状況のもとベトナムが南北に分断されると、ハノイにある仏領高等教育機関とその教職員は南ベトナムに移転するとともに、3つの学術拠点に置かれた北ベトナムの高等教育機関はハノイに復帰した[19]。

これ以降、ベトナム戦争(対米抗戦とも言われる)が拡大する過程で、北ベトナムではソビエトの援助のもとで社会主義建設がおこなわれると同時に、ソビエトをモデルとする高等教育制度の形成が進められた。1956年には、前年度にソビエト大学教育省から招聘した専門家の協力を得て策定した高等教育の発展計画を実行に移すことで、1956～57年度には総合大学、師範大学、

工科大学、農林大学、そして医薬科大学の5つの大学からなる高等教育システムが形成された。これらの5つの大学は、「ソビエトの社会主義大学モデルにもとづいた新しいタイプの大学であり、以後の大学システムの中核」として現代ベトナムに至る高等教育システムの原型となっている[20]。また、1956年には第二次教育改革が実施され、すべての教育段階において民営セクターが廃止されたことで高等教育が国家の直接的管理下に置かれた。さらに1958年には「社会主義学校建設運動」が打ち出され、党による社会主義的高等教育に関する原則が打ち立てられたのである。その要点を示せば、**表2－1**のようになる。すなわち、「原則として教育と生産労働は結合されなくてはならないこと」、「機関内部の共産党の役割を尊重し、教育は政治的任務に奉仕しなくてはならないこと」、そして「純粋な専門性と学術のための学術という観点を排除しなくてはならないこと」にまとめられる[21]。

1960年に開催されたベトナム労働党第3回大会では、第一次五カ年計画（1961～1965年）が採択されることで、すでに進行中であった農業の集団化に加えて工業の整備と国有化・集団化が目標とされた。こうした方針にもとづいて、大学における工業・農業分野の専門技術者の養成が進められるとともに[22]、社会主義的高等教育の土台が形成されていった。

なお、第一次五カ年計画は本格的な社会主義建設であるものの、この計画は完結することなく1964年に中断された。計画中断の背景には、自然災害による農業生産の不振、中ソ対立に伴う社会主義陣営からの援助の削減、そしてとりわけベトナム戦争の激化を挙げることができる。農業や工業をはじ

表2－1　社会主義的学校建設運動の要点

教育の目標	（社会主義の）思想を持ち、専門性を有し、健康増進を図る。
教育の原理と方針	教育と生産労働を結びつけ、理論と実践の一致を図る。
党と教育の関係	・教育機関における党の領導者としての役割を強調し、教育を政治的な任務に対して奉仕させる。 ・純粋な専門性や学術のための学術という考え方を排除する。

出典：Trần Hồng Quân (Tổng Chủ Biên). *50 Năm Phát Triển Sự Nghiệp Giáo Dục và Đào Tạo (1945-1950)*. Hà Nội: Nhà xuất bản Giáo Dục, 1995, p.205.

めとする経済面での社会主義的改造は見合わされることになり、1964年8月の北爆を皮切りとするアメリカによる軍事介入の拡大に対して、ベトナム戦争の遂行が党および国家の最優先課題に位置づけられることとなった。

(2)「南北統一期の高等教育」(1970年代前半〜1975年)

北ベトナムでは、ベトナム戦争の拡大とともに1960年代半ば以降戦時体制への移行が余儀なくされてきた。具体的には、爆撃による生産単位の被害拡大や徴兵に伴う労働人口の減少など、社会全体として軍事的課題への対応に追われるようになったのである。

こうしたなかで、ベトナム戦争下において南北統一に至る1970年代の高等教育に関する方針については、先行研究の制限から主として大学部の機関誌である『大学雑誌』を手がかりに検討したい。とくに焦点をあてるのは、大学部が各年度末に開催した高等教育総括会議の報告内容である。

1971〜1972年度の高等教育総括会議に提出された大学部報告(以下、「71年報告」)では、翌年度にあたる1972〜1973年度の高等教育の方針を、1972年8月の政府首相第222号指示「新たな状況での大学と中等専門学校における任務の転換」(以下、第222号指示)のなかで明示された諸任務を実現することとしている。具体的に第222号指示では、「高等教育における安全の保障、全側面における管理の強化、よき奉仕の実施、よき教育と学習の実現、奉仕工作と教育・学習との結合」を図ることが大学の義務であるとしている。「71年報告」では、そのための方針としてとりわけ「奉仕工作および教育と学習のよき実施」と「大学の組織と管理工作の強化」が強調された[23]。それぞれ方針の内容を示せば、次のようになる。

まず、大学における「奉仕工作および教育と学習のよき実施」では、大学部は大学の奉仕工作を「生産労働、科学研究の設計、そして社会活動を含むもの」と定義したうえで、「よき教育と学習をおこなうのは、よき奉仕のためである。学生には政治思想、科学技術の知識、実践能力が要求される」と定めている。また、「奉仕工作を教育と学習に密接に結びつけることは、社会主義的大学

の訓練方式であり、その目的は党の教育に関する原理と方針を実現することである」と規定している[24]。

次いで「大学の組織と管理工作の強化」の内容について、ここでは全体としての大学のありようと管理運営の方針が規定されている。それによれば、大学は党委員会による全面的な領導のもとで十分な責任を発揮し、大衆の集団主人公制度[25]の精神を発揮しなくてはならないとしたうえで、次の3点が確認された。第1に、大学の組織と管理は、政治思想、専門領域、革命戦争への協力という方向性のもとでなされるものである。第2に、大学の運営においては、党委員会が領導をおこない、学長は大学の訓練計画に従ってすべての工作を指導しなくてはならない。そして第3に、大学における科（学部に相当）の主任は科と同じレベルに位置する党委員会支部の書記と連携し、科の訓練計画に従いすべての工作を指導しなくてはならない。そして、こうした大学の諸活動においてはホー・チ・ミン労働青年団（以下、青年団）を中心に大衆組織の役割が十分に発揮される必要があるとされた[26]。

このように「71年報告」から第222号指示をみると、その特徴は北ベトナムの大学が党の方針のもとで国家建設とベトナム戦争の勝利のために奉仕する機関と位置づけられている点にある。そしてここで注目する必要があるのは、奉仕工作のあり方として大学の研究機能が強調されていることである。具体的に「71年報告」では、「大学が主として科学研究・奉仕工作を通じて効果的な奉仕活動を実現できるようにするため、科学研究運動を強く発動しなくてはならない」と述べられている[27]。1971〜1972年度総括会議では、大学大臣トー・クアン・ビューも第222号指示を「国家における科学技術の問題とこの問題を各大学が解決する可能性との邂逅である」と述べており、大学の研究機能を肯定的に捉えている[28]。

加えて、管理運営体制に関する側面から大学をみれば、こうした国家発展のための科学研究や奉仕活動が党の方針から脱線することのないように、大学内部の党委員会や大衆組織の政治思想に関する役割が重要視されていた。このことと関わって「71年報告」では、政治思想工作の推進のため、大

学教員や学生に対し「党と政府の路線に正確に一致していること」を要求すると同時に、専門分野に関しても党の路線に一致していることが強調されている[29]。このように、北ベトナムにおける全体としての大学のありようは党の路線のもとに置かれたのである。

以上のような第222号指示の実現を主とする高等教育の方針は、南北統一に至るまでの北ベトナムにおける大学の任務を規定したものである。こうした観点から「71年報告」の翌年度の高等教育総括会議で出された「1973〜1974年度の大学の方向性と任務に関する決議」をみると、そこでは大学の任務に関して、大学は「引き続き」「創造性をもって第222号指示の実現を堅持すること」と述べられている。ただしそのための方策は、ベトナム戦争の終結が迫るなか北ベトナムが平和的状況に徐々に移行する過程で、国防のための教育の質的向上や大学における研究機能の促進がいっそう強調されたものとなっている[30]。

また、南北統一を視野に入れた1974〜1975年度の高等教育総括会議では、1974〜1975年度の高等教育政策に関する成果を評価し、その「弱点および欠点」を提示したうえで、「1975〜1976年度の大学の方向性と任務」を打ち出した。その要点を示せば、次のようになる。

1974〜1975年度の高等教育の政策に関する成果として、大学部はその前提に「党による大学の知識人集団に対する長期的な訓練過程」があると認識したうえで、大学は奉仕活動や教育・科学研究において第222号指示を概ね実現していると指摘している[31]。

一方で、高等教育政策における「弱点および欠点」では、大学における思想の領導と政治教育が不十分であること、および大学に対する全面的な指導と全分野における管理統制の不足を指摘している。

そのうえで「1975〜1976年度の大学の方向性と任務」については、次のように具体的な3つの任務が示された。第1に、党による思想領導および政治思想工作をすべての大学で重視していくこと、第2に、大学において「2つの良し、すなわち、教え良し、学び良し」を成し遂げるための競争運動を

より強く展開し第222号指示を実現していくこと、そして第3に、専門分野と大学に対する管理を強化していくことである[32]。

このうち、大学の管理運営体制との関連から、専門分野と大学の管理の強化について述べれば次のようにまとめられる。すなわち、大学部は、大学に対する管理の強化における目標を「各分野、各大学におけるすべての活動をすでに公布された規則、制度、そして内規の厳格な執行のもとに置き、恣意的で分散した管理を克服すること」としたうえで、大学に対しては学習計画の設計と実行を要求している。また、大学部の幹部官僚に対しては「大学の管理に関する補足学習」や党中央書記局第222号指示「当面の南部における大学・職業教育に関する指示」の実現を要求している。こうした政策の背景には、「北部は継続して社会主義建設を進め」、「南部は社会主義的改造を進めると同時に、社会主義建設をおこなう」という党の戦略のなかで[33]、国家建設のための「装置」として大学の管理強化がいっそう求められたことがある。

このように北ベトナムの高等教育の方針は第222号指示を実現することを主としながら、大学を教育と研究を通じて戦時下での国家建設に奉仕するための従属的「装置」にしていくことであった。その特徴として、抗仏戦争以来党が大学における知識人を領導し、教育と研究の方向づけをするため大学内部の党委員会や青年団などの学生組織が重要な役割を果たすとともに、大学に対する国家管理の強化が図られていったのである。

3 南ベトナムにおける高等教育の基本構造

次いで、南北統一に至るまでのサイゴン政権下における南ベトナム高等教育の構造を概観する。南ベトナムは、インドシナ戦争の終結をもたらした1954年のジュネーヴ協定によりベトナム国土が事実上南北に二分されたことで誕生した国家である。ベトナム戦争下では国の復興・発展と経済成長に重点が置かれていたため、アメリカ政府の援助のもと、原則として大学には国家発展に寄与する人材の養成が求められた[34]。1970年代の初頭には、カ

ントー大学やフエ大学などの有力な大学をはじめ、いくつかの大学が従来のフランス式大学組織を見直し、アメリカのモデルに倣った組織へと構造の再編をおこなったとされている[35]。本節では、1970年代を中心に大学の管理運営体制とそれに対する改革が目指したものを明らかにしつつ、南ベトナムにおける国家と大学の関係について検討する。

(1) 南ベトナム高等教育における大学の管理運営体制

サイゴン政権末期の1974年時点において、南ベトナムの高等教育システムは大きく、①国立総合大学(Viện đại học)を中心に、②国立単科大学、③私立大学、そして④コミュニティ・カレッジの4つの類型から構成された[36]。このうち、とりわけ主要な大学類型であった国立総合大学と私立大学の2つの類型について説明をしておこう。

国立総合大学は、ハノイにおける旧仏領インドシナ大学に起源を持つサイゴン大学(1957年設立)、フエ大学(1957年設立)およびカントー大学(1966年設立)の3つの大学から構成され、これらの大学は就学生数や学部の構成という点からみて南ベトナムの高等教育システムのなかで最も支配的な類型であった[37]。いずれの大学も、法学部、文学部、理学部を中心に据えていたが、サイゴン大学やフエ大学では医学系の学部が、メコンデルタ最大の都市に位置するカントー大学では農学部が設置されていた[38]。

また私立大学は、1958年に設立されたダラット大学をはじめとして、1974年に設置されたフンナム大学、ミンチー大学、そしてラサン大学に至るまで、合わせて11校の機関が存在した。これらの私立大学について特筆すべき点は、その多くがキリスト教や仏教などの宗教団体と関わりを持っていたことである[39]。

マクロな観点から国家と大学の関係をみると、従来南ベトナムでは、大学を含めてあらゆる教育機関が教育文化青年部による一元的な管轄下に置かれていた。このように一括所管される大学に対して教育文化青年部が所掌する権限としては、教育課程や教員人事に関する事項のほかに、とくに重要なも

のとして教育全体の発展に関わる方向性を定めた「教育発展計画」を打ち出すことなどが挙げられる[40]。各大学はこうした国家による社会・経済的発展の方向性に応じつつ、それぞれの機関の戦略を検討することが求められた。

ここで南ベトナムの高等教育の特徴として北ベトナムとの対比を通じて強調しておきたいのは、「ベトナム共和国憲法」(1967年)において「国家は教育の自由権を承認」し(第10条第1項)、「高等教育には自治(Tự trị)が与えられなくてはならない」と規定されていたことである(第10条第3項)。このことは、制度としては大学の自治や教育の自由権が保障されていたことを示しているが[41]、大学の自治に関して次の点に留意する必要がある。

それはすなわち、大学の管理運営体制に関わることとして、こうした規定が存在した一方で、国立大学の内部運営に対して国家の意思が反映される仕組みが備わっていたことである。具体的には、国立大学内部の意思決定機関とされる大学評議会[42]の議長であり、同時にその提案・決定の執行者でもある学長が大統領によって任命されることが「ベトナム共和国憲法」において規定されていたこと(第59条)に加えて、大学評議会の推薦のもとで学部長が教育大臣によって任命されることに表れている[43]。

このように国立大学内部の運営に対し国家の意思が関与する仕組みが存在した一方で、大学評議会には、機関ごとに程度の相違はあるものの、大学の管理運営における一定の権限が付与されていた。そのことを、サイゴン大学とカントー大学の両事例から確認しておく。

サイゴン大学は、その前身が仏領期のインドシナ大学に起源を持つ複数の単科大学であったことから[44]、個々の学部が相対的に強い権限を有しており、教育・研究に関わる具体的な意思決定はサイゴン大学附属の研究センターや各学部といった下部組織でおこなわれていた。また、大学評議会の職責は学部全体の調整や学内行政が主であり、このほかに教育課程・内容、学内規則に関して一定の責任を有することとされた。一方、カントー大学の大学評議会はサイゴン大学のそれと比較してより具体的な権限を備えている。その職責は大きく、①教員の候補者に関する検討、②教員の昇進に関する検討・

提案、③大学規則、カリキュラムの設置や修正に関する検討・提案、④贈物・寄付金の受け入れと使用に関する提案、⑤大学の予算に関する提案、そして⑥大学の基金開設のための措置・方法に関する提案の6点である。ただし、人事に関しては学部長の提案にもとづく必要があるとされた[45]。

以上からは、南ベトナムにおける国立大学は国家による一定の影響下に置かれつつも、それぞれが職能の異なる大学評議会を有して独自の機関運営をおこなっていたことが明らかになる。実際としても、サイゴン大学の前身が旧仏領時代の高等教育機関群であったことからすれば、サイゴン大学をはじめ国立大学は原則として国家から中立的な立場にあり、ベトナム戦争が拡大する過程では反政府という姿勢を取っていたとされる[46]。

私立大学についても言及すれば、私立大学では国立大学とは異なり機関の運営を直接統治するのは理事会[47]であり、学長は決定事項を執行するという代理としての役割を担っていた。とりわけ宗教団体立の私立大学の場合では、理事会は設置母体である宗教団体と関係を築いていたため[48]、こうした大学は国家から距離をとり教育活動をおこなっていたと言える。実際としても、私立大学における学長任命権は理事会や設置母体に属していた。そして、私立大学に対する機関間の調整や教員、学生の利益を外部から守る「私立大学評議会」が存在したことも[49]、私立セクターは自治的な存在であったことを示している。

(2) 大学の管理運営改革が目指したもの

こうした状況のもと、南ベトナムでは国立大学の管理運営体制に対して、大学の自律性をいっそう高め、教育・研究の質的向上を図ろうとする改革の萌芽が存在していた。

南ベトナムの教育分野に対するアメリカの教育援助は、サイゴンに教育事務所の本部が置かれたUSAID主管のもと1950年代から開始されていたが、教育援助においてとくに高等教育分野の重要性が指摘されるようになったのは、1967年に行政官アール・ホーシャルがUSAID教育事務所の高等教

育課長に就任したことがきっかけであった[50]。そのもとで、いくつかのプロジェクトが実行に移されることになった。ここでは大学の管理運営体制との関係から、とりわけアメリカ人専門家による教育調査の主要なものとして1967年にまとめられた、ウィスコンシン州立大学スティーヴンス・ポイント校のチームによる南ベトナムの国立大学改革に関する調査報告書の「勧告」について検討する。

　スティーヴンス・ポイント校のチームによる「勧告」のねらいは、国立大学に理事会を導入してより自律的な運営を可能にすることで、実学を軽視する傾向にあった国立大学を地域社会の需要に応えられるようにすることであった。すなわち、学長や学部長をはじめ、大学内部の関係者から構成される大学評議会の代わりに「学外者を含む理事会を国立大学に設置し、理事会が学長を任命する」こと、そして「国立大学に諮問委員会を設置し、地域のニーズを活かす」ことを要求したのである[51]。この勧告は、アメリカの州立大学のモデルを南ベトナムに移植することをめざしたものであると考えられるが、南ベトナムの実情を考慮するととりわけ理事会の設置は実現する可能性が小さいものと考えられた[52]。確かに、ベトナム共和国憲法では国立大学の学長の任命権を大統領に属するものと規定していたように（第59条）、法規のうえでは理事会の設置は認められていなかったのである。

　しかしこれに関しては、大学の学長をはじめ南ベトナムの大学関係者は一貫して国立大学の管理運営改革を望んでいたものとみることができる。実際としても、1970年以降、理事会の設置を認める法律の草案が教育省とサイゴン大学の協働によって作成されはじめていた。また、1972年の『ベトナム社会開発誌』では大学の学長9人に送付した大学改革に関する質問紙調査の結果が公表されている。そこでは、学長の過半数が「私立大学評議会」に倣い国立大学の相互の連携を強化するために「共同運営評議会」を設置することを最重要の課題と述べているし、学長の1人は理事会をすべての国立大学に設置することを喫緊の課題と表明している[53]。

　こうした一連の流れを受け、1973年に教育文化青年部は改めて大学の管

理運営体制を規定する法案を国会に提出した。この法案は、その大半が大学関係者から構成される国家レベルの評議会である「高等教育開発国家評議会」を設置し、国立大学全体の調整とともに各大学の管理運営の改善を図ること、および「理事会」を各国立大学に設置することをねらいとしていた。南ベトナム崩壊間際の1974年時点で、この法案は審議中となっていたのである[54]。

このようにみてくると、南ベトナムの高等教育改革の主眼は一定程度の国家的関与を受ける国立大学の管理運営体制を、国家からより離れた私立大学の組織構造を視野に入れつつ、理事会を設置することでいっそう自律的な機関運営がおこなえる体制へと変容させることに置かれていたことが明らかになる。こうした動きの背景には、米国からの援助を継続させたい南ベトナム政府側の戦略的対応としての意思があることが推察される。しかし同時に、結果として国立大学に理事会を設置する大学の管理運営改革は実現しえなかったものの、国家に対していっそうの自治を希求する大学人の理念が強く存在していたとみることもできるだろう。

4　南ベトナム接収に伴う高等教育の社会主義的改造

1975年4月30日にサイゴンの陥落によって南ベトナムが崩壊すると、解放戦線を中核とした南ベトナム臨時革命政府が南ベトナムの唯一の正統政府となった。しかしながら、南ベトナムの政治の指導権は実質的に北ベトナムの党中央とハノイ政権が掌握したため、こうした国家と党の影響のもとで南ベトナムの大学の接収とそれに続く高等教育の社会主義的改造が進められた。本節では、高等教育の社会主義的改造の政策的根拠となる主要な指示を手がかりとして改革の方針について整理したうえで、その実態を検討する。

(1) 北ベトナムによる高等教育の改革戦略

1975年6月17日に党中央書記局は、南ベトナムにおける教育のありようを改造すべく2つの指示を打ち出した。それは、第221号指示「完全解放

後の南部における教育工作に関する指示」および第222号指示「当面の南部における高等・職業教育に関する指示」(以下、「高等教育に関する指示」)である。

党が打ち出したこれらの指示の内容を検討する前に、まずは北ベトナムの大学部が南ベトナムの高等教育の特徴をどのように捉えていたのかについて把握しておこう。

1　大学部の見解と「高等教育に関する指示」の要点

すでに述べたように、北ベトナムでは1974～75年度の高等教育総括会議において、大学部は「高等教育に関する指示」を自身の幹部官僚に対して実現していくように要求していた。こうした状況のもと『大学雑誌』は南ベトナムの教育システムに関する紹介を継続的におこなっているが[55]、1975年6月号には南ベトナム高等教育に関する記事が載せられている。そこでは、南ベトナムの高等教育制度と改革の要点が提示されている。この大学部の見解とも言える南ベトナム高等教育に対する解説は、おおまかにみれば本章第3節で検討した南ベトナム高等教育の特徴と一致するものである[56]。ただし、次の3点については、北ベトナム高等教育との対比を通じてより強調されていることに注意が必要である。

第1に、南ベトナムにおける大学(Viện đại học)は「アメリカのユニヴァーシティに相当する」諸学部からなる「自治的単位」と述べられている[57]。こうした管理運営体制とも関わって、教育文化青年部の管轄部局による大学の管理を名義上のものとしたうえで、「大学に対して各学部は相対的に独立し」「教育課程、教育内容、教育・学習制度、学生選抜規則」など、大学は「あらゆることに対して自ら決定する権限を有する」と記述されている。

第2に、南ベトナムの高等教育における専門分野の構造については「法学と文学を中心に、社会科学系の学生が多数を占めており」、とりわけ経済学は「法学のなかに組み込まれている」とし、北ベトナムの大学部は南ベトナムにおいて経済学が独立した学問分野となっていないことを批判している。

そして第3に、北ベトナムの大学部は南ベトナムの大学で教えられていた

社会科学の内容について、「資本主義的な観点にもとづいた社会科学」であるとして「学説」を批判し、「我々は評価・分析方法、観点をそのまま使用することはできず、根本的な改造が必要である」と述べている[58]。

このように北ベトナムの大学部は、南ベトナムにおける高等教育の社会主義的改造をめざすうえで、その高等教育における大学管理運営の体制、専門分野の構造、社会科学のありように北ベトナムとの差異を見出している。すでに検討したように、北ベトナムの高等教育の構造からすれば、南ベトナムにおいて大学が国家から離れて「自治的単位」となっていたことや社会科学偏重の専門分野構造を採っていたことなどは、北ベトナムの大学部にとって統一的な高等教育制度を形成するうえでの障壁として映ったのである。そして、大学部は接収した南ベトナムの高等教育システムの改革点として、①経済発展を前提とする社会科学の「改造」、②私立大学の廃止、それから③傀儡政権による反動的な教育方針の廃止を挙げている。こうした大学部の見方をふまえて、次いで党の指示について検討しよう。

2　党の「高等教育に関する指示」

まず党中央書記局による第221号指示「完全解放後の南部における教育工作に関する指示」では、その前文で南ベトナムの教育システムを改革するうえでの方向性が示されている。すなわちそれは、「南部における革命の新たな状況と任務のなかで」「民主的民族革命を完遂するうえで教育工作はとくに重要な位置を占め」、「アメリカの植民地教育のために立ち遅れて反動的となった教育の状況を迅速に改善せねばならない」というものである[59]。

こうした改革の方向性は、「高等教育に関する指示」にも表れている。その前文では、アメリカ高等教育の要素を排除したうえで、南北ベトナムの統一に向けて、大学を社会主義建設に資する人材の養成をおこなう機関へと変革していく旨が述べられている[60]。このことを念頭に入れて、「高等教育に関する指示」の要点を示したものが**表2－2**である。

表2-2からは、すでに社会主義的改造を進めていた北ベトナムにおける

表2－2 「高等教育に関する指示」の要点

① 政治思想工作：「教員・学生に対する政治思想工作の推進」
教育課程には、政治学と社会活動を必ず入れ、教員および学生を政治活動に参加させるように動員する。
② 専門分野の調整：「専攻および教育体系の修正ならびに再調整のための緊急調査」
法・文・哲学専攻の学生に対し、師範・経済・工学系専攻への転学を計画する。 法学・哲学の分野における教育課程および指導内容を改編する。 1975～1976年度の社会科学系学生の募集を停止する。
③ 方法論：「教育課程・内容・方法の修正」
「教育と生産労働との結合」原則を実現する。
④ 組織管理工作：「大学および中等職業学校の組織と指導(暫定的措置)」
高等教育機関は、文化・教育・青年省による統一的管理を受ける。 高等教育機関の内部に、共産党組織および大衆組織の建設をおこなう。 大学の指導と管理体制を整え、大学が革命教育の路線を進めるようにする。
⑤ 諸政策：「私立大学に関して」
大学は、国家の科学技術および経済分野の各種専門家、幹部を養成する機関であり、国家による直接的管理を受けねばならない。このため、私学制度および学費制度を廃止する。

出典：Chỉ thị số 222 của Ban Bí Thư Khoá Ⅲ ngày 17 tháng 6 năm 1975 Về công tác giáo dục đại học và chuyên nghiệp ở miền Nam trong thời gian trước mắt より、筆者が作成。

高等教育システムをふまえて、南ベトナムの高等教育システムを大幅に再編しようとしていることがわかる。その特徴として「教育と生産労働の結合」原則の実現や、私立大学の廃止などが挙げられる。加えて、大学の管理運営体制に関して、次の2点を指摘しておく。

　第1に、私立大学の存在が認可されないのは、大学が国家に必要な幹部の養成機関として明確に位置づけられることで、国家による直接的な管理を受けねばならないためと理由が明示された。このことは、従来南ベトナムの高等教育システムに存在した私立セクターがなくなると同時に、大学が全体として国家の直接的な管理下に置かれることを意味している。

　第2に、大学の所管構造については従来の南ベトナムの教育省による一括所管方式が暫定的に維持されたものの、党委員会や大衆組織が大学内部に組み込まれることになった。

(2)「高等教育に関する指示」後の南ベトナム高等教育の実態

「高等教育に関する指示」をふまえ、1976年には北ベトナムの大学部が統一ベトナムにおける中央の教育行政部門となり、ベトナム全国の各大学の任務に関する指示を打ち出すこととなった。その要点は、一貫して北ベトナムにおける高等教育の方針となってきた1972年の党中央第222号指示の精神を実現し、「社会奉仕ないし生産活動を指導・学習活動と結びつけ」ながら、大学の管理運営をおこなうことに置かれたのである[61]。こうした指示を受けて、ベトナム全体の大学はとりわけ南ベトナムを中心に大きく変動した。以下では、高等教育の社会主義的改造が南ベトナム高等教育の実態にどのような影響を与えたのかについて、表2-2の各要点①～⑤を取り上げて、それぞれの実態について確認する。

第1に、「政治思想工作」に関して、南ベトナムの大学は1975～1976年度は通常授業はおこなわず、政治思想教育に専念したとされる。この期間で合計23,597人の学生と1,148人の教員が政治思想教育・研修を受けたのである[62]。また、1975～1976年度のホーチミン市において大学の教育幹部を対象に基礎政治研究会が組織されるとともに、第2学年から第4学年の学生を対象として正規の政治学習が開始されることになった[63]。ホーチミン市における大学の報告では、「とくにサイゴンの学生のなかでは、解放の日から今日まで解放運動が盛んになってきている。集中的な政治活動に加えて、学生は青年団のまわりに集まり、革命に関する読書会、思想教育に関する時事問題についての対話会や公聴会を組織」するようになっていると述べられている[64]。

第2に、「専攻および教育体系の修正」に関してカントー大学を事例とすれば、同大学ではそれ以前のカントー大学を構成した学部である文学部、法学部、理学部、農学部、そして師範学部が、改めて農学部と師範学部の2学部に統合されることになった。その背景には、より実学を重視し直接的に社会主義的発展ないし国家発展に寄与するためには専門分野の構造調整が必要であるという視点から、同大学は広大な農村地域に存在するにも関わらず、

法学や文学を重視していると批判されたことがある[65]。北ベトナムの大学部によれば、「一般的に言って我々は南部地域に対して」「旧カリキュラムの消極的な面を批判し、北部の大学ですでに展開してきている経験、教育課程、教科書を取り入れることで」「一歩ずつ学習計画、教育課程、各専門分野の建設」が進められてきているとされる[66]。

　第3に、「教育と生産労働との結合」に関してサイゴン法科大学を事例とすれば、同大学ではベトナムの「四千年の伝統的建国の歴史と民族の維持について学習した」後で、「約1,500人の学生がロンアン省にある2つの郷村において奉仕をおこなった。その目的は、同胞のために奉仕的な労働活動に参加すると同時に、人民の生産状況や生活について理解することである」。こうした活動では「主として、抗仏戦争およびベトナム戦争において村の土地を防衛することで大きな成果を上げた1地区の闘争過程に関して理解を深めることが重視された。学生を動員するこうした活動は、学習した理論と実際とを結びつけ、学生の革命に対する思想や感情を高めるものとなっている」[67]。

　第4に、「大学の組織と指導」に関して、マクロな国家と大学の関係については南ベトナムでは暫定的に従来の高等教育行政構造が維持された一方で、大学内部の組織構造には社会主義的改造が実施された。フエ大学の事例から確認すれば、「フエ大学内部の組織として新たに大学党組織、執行部、青年団、協同組合、学生連合会、愛国知識人会が解放後早期に設置され、具体的な活動規範を持つに至った。大学党組織はフエ解放の直後に設置され」、「教員や学生の政治生活が組織された」のである[68]。なお1976年の3月にはサイゴン大学にベトナム労働党の支部が設置された[69]。こうした大学党組織は、北部と同様に教員や学生に対して党の方針や時事的な政策を浸透させるとともに、党の方針に関する学習会や会議を開催するうえで中核的な役割を担ったのである。サイゴン大学の例を挙げれば、「1976年11月5日の午前、文学科の学生はホーチミン市の歩道や小道において党機関誌『ニャンザン』を1万部売り歩いた。ホーチミン市の同胞に、手を尽くして素早く情報の普及を図った」[70]。

第5に、「諸政策」における私立大学に関しては、南ベトナムの接収後に臨時革命政府により解体されることで南部から私立大学が消滅した[71]。ただし、ダラット大学だけは国立大学に転換したことで、機関としては存続することになった[72]。

　加えて第6に、「大学の組織と指導」と関連するが、「高等教育に関する指示」が打ち出された翌年の1976年10月には、第426号政府首相決定「大学のネットワークにおける喫緊の課題に関する決定」が公布されたことで教育文化青年部による大学の一括所管方式が廃止され、接収後の南ベトナムにおいても北ベトナムと同様に多数省庁所管方式が導入された。具体的には、サイゴン大学をはじめ南ベトナムに存在したすべての国立大学を解体し、原則として大学を構成した各学部を持って単科大学に昇格させることにより、南ベトナム高等教育システムが教員養成の任務を主とする総合大学と単科大学から再構成されることとなった[73]。こうした結果として、サイゴン大学を事例とすれば、大学部に所管される総合大学(旧文学部および理学部)、医療部に所管される医薬科大学(旧医学部、薬学部および歯学部)、大学部に所管される経済大学(旧法学部)、そして建設部に所管される建築大学(旧建築学部)の4つの大学に再編されたのである。ここに、多数省庁所管方式の特徴が確認できる。

　このように、それぞれは実態の一事例を示すにとどまるが、接収後の南ベトナムでは「高等教育に関する指示」を実現していくことで大学の社会主義的改造が進められたのである。

5　南北統一期ベトナムにおける高等教育の社会主義的構造

　以上の検討から明らかになるように、南北統一期のベトナム高等教育は、南ベトナムの高等教育を接収し、それに対して北ベトナムをモデルに社会主義的改造を実施することで形成されたものである。本節では、これまでの検討をふまえながら、1970年代半ばにおける大学の実態についても検討を加えることで、従来の体制におけるベトナム高等教育の社会主義的構造の特質

を明らかにする。

　ベトナムにおいて1970年代は、南北統一を前後して国家や党により社会主義建設の意識がいっそう強調されるとともに、「集団主人公制度」という党のスローガンを通じて、ひとりひとりが「主人公」となって社会主義を実現していくことが求められた時期であった。1976年のベトナム共産党第4回大会における「1976～1980年5カ年計画の実現」と題するレ・ズアンの報告では、「社会主義的思想教育と集団主人公としての意識を持ち、（南北ベトナムの統一という）新たな段階において、科学、文学、そして芸術の各事業を促進せねばならない。」「常に党の領導を保障し」「高等教育システムは」、「優れた政治的品格と高い専門性を有する社会主義的知識人の集団を養成しなくてはならない」として、社会主義建設に貢献するための高等教育のありようが示されたのである[74]。

　このように、1970年代半ばには「集団主人公制度」の名のもとで、ベトナムの国民がより主体的に社会主義建設に参加することが求められるようになった。そのなかでも大学は、第222号指示で規定されたように、党の路線を順守する政治性とともに国家経済の発展につながる高い専門性を備えた「知識人」を養成する役割を担っていた。こうした国家と党に対する大学の従属的関係について、『大学雑誌』を手がかりに3つの事例をみることでその実態について掘り下げよう。焦点をあてるのは、国家および党と大学との関係における①教育と②研究のありよう、それから大衆組織の1つとして党の路線を大学に浸透させるうえで中核を担った大学内部の③青年団による活動である。

　第1に、党の路線に沿った教育・研究という点に関して、平常の大学の活動に加えて、とりわけ党中央執行委員会が「12月中旬における第4回党大会の徴集に関して」を発表した後では、各大学が党大会を祝福し党のために活動の成果を「贈与する」成果創出運動が生じた。これは1972年の第222号指示以来の「教え良し、学び良し」をめざす競争運動を継続させつつ、党大会に向けて成果を生み出すことをねらいとしたものである。具体例を挙げれば、

ハノイ薬科大学では党大会を祝福するためすべての大学教員が研究課題の遂行に参加し、実験による成果を得たり、経済計画大学では「教え良し」の運動を活発化させたり、水利大学では党大会の開幕まで「教え良し」の会議を進めるというようなさまざまな運動が確認できる[75]。

　第2に、党の路線に沿った研究に関連して、大学部によれば「1965、1966年以降、全分野における大学の科学研究が開始されはじめた。ベトナム戦争のための任務、生産促進のための任務、立ち遅れた地域における人民の暮らしを保障するための任務が科学技術の課題を規定した。1965年から1975年にかけては、大学は軍隊をはじめとして、生産・管理に関わる国営企業、そして地方と協働して研究課題の解決を図った」とされる[76]。このように、南北統一期のベトナムの大学における研究活動の特徴は、国家の要請のもとで即時性が要求される応用研究がおこなわれる点であった[77]。ただし、建設大学のように「戦争のために生産活動に奉仕することを目的とした研究課題を扱うことは、非常に程度の低い研究になるのではないか」という論点を出す大学教員も存在し、大学における研究方針に関して論争が生じた事例も存在した。結果的には「研究課題はつねに実際的な生産と戦闘のための要求から出発した」ものの、他の大学でも研究を開始する初期の段階では大学教員間に意見の不一致がみられたことを付け加えておく[78]。

　そして第3に、青年団の活動と関連して、青年団支部連合書記レー・チー・クエによれば、一般的に大学における青年団は、若手の教育幹部と学生から構成され、その役割は大きく①政治思想教育、②学習・教育の質の向上および研究の熱意の向上、そして③知識人青年の審美的教育の3つの要求に応じることであるとされた。総合大学国文学科では、「党が整える条件を背景に、青年団員はつねに党の政治的観点と党の美学、党の工作を理解した」うえで、「学生に知識を運用させ、党の観点や路線を普及させるだけでなく、青年団員が文学芸術の領域において党の親衛隊になること」がめざされたという[79]。この目標のもとで青年団によるクラブが組織された。これらのクラブ活動は、教育幹部による文学の時事的問題に関するゼミナールと対話会を主としつつ、

南北統一以前には、学生自らが参加した戦場についての回想録や日記の提出活動、それから「解放文学」に属する作家や文学作品の紹介活動へと展開していったのである[80]。このように、大学における青年団は専門分野に関する教育と政治思想活動とを統合し、党の一員として学生を動員した。

以上のことをふまえると、「国家社会主義体制」下のベトナムにおける国家および党と大学との関係は、抗仏戦争以来、党による「知識人の領導」と国家の厳格な管理のもとで、戦争への勝利と社会主義建設のために大学が教育と研究、そして青年団による政治活動を通じて国家と党に奉仕するという構図として描かれる。そこにおける高等教育の構造的特質は、1950年代末から1970年代にかけて発展したものであり、大きく次の3点によって特徴づけられる。すなわち、①民営セクターは認められず、師範・農業・工業を中心に総合大学と単科大学からなる高等教育システムである。②大学における教育と研究が各専門分野の需要と直結されるように多数省庁所管方式が採られ、大学の管理運営に関わる諸権限は原則として国家に属し自治が否定される。そして③大学内部の運営では、党委員会の領導のもとで方針・計画が策定され、学長・学部長はそうした計画にもとづき指示をおこなう位置にある。

こうした高等教育の構造と関わって、従来の体制下では、大学の管理運営をめぐり、国家と党の次のような論理が存在していたことが明らかになる。すなわち、大学は1972年に打ち出された第222号指示を実現する機関であるということ、つまり、大学は国家および党に従属し、教育と研究を通じて社会主義建設のために奉仕しなくてはならないという一貫した論理である。社会主義建設という1つの論理のもと国家と党は一体的であり[81]、国家は党と一体となって大学を管理・統制した。そして、1970年代半ばに生じた南ベトナムの接収と南北統一は、北ベトナムにおいて存在していた高等教育の論理のなかに南ベトナムの大学群を置き直すことにほかならなかった。その特質は、南ベトナムの大学が改めて国家による厳格な管理のもとに置かれることで、南ベトナムにおいて私立大学が解体されるとともに、自治を要求してきた公立大学が大学の自治を消失していく過程として捉えられる。そし

て大学の直接的な管理は多数の関連省庁によってなされるが、接収される以前の南ベトナムにおいては大学相互間の水平的連携の強化が目指されていたのとは対照的に、接収後の社会主義体制のもとでは、統一的な国家計画のもと細分化された専門大学と所管関連省庁という垂直的な関係が強調されるようになったのである。

なお、1976年11月25日『ニャンザン』には、ベトナム全体の社会主義建設を図っていくうえで、党が知識人を領導することは客観的に必要不可欠であり、大学は党の路線をつねに理解し従わねばならないと述べられている[82]。本章の検討で明らかにしたように、抗仏戦争以来党によって重要視されてきた「知識人の領導」とは、大学に焦点をしぼった場合、マクロには各専門分野において党と各行政部門が一体となって大学を管理することであった。またミクロには、それは大学党組織が大学の発展方針を提示し、党の末端的組織である青年団が教員・学生に党の路線を周知・徹底するという体制でおこなわれたのである。

6　おわりに

以上、本章での検討を通じて、北ベトナムを中心にみたとき「国家社会主義体制」下のベトナムにおける国家と大学は、抗仏戦争以来の党による「知識人の領導」と国家の管理のもとで、抗仏戦争それからベトナム戦争を終結させると同時に、国家の社会主義建設を遂行するために、大学が教育と研究、そして青年団による政治活動を通じて国家と党に奉仕するという関係にあったことが明らかになった。こうした南北統一期のベトナムにおける高等教育の構造的特質は、1950年代からの社会主義建設の過程を経て、とりわけ1970年代を中心に実態化されたものである。すなわち、大学は党の路線のもとで国家による直接的な管理を受け、教育と応用研究を通じて社会主義建設に奉仕する必要があるという論理のもとに置かれた。その構造は、繰り返しになるが、①民営セクターは存在できず、師範・農業・工業を中心に総

合大学と単科大学からなる高等教育システムを持つこと、②大学において教育と研究が各専門分野の需要と直結されるように多数省庁所管方式が採られるなか、大学の管理運営に関わる諸権限は原則として国家に属し自治が否定されること、それとも関わって③大学内部の運営では、党委員会の領導のもとで方針・計画が策定され、学長・学部長は党委員会が打ち出した計画にもとづき指示をおこなう位置にあるというものである。とりわけ大学内部の管理においては、青年団がそうした党の路線を教員・学生に周知・徹底するという体制でおこなわれた。このような本章で明らかにした従来の体制下におけるベトナム高等教育の構造は、「大学における研究活動の欠如」を指摘してきた先行研究で示される「ソビエト・モデル」のベトナム大学像の再考を促すものである。すなわち、当然のことながら大学は人材養成を主たる機能としながらも、これに加えて研究活動を通じて国家や党に貢献する機関としての大学像を提示することができるだろう。

続く第3章以降では、こうした従来の体制における大学のありようを念頭に置きながら、体制移行の過程におけるベトナム高等教育の構造変容について論じていく。第3章では、体制移行の過程で生じた民営セクターと、民営大学の改革について検討しよう。

【注】
1 　古田元夫『ベトナムの世界史：中華世界から東南アジア世界へ』東京大学出版会、1995年、11〜35頁や桜井由躬雄「紅河の世界」『世界各国史5　東南アジア史Ⅰ：大陸部』山川出版社、2008年、55頁を参照。
2 　Trần Hồng Quân (Tổng Chủ Biên). *50 Năm Phát Triển Sự Nghiệp Giáo Dục và Đào tạo (1945-1950)*. Hà Nội: Nhà xuất bản Giáo Dục, 1995, p.16.
3 　社会主義的改造と社会主義建設は、社会主義への過渡期の時期区分を意味している。すなわち、社会主義的改造とは、社会主義建設を進めるための前提条件として、それに適合的な生産関係(国家所有および集団所有)を形成する過程のことである。また、社会主義建設とは、社会主義的改造によって形成された経済システムを通じて工業化を図り、国民経済の発展を図る過程のことである(白石昌也『東アジアの国家と社会5　ベトナム：革命と建設のはざま』東京大学出版会、1993年、11頁)。

4 近田政博『近代ベトナム高等教育の政策史』多賀出版、2005 年、132 頁。
5 同上書、204 頁。
6 同上書やスローパー、デイヴィッド、レ・タク・カン編、大塚豊監訳『変革期ベトナムの大学』東信堂、1998 年など。
7 "Nguyên tắc kết hợp học tập với lao động trong hệ thống đại học." *Đại Học và Trung học Chuyên Nghiệp: Tập San của Ngành Đại Học và Trung Học Chuyên Nghiệp.* tháng 2, 1975, pp.22-23.
8 もちろん時代によって党の路線や方針には違いがみられるが、そこには党組織としての連続性を確認することができる。1930 年 10 月に結成されたインドシナ共産党は、その設置にコミンテルンが関与していることもあり、当初はラオスやカンボジアを含むインドシナ大的な規模での共産主義革命を主張していた。1940 年前後には、方針を転換し、フランスからのベトナム民族の解放と国民国家としての自立を目標とするようになった。そうした過程で、1941 年の第 8 回中央委員会ではベトナム民主共和国という国家構想を提示し、その樹立を推進するための統一戦線組織としてベトナム独立同盟（いわゆる、ベトミン）の樹立を決定した。1945 年 11 月には、国際社会にベトナム民主共和国を認知してもらうため、インドシナ共産党は「解党」を宣言したものの、同党は地下に潜行することで実態としては温存され、ベトナム労働党の結成につながっている。
9 ベトナム人研究者によってなされたベトナム高等教育に関する主要な研究である Trần Hồng Quân. 1995, *op.cit.* や Lê Văn Giạng. *Lịch sử Đại Học và Chuyên Nghiệp Trung Học Việt Nam: Tư Liệu Nghiên Cứu.* Hà Nội ; Viện Nghiên Cứu Đại Học và Trung Học Chuyên Nghiệp, 1985 では、抗仏戦争から対米戦争、いわゆるベトナム戦争へと転換する 1954 年を境として時期区分をおこなっている。本章では、南北統一期の国家社会主義体制下での高等教育の構造についてとくに注目するため、1970 年代以前と以後の 2 つに大きくわけて論じていく。
10 *Ibid*, p.115.
11 1945 年 11 月 25 日に打ち出された党中央執行委員会による抗戦と建国に関する指示では、以下のことがらが打ち出された。すなわち、抗戦と建国のために平民学務を組織すること、積極的に文盲を排除すること、大学および中学を開校すること、旧制度における詰め込み式の教授法を改革すること、救国文化を醸成すること、そして①民族化・②科学化・③大衆化の原則のもとで新たな文化を生み出すことである。
12 Lê Văn Giạng, 1985, *op.cit.*, pp.142-143。
13 『Nhân Dân』1976 年 11 月 25 日。
14 Lê Văn Giạng, 1985, *op.cit.*, p.134。
15 *Ibid.*, p.134.
16 *Ibid.*, pp.156-157.

17　抗仏戦争期に設置された大学を挙げれば、医薬科大学、法科大学、科学短大、美術短大、獣医短大、土木短大、農業短大、外語短大がある。このうち、法科大学、獣医短大、農業短大そして外語短大は1940年代末に閉鎖された。
18　それぞれの高等教育拠点の特徴を挙げれば、中央学舎区には後期中等教育段階の自然科学系の教員の養成を担った高等師範学校と科学分野の幹部養成を担った基礎科学大学が設置された。また、タインホア省第4解放区では高等師範学校が設置され、後期中等教育段階の社会科学系の教員の養成を担った。そしてヴィエトバク山岳地域には医科大学、中級美術学校、中級土木学校などが設置された。なお、中央学舎区については、大塚豊「中央学舎区：1950年代仏越戦争期におけるベトナム高等教育の揺籃」『大学論集』第43号、2012年、117〜134頁を参照。この論文では、主として聞き取り調査を通じて、中国の南寧に置かれた中央学舎区の実態や教育機関としての役割が明らかにされている。
19　近田政博『近代ベトナム高等教育の政策史』多賀出版、2005年、152〜153頁。
20　同上書、155頁。
21　Trần Hồng Quân (Tổng Chủ Biên). 1995, *op.cit.*, p.401.
22　専門分野別の学生数からすれば、高等教育システムにおいて中心となるのは工学系と師範学系である(近田、前掲書、2005年、169頁)
23　Bộ Đại Học và Trung Học Chuyên Nghiệp. "Phương hướng nhiệm vụ của các trường đại học trong thời gian tới." *Đại Học và Trung học Chuyên Nghiệp: Tập San của Ngành Đại Học và Trung Học Chuyên Nghiệp.* tháng 1, 1973, pp.4-8.
24　こうした結合の原理は、5つの側面においてなされる。すなわち、①政治思想教育を科学技術と業務に関する教育に結合すること、②先進的科学を大衆の創造的経験および民族の伝統的知識に結合すること、③学習と行動を結合すること、④教員と学生を結合すること、⑤大学での教育と社会での教育を結合することである。
25　集団主人公制度については、次の文献を参照。古田元夫「ヴェトナムにおける『集団主人公システム』概念の形成と発展」『共産主義と国際政治』Vol.4No.3、1979年、69〜87頁。
26　大学教員の役割としては、「政治思想工作はすべての大学教職員の責任である。なかでも、幹部は政治宣伝とイデオロギー訓練を実施し、教員集団は中核的な役割を果たさねばならない。各レベルの幹部(主任など)や党員は工作と生活において模範となるように努めねばならない」とされている。第6章で詳しく論じるが、従来の体制において大学教員は社会主義的道徳である「紅」と、専門的な知識を表す「専」の両方の要素を兼ね備えていることが望まれていた。なお、1960年代に北ベトナムが社会主義建設を進める過程において、一般の党員・幹部たちにも同様に「紅(思想的・階級的純粋性、政治的・軍事的能力)」と「専(経済的・技術的専門知識、管理・運営能力)」の双方を備えることが要求された(白石、

前掲書、1993年、18〜19頁）。

27 大学は国家によって決定された各専門分野の科学研究題材に取り組み、望ましい成果を上げなくてはならないとされた。

28 Bộ Đại Học và Trung Học Chuyên Nghiệp. "Nắm vững tình hình, nhiệm vụ, quyết tâm thực hiện tốt Chỉ thị 222/TTg của thủ tướng chính phủ." *Đại Học và Trung Học Chuyên Nghiệp: Tập San của Ngành Đại Học và Trung Học Chuyên Nghiệp*. tháng 1, 1973, p.10.

29 政治思想工作の推進」として、このほかに、党の領導を信頼することや大学の教員や学生が団結を強め、お互いに助け合うことなどが挙げられる。

30 Bộ Đại Học và Trung Học Chuyên Nghiệp. "Về nhiệm vụ năm học 1973-1974 của các trường đại học." *Đại Học và Trung Học Chuyên Nghiệp: Tập San của Ngành Đại Học và Trung Học Chuyên Nghiệp*. tháng 6, 1973, pp.4-6.

31 Bộ Đại Học và Trung Học Chuyên Nghiệp. *Đại Học và Trung Học Chuyên Nghiệp: Tập San của Ngành Đại Học và Trung Học Chuyên Nghiệp*. tháng 6, 1975, pp.1-2.

32 *Ibid.*, pp.2-5.

33 具体的にはこうした状況について、「南部は完全に開放され、社会主義体制のうえに統一されたのである。我が国は『戦争から平和へ』移行し、『人民民主的民族革命と社会主義革命の達成という2つの戦略的任務から、1つの戦略的任務、すなわち社会主義革命を成し遂げ全国に社会主義を建設するという任務への転換』を遂げた」と述べられている（*Ibid.*, p.3）。

34 ヴィエトナム共和国教育協力調査団『ヴィエトナム共和国の教育』文部省大臣官房調査統計課、1975年、9頁。

35 Bùi Minh Hiền. *Lịch Sử Giáo Dục Việt Nam*. Hà Nội: Nhà xuất bản Đại Học Sư Phạm, 2004, p.184.

36 各類型のより詳細な特徴については、ヴィエトナム共和国教育協力調査団、前掲書、1975年を参照のこと。

37 南ベトナム高等教育において、サイゴン大学はとりわけその核であったと言える。例えば、1958年度では、サイゴン大学は南ベトナムの高等教育就学者数のおよそ80％の学生を擁しており、1974年度においても、全体の60％以上を占めていたとされる（近田、前掲書、2005年、258〜259頁）。

38 同上書、250〜251頁。

39 ただし、ダラット大学やヴァンハン大学といった一部の私立大学は、母体となった宗教団体が機関設立時の政権と密接に結びついていたため、一時的に政府の庇護下に置かれていた（同上書、253〜254頁）。なお、北ベトナムが南ベトナムの私立大学を指す際には、私立大学（Trường đại học tư：私大学）と呼んでいた。第3章で詳しく検討していくが、「Trường đại học tư thục（私塾大学）」とは呼んでいなかったことに注意が必要である（"Các viện đại học ở miền nam trước

ngày giải phóng." *Đại Học và Trung Học Chuyên Nghiệp: Tập San của Ngành Đại Học và Trung Học Chuyên Nghiệp.* tháng 6, 1975, p.29)。
40　ヴィエトナム共和国教育協力調査団、前掲書、1975 年、9 ～ 11 頁。
41　Việt Nam Cộng Hoà. Hiến pháp Việt Nam Cộng Hoà: Ban hành ngày 1 tháng 4 năm 1967. Hà Nội: Bộ dân vận và chiếu hội, 1974.
42　原語では、University council と表記される。
43　Nguyen Xuan Thu. *Organizational Structure and Governance of Public Universities in Vietnam.* Ph.D. Dissertation at Indiana University, 1974, pp.109-122.
44　サイゴン大学のルーツはインドシナ大学ないし仏領ハノイ大学であり、これらは小規模の高等教育機関の連合体であった。
45　Nguyen Xuan Thu.1974, *op.cit.*, p.118.
46　近田、前掲書、2005 年、267 ～ 268 頁。
47　Governing board と表記される。
48　ダラット大学のように、政界と宗教団体が緊密な関係を持っていた私立大学も一部分ではあるが存在していた。
49　Nguyen Xuan Thu.1974, *op.cit.*, pp.127-137.
50　Doan Viet Hoat. *The Development of Modern Higher Education in Vietnam: A Focus on Cultural and Socio-political Forces.* Ph.D. Dissertation at the Florida State University, 1971, pp.268-281.
51　近田、前掲書、2005 年、270 ～ 271 頁。
52　Doan Viet Hoat. 1971, *op.cit.*, pp.286-287.
53　この段落の記述は Nguyen Xuan Thu, 1974, op.cit., p.154 からの再引用である。なおこれによれば原文は、"An Interview on Higher Education", Social Development, A bi-Annual Review published by the Vietnamese Social Sciences Association, September, 1973, Saigon, pp.7-50.
54　Nguyen Xuan Thu, 1974, *op.cit.*, p.155.
55　「編集者の言葉：読者の要求に応えて、南部の高等教育システムについて相対化し、概括的に捉えられるように本稿で紹介する」という序文が添えられている。
56　"Các viện đại học ở miền nam trước ngày giải phóng." *Đại Học và Trung Học Chuyên Nghiệp: Tập San của Ngành Đại Học và Trung Học Chuyên Nghiệp.* tháng 6, 1975, pp.29-34.
57　次のように記述されている。すなわち、「実を言えば、教育文化青年部の大学の管理は名目上に過ぎないのである。教育文化青年部には 3000 人の幹部がいるが、高等教育を専門的に担う部署は存在していない。責任を有する幹部は存在するものの、これもまた名義上のものなのである。実際、大学は各学部を管理する最高の組織であり、大学自治の原則を実現するものである」(*Ibid.*, p.33)。
58　*Ibid.*, p.33.

59 Chỉ thị số 221 của Ban Bí Thư Khoá III ngày 17 tháng 6 năm 1975 Về công tác giáo dục ở miền Nam sau ngày hoàn toàn giải phóng.

60 Chỉ thị số 222 của Ban Bí Thư Khoá III ngày 17 tháng 6 năm 1975 Về công tác giáo dục đại học và chuyên nghiệp ở miền Nam trong thời gian trước mắt.

61 『Nhân Dân』1976 年 8 月 30 日。

62 近田、前掲書、2005 年、276 頁。

63 "Các trường đại học thành phố Hồ Chí Minh: Qua tám tháng hoạt động sôi nổi." *Đại Học và Trung Học Chuyên Nghiệp: Tập San của Ngành Đại Học và Trung Học Chuyên Nghiệp.* tháng 1, 1976, pp.44.

64 Ibid., p.44.

65 『Nhân Dân』1976 年 10 月 4 日。

66 *Đại Học và Trung học Chuyên Nghiệp: Tập San của Ngành Đại Học và Trung Học Chuyên Nghiệp.* tháng 5, 1977, pp.28-29.

67 ロンアン省はメコンデルタに位置する南部地域の省である(Việt Hủng. "Về với Nhân Dân Lao Động." *Đại Học và Trung Học Chuyên Nghiệp: Tập San của Ngành Đại Học và Trung Học Chuyên Nghiệp.* tháng 2, 1976, pp.7-9)。

68 『Nhân Dân』1976 年 9 月 23 日。

69 近田、前掲書、2005 年、276 頁。

70 Bộ Đại Học và Trung Học Chuyên Nghiệp. *Đại Học và Trung Học Chuyên Nghiệp: Tập San của Ngành Đại Học và Trung Học Chuyên Nghiệp.* tháng 6, 1976, pp.42-46.

71 Bùi Minh Hiền. 2009, *op.cit.*, p.184.

72 近田、前掲書、2005 年、279 頁。

73 このように総合大学のなかでもカントー大学は農学部と師範学部の2学部から再構成されたが、「条件を満たせば2つの学部は単科性大学に昇格させることができる」と定められた点で、総合大学の専門分化が一貫した改革方針であったことに変わりはない。

74 Bộ Đại Học và Trung Học Chuyên Nghiệp. "Đấy mạnh cách mạng tư tưởng và văn hóa, xây dựng phát triển nên văn hóa mới." *Đại Học và Trung Học Chuyên Nghiệp: Tập San của Ngành Đại Học và Trung Học Chuyên Nghiệp.* tháng 2, 1977, pp.1-3.

75 Bộ Đại Học và Trung Học Chuyên Nghiệp. *Đại Học và Trung Học Chuyên Nghiệp: Tập San của Ngành Đại Học và Trung Học Chuyên Nghiệp.* tháng 6, 1976, pp.42-46.

76 Bộ Đại Học và Trung Học Chuyên Nghiệp. *Đại Học và Trung Học Chuyên Nghiệp: Tập San của Ngành Đại Học và Trung Học Chuyên Nghiệp.* tháng 5, 1977, p.4.

77 一例として具体的な研究のあり方を示せば、次のようなものであった。戦時の奉仕活動に関しては、大学は交通を確保する方法を提案したり、武器や戦術に関する研究をしたり、戦場での救急治療に関する研究課題に取り組んだりした。また生産に関して、大学は相対的に簡単な栽培条件で発育するような種類

の苗を得るための選択・配合の研究に参加した。さらに、生物学、地学、医学、経済学の分野において優れた大学の研究者が組織され、天然資源や社会の状況に関する調査活動に動員された(*Ibid.*, p.4)。

78　Nguyễn Văn Hưởng. "Môi trường đại học là một cơ sở nghiên cứu khoa học, kỹ thuật: Công tác nghiên cứu khoa học ở trường đại học xây dựng." *Đại Học và Trung Học Chuyên Nghiệp: Tập San của Ngành Đại Học và Trung Học Chuyên Nghiệp*. tháng 4, 1973, pp.1-3.

79　Lê Chí Quế. "Một hình thức hoạt động của đoàn." *Đại Học và Trung Học Chuyên Nghiệp: Tập San của Ngành Đại Học và Trung Học Chuyên Nghiệp*. tháng 6, 1974, pp.29-32.

80　レー・チー・クエは次のように述べている。「ゴーリキイの言うように、『文学とは人間について学ぶものである(文学とは人間の学である)』。文学とはさまざまな関係に置かれる人間について科学することである。このことが意味しているのは、文学について学ぶ学生は、文学作品のなかに反映されるさまざまな問題を正確に処理するために、社会、経済、そして政治における現象について関心と鋭い感受性をもたねばならないということである。党の政権が整える条件を背景に、青年団員はつねに政治的観点と党の美学、党の工作を把握しなくてはならない。ここにおいて、社会や文学芸術のさまざまな問題に素早く反応するために、団員はさまざまな活動をおこなうものである」(*Ibid.*, p.29)。

81　例えば、歴史学者であり党員でもあるグエン・カク・ヴィエンは、次のように述べている。「党が各レベルに党組織を併置して、その各レベルの党組織が政府の権限、地方行政当局、はては農業合作社や国営企業の管理委員会の権限に干渉し、これを指揮下においているという二重構造が作られていて、官僚機構は膨大なものになっている」(木村哲三郎『ベトナム:党官僚国家の新たな挑戦』アジア経済研究所、1996年、141頁)。

82　1976年11月11日に総合大学に在籍する多数の教員・研究者がベトナム労働党第4回大会における中央執行委員会政治報告に関する討論会を組織しており、このことはレ・ズアンをはじめとした党の指導部により高い評価を受けたという。

第3章

ベトナム高等教育における民営大学の管理運営改革

1　はじめに
2　体制移行と高等教育の変動
3　高等教育における「社会化」の展開
4　私塾大学の管理運営体制
　　制度設計を中心とする比較的検討
5　私塾大学の実態
6　私塾大学における管理運営の論理
7　おわりに

1　はじめに

　第 2 章で明らかにしたように、従来のベトナム高等教育の構造の主たる特徴は、教育と研究をはじめとする大学の活動のあらゆる側面に対する強固な国家的統制であった。大学は従属的な「装置」として、社会主義建設のために奉仕することが国家や党により求められていた。それでは体制移行の過程では、ベトナム高等教育にはいかなる変容が生じているのだろうか。本章以降では、体制移行の過程にあるベトナム高等教育の構造について検討する。

　ベトナムでは 1986 年にドイモイ政策が打ち出されて以降、体制移行に伴い社会全体が大きく変動するなかで、高等教育においても万般にわたり改革がおこなわれてきている。なかでもベトナム高等教育における主要な変動の 1 つは、従来は認められてこなかった「市場」を容認することであり、そうした市場の発展がもたらす民営セクターの展開である。こうした変化の過程で注目する必要があるのは、ベトナムでは体制移行に伴って高等教育に民営セクターが生じた後、民営大学として「民立」大学[1]が存在するのみならず、2005 年以降、新たに「私塾」大学[2]を誕生させたことで、民立大学と私塾大学が共存する高等教育制度が作り出されたことである。さらに 2006 年以降は、民立大学の私塾大学への類型転換が生じ、私塾大学への一本化がめざされている。こうした民営大学の多様化や類型転換という現象は、中国をはじめほかの体制移行国における民営高等教育セクターにはみられず[3]、この点でベトナム独自の民営セクターの発展方策として指摘できる。なおベトナムでは、後述するように、従来の体制において国家が丸抱えしてきた教育や医療などの活動を財源の負担をはじめとして国家以外のさまざまな主体に開放していく過程のことを「社会化(xã hội hóa)」と呼んでいる[4]。

　それでは、ベトナムでは体制移行の過程でなぜ民営大学としてこうした 2 つの大学類型が存在するようになったのだろうか。また、こうした改革を主導する中央の教育行政部門である教育訓練部(以下、教育部)は、従来の大学管理運営のありようとは異なって、新たな類型である民営大学をどのように管

理しようとしているのだろうか。本章では、「誰が」「何をどの程度」「いかなる原理のもとで」大学を管理するのかという問題認識のもと、ベトナム高等教育の市場化のなかでも民営大学に関する改革に焦点をしぼり、教育の「社会化」政策の分析と、民立大学および私塾大学を対象とする管理運営体制の比較検討をおこなう。このことを通じて、私塾大学の特質を示すとともに、民営大学の管理運営改革における教育部の論理を明らかにすることを目的とする。本章において、民営高等教育改革の背景として「社会化」政策に着目するのは、元教育大臣ファン・ミン・ハクが述べるように「教育の社会化の中心的観点の1つは学校類型の多様化」であるとされるからである[5]。

以上をふまえて本章では、まず、マクロな観点から体制移行に伴う高等教育全体の変動を概観したうえで（第2節）、教育の「社会化」政策の展開過程を整理し（第3節）、管理運営面を中心に私塾大学の制度設計および実態的特質について検討する（第4節・第5節）。こうした検討の結果にもとづいて、高等教育の市場化について考察し、民営大学の管理運営体制改革における教育部の論理を明らかにする（第6節）。

なお、従来の体制において高等教育を所管する中央教育行政部門であった大学部は、1990年に組織改編されたことで、高等教育のみならず教育全般を統一的に所掌する教育訓練部（教育部）へと統合されて2018年現在に至っている。

2　体制移行と高等教育の変動

それでは、体制移行の過程において、ベトナム高等教育が全体としてどのように変容してきているのかを確認していく。その際、大きく高等教育の多様化と量的拡大という2つの視点から高等教育の変動を整理する。

(1) 高等教育の多様化

従来のベトナム高等教育システムは、主として公立の単科大学と少数の総

合大学から構成され、民営セクターは存在していなかった。しかしながら、1986年のベトナム共産党第6回大会でドイモイ政策が採択され、市場経済体制への移行が図られたことで、民営セクターの誕生をはじめとして高等教育には大きな変容が生じてきている。具体的には、計画経済体制から市場経済体制への体制移行を背景に、大学類型ないし設置主体や教育財源の多様化、学習形式・方法の多様化、教育課程における単位制の導入、それから卒業生の計画的な職業分配制度の廃止など、多方面にわたる改革が実施されてきている[6]。こうした変化は全体として、高等教育の多様化にまとめることができるだろう。このことと関わって、民営セクターを中心に高等教育改革の流れを示せば、以下のようになる。

1986年のベトナム共産党第6回大会において、党中央は、「国家予算以外の財源を教育事業に貢献させることを明確に定める必要がある」とする方針を打ち出し、教育の発展について「国家と人民がともに担っていく」ための運動を展開した[7]。また同大会では、体制移行の過程で最初の改革とも言える4つの方針が打ち出された。それは具体的には、①高等教育は、中央省庁や国営企業の需要に加え、多様な経済セクターの需要および国民の学習意欲に応じること、②教育財源の多角化を図ること、③大学への入学定員数の決定において中央の計画からの脱却を図ること、そして④大学卒業後の学生を計画に従って仕事場に配置することを廃止し、自己責任のもとで就職活動を開始させることである[8]。これらの方針を受けて、大学部は1988年度と1989年度に民営セクターの展開に関する会議をベトナムの3つの地域において開催し、「各社会力量が教育に参加するように運動を拡大させ、このことにより、学校教育システムの強化・安定・発展を図ること」を決定した[9]。

1993年は、高等教育制度の多様化という点で極めて重要な時点であり、教育の領域にいくつかの大きな変容が生じた。まず、第7期第4中総(中央執行委員会総会)が開催され、この会議において「教育は最優先すべき政策」であることや、「教育を国家発展のための需要と実質的進歩に密接に連関させる」という原理が打ち出された。具体的には、「教育活動に参加するように社

会全体を動員するとともに、国家の管理のもとで国民教育事業を建設するように各階層を鼓舞する」こと、そして「教育を発展させるため、人民のなかにある投資資源や国際機関の援助、外国資本を動員する」ことが決定された[10]。また、ベトナム政府は「国民教育体系の構造枠組みに関する決定」を打ち出し、民営セクターにおける教育機関類型についてはじめて規定した。この決定では、民営大学の類型として「半公大学」、「民立大学」、「私塾大学」の3つの大学類型が想定されていた[11]。

さらに政府は、同1993年に、教育大臣の提議にもとづき第240号政府首相決定「私塾大学規則の公布に関する決定」を公布し、私塾大学の組織構造をはじめて明示した。この規則についてとくに注目する必要があるのは、私塾大学の設置を希望する創立委員会が国家や党から独立していることや、大学内部に党委員会など党に関わる組織を入れ込むことが明示されていないことである[12]。このことに加えて、1993年の「私塾大学規則」において個人が私塾大学の設置主体になりうると規定されていたことも社会主義体制下での個人所有の是非から議論を呼び、この決定は翌年の「民立大学の設置に関する暫定規則」に取って代わられることになった[13]。つまり、この局面においては私塾大学の設置・運営は時期尚早とみなされたのである。また、1996年に開催されたベトナム共産党第8回大会では、改めて「半公」大学と「民立」大学からなる民営高等教育の漸次的な発展が決定された。それとともに教育の発展を党と国家に加えて、国民全体の参加によって成し遂げようとする理念的政策である教育の「社会化」が提唱されるに至った。

(2) 高等教育の拡張

次いで、統計資料を手がかりに体制移行の過程におけるベトナム高等教育の量的規模についてみてみよう。

高等教育が多様化し、民営セクターが拡大していく過程で、ベトナムでは高等教育の急激な量的拡大が生じてきている。1975年の南北統一期から、2015年度までの高等教育の量的規模を示したのが**図3-1**である。図3-

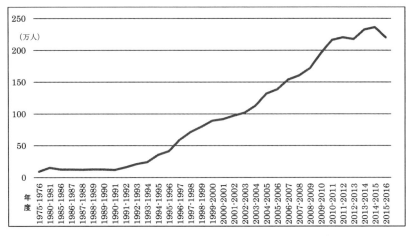

図3−1　ベトナムにおける高等教育総就学者数の変遷

出典：1975〜1976年度：Trần Hồng Quân (tổng chủ biên). *50 Năm Phát Triển Sự Nghiệp Giáo Dục và Đào tạo (1945-1950)*. Hà Nội: Nhà xuất bản Giáo Dục, 1995, p.241、1980〜1989年度：スローパー、デイヴィッド、レ・タク・カン編、大塚豊監訳『変革期ベトナムの大学』東信堂、1998年、94〜95頁、1990年度〜2000年度：近田政博『近代ベトナム高等教育の政策史』多賀出版、2005年、326頁、2001〜2010年度：Bộ Giáo Dục và Đào Tạo. *10 Năm Phát Triển Giáo Dục và Đào Tạo Việt Nam Qua Các Con Số 2001-2010*. Hà Nội: Nhà xuất bản Giáo Dục Việt Nam, 2012, pp.46-51、2011年度〜2015年度：教育部ホームページにおける統計より筆者作成(https://www.moet.gov.vn/thong-ke/Pages/thong-ko-giao-duc-dai-hoc.aspx)。

1は、大学および短大に就学する学生の総数(非正規生も含む)を示しているが、ここからわかるように、従来の「国家社会主義体制」における高等教育の量的規模は抑制的であった。こうした状況に対して、ドイモイ政策を打ち出してから数年間は量的規模に大きな変化がみられないものの、1990年代半ばを前後して、それ以後は一貫して大幅な拡大傾向を示している。こうしたことから、体制移行の過程にあるベトナムでは高等教育の量的拡大が重視されてきていることがわかる。

また、民営セクターと公立セクターを分けて、とくに2000年代の動向について高等教育の量的規模を示したのが**図3−2**である。図3−2からは、高等教育は公立セクターの量的拡大を主としながらも、民営セクター自体も拡大してきていることがわかる。ここで留意したいのは、民営セクターは絶対的な規模の拡大に加えて、高等教育全体に占める相対的な規模においても

第 3 章　ベトナム高等教育における民営大学の管理運営改革　113

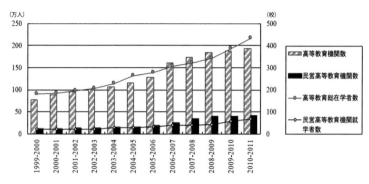

図 3 − 2　高等教育における民営セクターの拡大状況
出典：教育部統計(内部資料)：2011 年度高等教育機関一覧より、筆者作成。

拡大が生じていることである。具体的に高等教育全体に占める民営セクターの学生数に着目すれば、2000 年度において 10.3％であったものが、2010 年度では 15.4％になっている。

　このように高等教育において民営セクターが拡大するなかで、専門分野における学生の分布状況はどのようになっているのだろうか。高等教育の専門分野別構造について、体制移行の過程におけるベトナム高等教育の専門分野別就学者数の分布状況を示したものが**表 3 − 1** である。表 3 − 1 を作成するにあたり使用したデータは、少々古くなるが 2006 年度のものである[14]。第 2 章でも述べたように、「国家社会主義体制」下のベトナム高等教育は、社会主義建設をいち早く成し遂げるため、師範(教員養成)分野や工学、農学などの基幹となる産業分野の人材育成に力点が置かれていた。

　表 3 − 1 から、体制移行の過程においても依然として、工学分野や教員養成系分野を専攻する学生が多いものの、市場化が進む過程では経済学・経

表 3 − 1　ベトナム高等教育における専門分野の構造

	経済・法律	技術・工業	師範	社会・人文	農林水産	自然科学	文化芸術	その他
比重	27.0%	21.9%	20.6%	9.3%	8.9%	5.7%	1.6%	5.0%

出典：Trần Khánh Đức, Nguyễn Mạnh Hùng. *Giáo Dục Đại Học và Quản Trị Đại Học*. Hà Nội: Nhà xuất bản Đại Học Quốc Gia Hà Nội, 2012, p.209 より、筆者作成。

営学などの社会科学分野を専攻する学生数が増加していることが確認できる。こうした専門分野の構造変化の背景には、新たに設置が進んだ民営大学において市場の需要に即した経済学・経営学などの科目が多く提供されるようになったことや、ベトナムの産業構造が第3次産業をより重視するようになるなかで、従来型の公立単科大学でもこうした科目の設置が進められたことなどが挙げられる[15]。

なお、ベトナムの高等教育進学率について言及しておく。高等教育の就学率に関してベトナムには公式な統計は存在しないが、既存の統計数値を利用することでおおよその進学率がわかる。序章で述べたようにベトナムの学制は5－4－3制であり、小学校と中学校が義務教育となっている。2015年度の進学率をみてみれば、18歳人口の概算は2003年度の小学校入学者数とほぼ等しく、その人数は1,602,556人である。一方、ベトナムの高等教育には在職課程と呼ばれる社会人のためのプログラムがあるが、これを除いた正規課程の高等教育（大学・短大）入学者数は529,450人であるので、便宜的に計算すると2015年度の高等教育の進学率は33.0％となる[16]。ここからは、現在ベトナムの高等教育は「マス化」段階に入っていることがみてとれる。

次節では、こうした高等教育の量的拡大と多様化をもたらした教育の「社会化」政策について、その展開状況について検討する。

3 高等教育における「社会化」の展開

(1) 教育の「社会化」政策の展開（1996年～2005年）

ベトナム共産党第8回大会で提唱された教育の「社会化」の理念をふまえ、より多様な主体を教育活動に参加させることを目的として、政府は教育の「社会化」の制度化を図るために関連する3つの政府文書を打ち出してきている。それらは、1997年の第90号議決「教育・医療・文化・スポーツ活動の社会化の方向と政策に関する政府議決」（以下、97年議決）、1999年の第73号議定「教育・医療・文化・スポーツ活動の社会化の奨励政策に関する政府議定」（以

下、99年議定)、そして2005年の第5号議決「教育・医療・文化・スポーツ活動の社会化の推進に関する政府議決」(以下、05年議決)である。なお、ベトナム人教育研究者の理解によれば教育の「社会化」とは、教育財源の多様化のみならず、より多くの主体が教育活動に参加し教育機会を享受できるようになることで理念的には生涯学習社会の建設につながる概念である[17]。

　これらの政府文書は、いずれも医療やスポーツなどの社会福祉活動の「社会化」と同時に、教育の「社会化」をベトナム社会に浸透させることに主眼を置いており、教育をはじめとした諸活動における民営セクターの発展を目指した政策的根拠となっている。

　民営高等教育に言及した部分を中心に、教育の「社会化」政策に関連する各文書を具体的にみていこう。まず確認しておきたいのは、3つの政府文書では一貫して民営高等教育の量的拡大が基調となっていることである。例えば、97年議決では、教育の「社会化」として「個人のそれぞれの実際の能力に応じて」資金拠出を促し、財政面において教育活動に貢献することを要求しているし、これを受けて、99年議定においても民営セクターの量的拡大と形式の多様化が目標とされている。さらに、05年議決では具体的な数値が掲げられており、2010年を目標年次として民営高等教育機関の学生数を全体の40％にまで高めていくとされている。このように、民営高等教育の規模については一貫して拡大を基調としているが、教育の「社会化」が展開するなかで、民営高等教育機関の営利性の容認をめぐる是非については認識の変化が生じている。そのことを、99年議定と05年議決をもとに確認する。

　99年議定では民営セクターの類型として、「半公」、「民立」、「私塾」を規定し、これらの機関類型における教育活動はいずれも非営利的原則に従うものとされた。一方、05年議決では、福祉活動の領域全体における営利性の容認が大きな方針とされ、教育の「社会化」一般の方向性としては国家による一元的な管理体制の改革を目指し、各機関の自主性の拡大を図っていくことを目標に掲げている。そのうえで、民営教育セクターを「民立」と「私塾」から構成される二元的体制へと移行させるとともに、すべての民営高等教育機関

に対し、営利か非営利のいずれの原則のもとでも運営をおこなってよいと規定したのである[18]。

こうした教育の「社会化」の展開過程で、2000年代にはすでに営利を追求するタイプの教育機関が出現していたと考えられる。05年議決の「社会化の実現状況」には、「現時点では、民営教育機関に対し営利・非営利の峻別ができていない」という状況が報告されており、05年議決はそうした実態を事後的に容認したものと言える。

以上をまとめると、ドイモイ路線において民営高等教育の漸次的拡大が一貫して図られるなか、教育の「社会化」政策における民営高等教育に対する認識には変化が起きていると言える。つまりそれは、99年議定において民営高等教育機関は非営利型機関であるとされたものが、05年議決では営利型高等教育機関も認めるようになったということである。

(2)「社会化」政策における営利性容認の背景

先行研究によれば、教育の「社会化」の展開に伴い高等教育の活動に対して営利性の追求が容認された背景には、2000年代を通じてベトナムが世界貿易機関(WTO)に加盟しサービスの貿易に関する一般協定(GATS)の枠組みに適応するため、ベトナムにおいて「商品」としての教育という概念が政府首相や教育部、研究者らによって議論されてきたことが挙げられる[19]。試みに、1990年代から2000年代において刊行された教育部の機関誌『教育発展雑誌』を手がかりにして経年的に掲載論文を確認すれば、2000年代に入ってから2005年にかけて「グローバル化(全球化)」、「市場化」それから「教育サービス」といった用語が各論文の主題に表れてくることが確認される[20]。

こうした高等教育における営利性容認の背景や教育部の考えについて、『教育発展雑誌』の主要な論文を手がかりにその要点を示せば、次のような3つの流れにまとめることができる。

第1に、2004年10月26日の第9回国会(第6期)において、政府首相ファン・ヴァン・カーイの発表「2005年の社会経済の発展に関する大きな問題」によ

って、「すべての公的事業の社会主義志向市場経済体制に適合するサービス体制への転換」が打ち出された。このことにより、教育の「社会化」政策と並行して、サービスとしての教育モデルを建設・発展させることがベトナムにおいて示された[21]。『教育発展雑誌』では、あらゆる公的事業をサービスとして捉え直そうとする方針を「国際社会への統合やWTOへの加盟にあたり主導的に打ち出し、教育発展の要求に応じるようにするため」のものであるとし、こうした認識に至る国際的な要因を指摘している。その一方で、教育の「社会化」との関連では、「老若男女、場所を問わず教育を受けることができるように」「教育需要を満たすため教育のサービス化を進める必要がある。このことは同時に、教育財源の多元化につながり、社会が求める教育発展の需要に応える機会となる」と述べている[22]。ただし、ベトナム政府は教育の「サービス化」に関する具体的な構想は持っておらず、教育部による具体的な提議を受けて政策を打ち出していくものとされていた[23]。

　第2に、サービスとしての教育という概念とも関わって、高等教育を公的な「財」や「商品」、それから「製品」とみなす考え方が提起されるようになっている[24]。すなわち、具体的な記述の内容を『教育発展雑誌』から引用すれば、「市場経済とグローバル化の方向性はベトナムにとって新しい考え方であり、観点である。」「わが国において、市場経済に適しているのは高等教育であり」「高等教育のサービスやその生産物は公的な財(公共的商品)としてみなされる。」「こうした商品の使用価値は、公共の場で働く人材や市場の需要と結びついた知識・専門的技能のレベルによって認識される。つまり、(高等教育が)使用者側の需要をどの程度満たすことができるかが問題になるのである。」「その性質として、高等教育というサービスは労働市場に参入することになる」と述べられている[25]。

　そして第3に、このように教育を「財」や「商品」と結びつけることで、高等教育に営利性を認めようとする論者が現れてきている。先行研究では、「市場経済体制の特徴」として利潤を得ることを目的とした経営と生産、市場競争を挙げたうえで、「サービスは商品とみなされ、売買の対象である」として

いる。そして、教育サービスが「商品」として捉えられることに鑑みて、高等教育における一定の市場性を認めようとする教育の営利性肯定的論者が存在することについて言及しているのである[26]。ただし、『教育発展雑誌』の基本的な論調としては、こうした教育の市場性ないし営利性については反対する立場にある。そうした主張の論拠を挙げれば、高等教育は「人を育てることである」という点で、「他の商業の類型とは異なって利潤に向かって走ってはならず」、高等教育における営利性の是非に関しては「明確化するための継続的な研究が必要」としている[27]。

このように教育の「社会化」が展開する過程で、05年議決では高等教育機関の営利的な運営が容認されたものの、高等教育の市場化や商品ないしサービスとしての教育という見方はベトナム高等教育改革の論点の1つであった。先行研究では、「教育サービス」という用語の定義に関して定まった見解は存在していないとされており、このことはそうした論争性を裏付けるものである[28]。ただし、多くの論者が「ドイモイの過程で問題となるのは、社会が必要としているもの(知識)を教えることであり、教育機関がすでに持っているもの(知識)を教えることではない」と指摘していることからは[29]、伝達するべき知識や教育内容を一定程度市場に委ねるということについては既定路線として認めたうえで、営利性を伴う高等教育の市場化をどう捉えるかが問題となったと考えられる。

教育の営利性をめぐる以上のような過程で、2000年に「民立大学規則」が、また2005年には「私塾大学の組織と活動に関する規則」(以下、私塾大学規則)が、それぞれ教育大臣の提議にもとづき首相決定として公布された。それでは、教育部は民立大学と私塾大学に対していかなる制度設計をおこない、そこにはどのような相違があるのだろうか。

4 私塾大学の管理運営体制：制度設計を中心とする比較的検討

本節では、私塾大学の管理運営的側面における制度的特質を析出するため

に、民立大学との比較を念頭に置きながら、「国家社会主義体制」期から存在した公立大学である従来型大学も対象に加えて3つの大学類型の比較的検討をおこなう。具体的には、①従来型大学の自主権と組織についてはじめて規定した法令である「大学条例」(2003年制定・2010年改定)と、「大学条例」と類似の構成を持つ法令としてそれぞれ、②民立大学について規定した「民立大学規則」(2000年制定)および私塾大学について規定した「私塾大学規則」(2005年制定・2009年改定)を手がかりとして[30]分析を進める。ベトナムでは、大学の権限や管理運営方式について規定した重要かつ初の基本的法令として、2003年に第153号政府首相決定にもとづき「大学条例」が公布された。また、この条例は2010年の第58号政府首相決定を受けて改定され、新たな「大学条例」として効力を有している。以下では、2003年の「大学条例」を「旧大学条例」、2010年の「大学条例」を「新大学条例」と呼ぶ。

分析の理念的な枠組みとしては、序章で明示したように、体制移行の過程におけるベトナムの社会のありように鑑みて、大きくベトナムの高等教育システムに影響を及ぼしうる4つの要素、「国家」、「大学」、「市場」それから「党」を設定する。そのうえで理念上、各大学類型の管理運営においてこのうちのいずれの要素が影響を与えうるのかを検討する。

(1) 従来型大学における管理運営体制

まずは、従来型大学における管理運営体制について検討していこう。ここでは、私塾大学の制度設計がなされた2000年代半ばの時点で従来型大学の管理運営体制を規定していた「旧大学条例」を中心に検討を進める。

従来型大学の管理運営体制について検討するに先立ち、大学の組織構造について確認しておく。新旧両「大学条例」によれば、大学の組織は次のように規定される(新：第32条、旧：第29条)。すなわちそれは、①大学評議会(公立大学の場合)または理事会[31](民立大学・私塾大学の場合)、②学長、副学長、③科学訓練評議会、学長により設置された各諮問委員会、④大学に属する「科」、「院」(学部に相当)、⑤科および院に属する「部門」(学科に相当)、⑥講座、⑦各科学

技術組織、教育業務・科学技術研究組織、⑧大学の党委員会を頂点とする大学党組織、⑨各団体および社会組織、そして⑩代表的な分校である。

「旧大学条例」により、すべての従来型大学には機関内部の管理運営組織として大学評議会を設置することが義務づけられた。この大学評議会は大学内部の統治組織であり、主として大学の規模・発展計画、教育・科学技術活動、財政管理、国際協力、大学組織および人事の管理に関する自主権を有し、自己責任のもとでこれらの大学運営に関わる問題全般を決議すると規定されている(第30条)。その構成についてはどうなっているだろうか。以下、大学評議会の構成員について検討する。

「旧大学条例」では、大学評議会の構成について次のように規定された(第30条)。すなわち、大学評議会は学長、大学の党委員会の書記、教員の代表、大学内外における著名な教育管理幹部、大学内の政治・社会組織、大学建設時に投資した組織および個人によって構成される。なお、「旧大学条例」では大学評議会の人数に関する規定は存在していない。これに対して「新大学条例」では、大学評議会の構成員は15人から31人とされ、そのうえで構成員は「職務上の委員」[32]、「学外招聘委員」、および「学内選択委員」に分類される。それぞれ構成員について内訳を確認すると、「職務上の委員」は大学の党委員会の書記および学長からなり、「学外招聘委員」は当該大学の所管部門の代表、教育部の代表、関連経済・産業部門の企業体代表を含んでいる。そして「学内選択委員」は大学の各組織単位内の管理職員、教員および研究員の代表から構成される(第34条)。

こうした大学評議会の構成について、新旧両「大学条例」の比較をもとにその特徴をまとめると、次のようになる。特徴の第1は、一貫して大学評議会には党委員会の書記が存在することである。このことは、体制移行の過程において従来型大学に対し一定程度の自主権が与えられるようになっているなかで、依然として党の意思を従来型大学の管理運営に反映させるシステムが維持されていることを示している[33]。

特徴の第2は、これは従来型大学に影響を及ぼす主体の変化として重要な

ことであるが、機関の運営に対してより多様な主体が参与するようになっていることである。つまり、「旧大学条例」では、大学評議会は主として「大学」（学長など）、「党」（学内の共産党委員会の書記）、および「市場」（機関建設時の投資家）の要素から構成されていたのに対して、「新大学条例」では、「党」、「大学」以外の要素として、「国家」（教育部の代表と所管部門代表）の要素が新たに盛り込まれるとともに、「市場」の要素として機関と関連のある企業体の代表を含めることが明示された[34]。このことから理念的に従来型大学では、機関の管理運営に対して国家的要請の強化と市場原理への適応が生じていると言える。

なお、2014年には高等教育法の規定をふまえて大学条例が再び改定されることとなった。ただし、大学評議会の任務には大きな変化はみられず、それは機関の発展戦略、企画、計画に関する決議や組織と活動に関する規則の決議というように最終的な意思決定を担う組織としての性格を持っている。また、大学評議会が「党」、「大学」、「国家」、そして「市場」の各要素から構成されていることも新大学条例や高等教育法における規定と共通している[35]。

(2) 民営大学における管理運営体制

次いで、民営大学として民立大学および私塾大学の権限と管理運営のあり方を並列的に記述しつつ、その相違について検討しよう。

まず、民立大学、私塾大学と従来型大学の自主権について比較対照しておく。従来型大学とは異なって、民立大学と私塾大学はともに法人格を有しており、このことから民営高等教育機関は機関運営においてより大きな自主権が保障されていることがわかる[36]。また、私塾大学のありようもみてみれば、「私塾大学の権限と責任」として、機関内部の組織に関する設置改廃、勤務者の雇用、および財政管理という民立大学と同様の自主権に加えて、機関の発展計画をはじめとした教育・科学技術活動や国際協力活動についても自主権と自己責任を負うと規定されている（「私塾大学規則」、第7条）。

次に、民立大学および私塾大学の組織構造について検討する。これらの民営高等教育機関における組織構造は、ほぼ従来型大学のそれと同様である。

例えば、「科」や「院」といった各単位の設立に加えて、両大学類型ともに原則として機関内部に党組織および団体・社会組織を設置しなくてはならず、こうした組織の活動についても規定が存在する[37]。しかし私塾大学は、次の2点でほかの大学類型とは様相を異にしている。

1点目は、私塾大学の内部に「検査委員会」が設置される点である。検査委員会とは、私塾大学が財務管理を適正におこなうための機関内部の監査組織であり、大学の活動や財政に関して合理的かつ合法な運営をしているかどうかを検査し、その結果について理事会から意見を得たうえで、後述する株主総会に定期的に報告することを任務とするものである(第19条)。その構成員は株主総会によって選出され、理事会の構成員や学長、およびその親族以外からなるものと規定される点で(第18条)、私塾大学の管理運営に対する一定の独立性のもと、検査委員会には正当な監査が求められていると言える。

2点目は、私塾大学の管理運営に理事会に加えて株主総会が携わる点である。そのことを民立大学との対比のもと理事会の構成員から確認しよう。

まず民立大学の理事会は次のように構成される。すなわち、「民立大学規則」によれば民立大学の理事会は、①民立大学設立申請組織の代表、②大学設立のための寄付をした投資家の代表、③大学の常勤教員や幹部の代表、④学長、そして⑤党委員会の代表から構成される(第15条)。民立大学設立申請組織は大衆組織を含むものであることから[38]、民立大学では理事会の構成員に党の代表に加え、大衆組織の代表も加わっている。こうした点で、民立大学の運営には党委員会の意向が一定程度反映される仕組みとなっている。また、民立大学の設置認可の権限は首相にあるが、設置認可の過程において、民立大学の開設を希望する発起人ないし創設推進会のメンバーは、彼ら自身の適格性や民立大学設置に向けて行動を起こすことの正統性を党との関係が強い政治・社会組織によって承認される必要がある。すなわち、民立大学の設立にあたっては、その正統性を党に求める予備審査の段階が存在する[39]。こうしたことから、民立大学は機関の設立から運営に至るまで党による関与を受ける制度的特徴を有していることがわかる。

第3章 ベトナム高等教育における民営大学の管理運営改革　123

　以上をまとめれば、民立大学の設置・運営に影響を及ぼす主体は「党」、「大学」そして「市場」の3つの要素に集約することができる。

　こうした民立大学のありように対して、「私塾大学規則」では、私塾大学の理事会について次のように規定している(第15条)。まず、私塾大学では機関設置に携わった出資者やその関係者による株主総会が1年に1度開催され、総会を通じて当該年度の目標の策定や機関の発展計画、および科学技術活動の方向性などの決定がなされる[40]。そして理事会は、総会を構成する株主から選挙によって3人から11人の構成員が選出されることで運営を開始するとされる。株主総会は、理事会構成員の解任に対しても全権を掌握しており(第15条)、この点で、機関運営において株主総会は理事会の上位に位置すると言ってよい。ただし、理事会の構成員は株主であることを考慮すれば、両者は一体であると考えられる。

　理事会を中心とした私塾大学の管理運営組織における特徴は、次のようにまとめられる。

　1点目は、私塾大学の理事会の構成員がすべて株主からなることである。これに関してとくに強調する必要があるのは、規定としては学長を理事会の構成員に含めることが明記されていないことである。すなわち、教育機関を代表する学長の意向が機関運営に反映される仕組みとは必ずしもなっておらず、大学の運営上の鍵を握っているのは株主なのである。

　2点目は、現実は横に置くとして、大学党組織の構成員を私塾大学における理事会のなかに置く必要がないということである。すでに確認したように、私塾大学の内部には大学党組織が存在するものの、機関運営上の意思決定組織である理事会の構成員に大学党組織のメンバーを入れる必要がないということは、ベトナム高等教育において私塾大学のみが有する制度的特徴である。つまり以上の2点から、制度設計に限ってみれば、私塾大学の運営に影響を及ぼす要素は「市場」のみであることがわかる。

　3点目は、以上のことから直接的に導けるものではないが、こうした機関運営上の大学党組織との一定の乖離は、私塾大学の設置のあり方にも関係し

ていることである。つまり、民立大学が設立時に社会組織と関連する団体によって申請がなされるのに対して、私塾大学ではそうした社会組織の関与を必要とせず、個人あるいは団体によって設立申請がなされるのである[41]。しかも、2005年に打ち出された「ベトナム高等教育の基本的かつ全面的刷新に関する政府議決」(いわゆる、「高等教育アジェンダ」)に掲げられる「経営グループや大企業による私塾大学の設立を奨励する」という目標からも確認できるように、私塾大学の設置主体となる「団体」とは、とりわけ経済産業関連のグループや規模の大きな企業体が想定されており、民立大学のそれと比べて設置主体はより市場志向となっている。

以上、民営大学である民立大学と私塾大学の管理運営体制について検討してきた。ここで改めて管理運営体制における両大学類型の性格の違いを整理しておけば、それは、民立大学が党からの一定の関与を受け社会主義体制に親和的な制度設計がなされている一方で、私塾大学は党から距離をとり、より市場を志向した性格を有していることなのである。

5　私塾大学の実態

本節では、より市場志向的な大学類型である私塾大学について、とりわけ企業体によって設置された大学の事例を具体的に検討することで、私塾大学の実態について明らかにする。ここで具体的な事例として取り上げるのは、ホーチミン市の私塾大学であるグエン・タット・タイン大学(以下、グエン大学)と、ベトナム初の企業設立型の私塾大学であるFPT大学ハノイ校(以下、FPT大学)の2つの大学である。まずは、これら2つの私塾大学の概要についてみたうえで、典型的な私塾大学であるFPT大学の設立経緯を検討する。

(1) 私塾大学の概要

1　グエン・タット・タイン大学

グエン大学は、紡績系企業であるサイゴン・ゼットマイ株式会社によって

設立された私塾大学である。2002年12月23日にホーチミン市の人民委員会が「ゼットマイサイゴン株式会社付属経済・技術・業務半公学校」の設立を決定したことで、まずは「半公」の学校として出発し、短大への格上げを経て2011年に政府首相決定により現在のグエン大学へと昇格した。グエン大学には、26,000人以上の学生を擁する大規模なキャンパスがあり、経済、工学、健康科学、外国語など40の専門分野が存在している[42]。

グエン大学の私塾大学としての管理運営体制の特徴について要点を指摘すれば、それは次の3点になるだろう。1点目は、株主総会の存在は明示されていないものの、理事会の上位にサイゴン・ゼットマイ株式会社が位置していることである。事実上、こうした設立主体である企業がグエン大学の発展の方向性に対して強い影響を及ぼしている[43]。

2点目は、こうした特徴とも関わって、2012年現在の組織図では大学党委員会や青年団が組織として置かれておらず、大学の運営は党から距離をとっておこなわれていることである。ただし学生に対しては、党の路線や国家の方針の普及など、一般職能室である政治工作・学生室が政治思想・生活道徳に関する教育工作の責任を担っている[44]。

そして3点目は、機関の発展のうえで、グエン大学は「4つの主体」を結合させる独自のモデルを採用してきたことである。すなわち、「①大学、②企業家、③管理者、④科学者の4つの主体」を結びつけて管理運営を図るという理念であり、なかでも市場経済体制のもと「企業と大学」を結合させることが強調されている。こうした特徴から、「グエン大学は企業のなかにある大学というよりも、むしろ教育をおこなう企業である」とされる[45]。

2 FPT大学

FPT大学は、ベトナムの大手通信企業「FPTグループ」によって2006年に設立された、ベトナムで最初の企業設立型の私塾大学である。2019年現在、FPT大学は、ハノイ(ホアラク・ハイテクパーク)、ダナン、ホーチミン市の3つの都市にキャンパスを有している。以下では、このうちホアラク校におい

て筆者が 2016 年 1 月に実施した FPT 大学学長に対する聞き取り調査、および 2016 年 6 月に実施した FPT 大学の教員に対する質問紙調査の結果にもとづき[46]、FPT 大学の実態を検討する。

　FPT 大学での調査結果からは、とりわけ企業設立型の私塾大学は、制度のみならず実態としても党から距離をとり、市場に親和的な管理運営体制を採っているということが明らかになった。このことは、大きく次の 2 点から裏付けることができる。

　第 1 に、FPT 大学の管理運営に関わる特徴として、機関の発展の方向性など管理運営には設置主体である FPT グループが大きな力を持つとともに、学生への教育にあたっては「FPT 文化」の浸透が中心的な課題となっている。すなわち、「FPT 文化」においてはすべての学生は「第一に民主的、第二に創造的、そして第三に自己肯定的になろう」という価値観を身につけることがめざされている[47]。教育内容・課程の作成にあたっては原則として教育部による規則に従うものの、高等教育における「FPT 文化」の浸透とも関連して、FPT 大学では機関設立後一貫して独自の試験問題による学生選抜がおこなわれてきた[48]。このように FPT 大学は、実態としても機関運営において非常に高度な自主権を有している。

　また、市場との関わりから強調する必要があるのは、学生は FPT 大学での教育を通じて卒業後 FPT グループで働くことが期待されていることである。聞き取りによれば、「コネ作り」とも言える学長による関連企業への学生の就職支援・斡旋活動を通じて、卒業生の 30％程度が FPT グループ傘下の企業に就職するという[49]。ここからは、設置企業は機関運営の方針のみならず、学生のリクルートにまで影響を及ぼしていることがわかる。

　第 2 に、FPT 大学の教員集団に関わることとして、FPT 大学では非党員の教員が相対的に多いことが指摘できる。具体例を挙げると、現職の学長は非党員であり、その経歴は、ロシアのドン国立工科大学で学位を取得した後、ベトナムの経営管理大学での勤務を経て FPT グループの会長に招待されホアラク校の学長に推薦された。FPT 大学学長の見方では、「公立大学では学

長などの管理者層には党員が多いだろう」ということである[50]。また、FPT大学では学長をはじめとして、日本語科長など管理職にある大学教員も非党員であり、FPTグループから推薦を受けて現職に就くという大学教授職への非明示的なルートが存在している[51]。このように私塾大学が党から距離をとっている実態を裏付けるべく、質問紙調査の結果について示せば**表3－2**のようになる。

表3－2において、FPT大学においてランダムに実施した25人の教員を対象とする質問紙調査からは、調査対象者25人のうち党員は1人だけであり、そのほかの24人は非党員であることがわかる[52]。また、この25人のうちの16人が企業での勤務経験を有していることや、そのうち5人がFPTグループでの勤務経験があることからも、FPT大学が市場と強く結びついていることが示唆される[53]。

こうしてみるように、私塾大学は設置主体である企業が機関運営の方針など大学の管理運営に影響を及ぼす点で、実態としても党から距離をとり極めて市場に親和的な大学である。とりわけ、FPT大学のように設置主体である企業の文化やそこで要求される知識を伝達することが容易な私塾大学では、相対的にその卒業生が市場と結びつきやすいと言える[54]。こうした私塾大学の運営方式は、公立大学と比較した場合に歴史が浅いベトナムの民営大学が存立していくための正統性を市場や社会から獲得するのに適していると考えられる[55]。それでは、私塾大学の設立にあたってはいかなる力学が働い

表3－2　FPT大学における教員の属性

職階		学位	党との関係	
学長	1人(非党員)		非党員	24人(96%)
科(学部相当)長	4人(全て非党員)		党員	1人(4%)
訓練委員長	1人(非党員)	学士：4人 碩士：17人 進士：4人	国家機関勤務経験者数 4人(16%)	
学術室長	1人(非党員)		企業勤務経験者数：16人(64%) ※このうち、FPT関連企業勤務経験者は5人	
講師・他	18人			

出典：質問紙調査の結果より、筆者作成。

ていたのだろうか。

(2) 企業立の私塾大学設立における経緯：FPT 大学を事例として

　ここでは、私塾大学の典型的事例として FPT 大学を取り上げ、その設立の経緯について明らかにする。検討に用いる素材は主として、FPT グループの「文化委員長」レー・ディン・ロクによって編纂された内部資料である『FPT 略史』である。以下では、FPT 大学の設立に至る経緯について、大学設置の当事者である FPT グループの視点から記述する。

　ベトナムにおいて FPT グループによる正式な教育活動が開始されたのは、ハノイとホーチミン市にそれぞれ FPT ハノイ国際院および FPT ホーチミン市国際院が設立された 1999 年以降である。ただし、FPT グループの創設者であるチュオン・ザー・ビンは一貫して教育に対して熱意を持っており、1995 年にハノイ国家大学に直属部門として「経営管理」科が設置された際には最も重要な貢献者の 1 人に数えられるほどであった[56]。

　2003 年の年末に開催された FPT 戦略会議「1B の挑戦」において、グループの代表であるチュオン・ザー・ビンは、経営陣に対して新たな経営戦略の方向性について提案するように要求した。教育分野における改革では 2 つの提案がなされた。1 つは、FPT ホーチミン市国際院長レ・チュオン・トゥンによる提案であり、正式な私塾大学として FPT 大学を創設するというものであり、もう 1 つは FPT 内部の訓練組織として企業大学（コーポレート・ユニヴァーシティ）を創設するという FPT 経営センター長アレクサンダー・グリゴールクによる提案であった。ここで示される「企業大学」とは、アレクサンダーによれば、「企業的な環境のなかで教育をおこない、会社の戦略目的に従って訓練をおこなう。このため、企業大学は通常の大学とは異なり、企業の実態により接近するものとなる」とされる[57]。

　こうした改革案が出された背景には、「FPT グループは、自分たちで教材を作り上げるとともに FPT による高等教育を創出する必要がある」という認識が存在していた[58]。このことと関わって、2003 年 12 月 20 日に、FPT グ

ループ人事訓練に関して責任を有するファン・フォン・ダットによる論考が『FPTグループ通信』(FPT報)に記載された。その要点は、FPTグループが迅速に発展しながらスタッフの専門性や質の統一性を維持するためには、FPTグループによる自前の大学を創設することが必要であるというものである。そこでは次のように注意喚起がなされている。

> 「現在のような成長の速度でみれば、もう2、3年も経つと、FPTグループには5,000人のスタッフが必要になるだろう。人材に関する訓練の需要は高まる一方である。もし改善が追いつかないようであれば、訓練体系はどうして(現状の変化に)追いつくことができるだろうか。FPTの各企業体はそれぞれが独自のやり方で人材育成をするようになり、人事委員会は人材全体の質を統一的に管理することが困難になってしまう」[59]。

こうした認識のもと、企業大学の構想は2004年のFPT幹部組織委員会の提案「FPT訓練の標準化」のなかでハノイ国家大学直属単位の「経営管理」科や既存のFPTグループが所有する教育機関を統合させることで形成しようとする動きに結びついたものの、結局それが実現されることはなかった[60]。これ以降、FPTグループ傘下の正式な私塾大学としてFPT大学を創設する構想が進められることになった。なお同2004年には、ひとまず「FPT情報私塾大学」という名称で機関創設グループによって大学創設の草案がまとめられ、教育部に提出されている。

2005年3月には、FPTグループの所管部門である科学技術部が教育部に対して文書を送付した。それによれば、「我々科学技術部は、教育部に対してFPT情報私塾大学を実験的に創設する旨を検討、承認していただいたうえで、政府からの認可を得ていただくよう謹んで提案申しあげる」としている。これを受けて、2005年8月、教育部は数回にわたる草案の修正のうえで政府首相にFPT大学設立の草案書類を提出した。そして2006年3月には、

副首相ファム・ザー・キエムはFPT大学創設の方針に同意し、教育部に対して、機関設立にあたってFPT大学創設委員会が草案を作成するうえで指導をするように求めた。そして教育部の具体的な指導において強調されたことは、「大学の教育活動および研究活動をFPT技術投資発展株式会社の活動および、(大学の拠点である)ホアラク・ハイテクパークとより密接に結びつけなくてはならない」というものであった[61]。

このような過程を経て、2006年9月、政府首相が署名したことでFPT大学の設立が正式に認可された。機関の設立にあたっての目的は、「情報技術を専門とする高度な人材の養成と、FPTグループの堅固な発展のための安定的な人材の供給、それから国家のために科学技術に関わる潜在能力の開発に貢献することである(傍点筆者)」とされた[62]。

以上の設立経緯からは、FPTグループは市場化の過程で急速に発展する情報技術という分野において、優れた学生の雇用とグループの発展を保証するためグループが直接関与する私塾大学を設置したうえで、自らが高等教育を展開しようとする意志を持っていたことが明らかになる。こうした事例が示すのは、ベトナムにおいて大規模な企業体によって設置される私塾大学では、存立基盤は設置母体の企業ないし市場そのものであり、従来の公立大学や民立大学に比べてそこで展開される高等教育は市場や設置母体の企業とより密接に結びついているということなのである。

6　私塾大学における管理運営の論理

これまでの検討をふまえ、民営大学の管理運営改革における教育部の論理を明らかにするため、各大学類型における管理運営体制の比較検討を通じて、私塾大学の特質について考察すれば次のようになるだろう。

第1に、まずは民営大学の法的位置づけとして、民立大学と私塾大学には法人格が付与されており、管理運営においてより高い自主性を享受している。

第2に、大学の組織構造に関して、私塾大学の内部に機関の運営における

財政状況を監査する機能を持った検査委員会が存在することを除いては、3つの大学類型に大きな差異は存在しない。その一方で、管理運営組織については大きな差異が確認された。すなわち、機関の運営上の方針や重要事項の決定をおこなう意思決定組織として、従来型大学には大学評議会が、民立大学と私塾大学には理事会が設置されるが、とりわけ私塾大学では理事会の上位にさらに株主総会が置かれており、私塾大学の発展戦略や方針は株主総会によって決定される。

そして第3に、各大学類型の管理運営組織については、それらに影響を及ぼす要素においても明確な差異が確認された。すなわち、従来型大学における大学評議会および民立大学の理事会は「党」、「大学」、「市場」の要素から構成されている一方で、私塾大学の理事会ないし株主総会は、「市場」要素のみで構成されることである。言い換えれば、理念上、「党」の影響、「大学」による意思決定、そして「市場」原理にもとづいて運営がなされるほかの大学類型とは異なり、私塾大学は理事会に「大学」を代表しうる学長を入れるとする規定が存在しない点で、「市場」原理のみで運営されうるのである。

以上の考察から、各大学類型における学内の管理運営体制を理念的に図示すれば、**図3－3**のように表せる。これをふまえると、教育部の設計における私塾大学の特質とは、企業的経営体としての管理運営体制を備えている点および市場に対する強い親和性を有する点であることが明らかになる。具体的には、株主総会が最上位に位置する管理運営体制を有することに加えて、機関内部にありながらも一定の独立性を有する検査委員会が企業にとっての会計監査と同様の働きをするものとして規定されること、そして理事会が株主総会と一体となっている点で、私塾大学では理念上、理事会が「市場」から構成されていることに表れているのである。なお、制度としても機関運営において株主総会が存在することとの関連から、私塾大学は株式を発行することができ、それを元手にして資産運用が可能であると言われている[63]。つまり私塾大学は、ベトナムにおいて営利的側面を持ち合わせた新たな大学類型として捉えることができる。

このように、私塾大学はその制度設計において企業的管理運営体制を持ちうる点で、従来型大学は言うまでもなく民立大学とも大きく異なった類型としてベトナム民営高等教育セクターに位置づけることができる。繰り返しておきたいことは、図3－3から明らかなように、私塾大学は自主的な企業体としての性格が強調される点で、市場的原理に従って管理運営される大学モデルであるということである。このことを裏付けるように、『FPT略史』では1993年の私塾大学規則と2005年の私塾大学規則を比較して次のように述べられている。

「（2005年の）この決定により、ベトナムにおいて多くの私塾大学が創出されることになった。1993年に公布された私塾大学に関する旧規則と異なるのは、この新しい規則では私塾大学を株式や株主の原理によって建設していくことが可能となっており、その利潤は資本を有する人物のあいだでわけ合うことができる点である。そしてよりいっそう重要なのは、私塾大学の理事会のすべての構成員は株主のみによって構成され

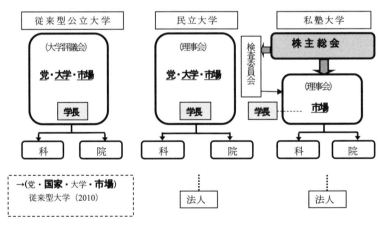

図3－3　各大学類型における管理運営体制

注：図3－3における党、国家、大学、市場とは、それぞれの大学類型の運営体制および機関の性格に対して、いずれの要素が影響を及ぼしうるかを理念的に表すものである。
出典：筆者作成。

ており、地域社会の代表や大学内部の政治組織、教職員、学生はこれに含まれないことなのである」[64]。

こうした企業的な特質を持つ私塾大学の改革がおこなわれた背景について、これまでの議論をふまえることで、以下のように大きく2つの要因を指摘することができる。

1つ目は、教育の「社会化」を中心とする高等教育の量的拡大と財源調達方法・設置主体の多様化を基調とする政策のもと、とりわけ2000年代には高等教育をより魅力的な投資先にするため、営利を目的とした教育機関の運営を認めるとともに企業体による大学の設置や大学への投資を促進する必要があったことである。そのうえで、教育部や党によるこうした要求と、FPTグループのように人材の直接的な雇用を目的として企業自らが大学を設置し専門的な人材養成をおこなうことを望む市場ないし企業側の思惑とが結びついたことが、私塾大学という企業的な管理運営体制を持つ大学類型を新たに形成することにつながった要因であると言える。

2つ目は、1つ目とも関連するが、2000年代に入って以降、ベトナムがグローバル経済への統合を進めるのに伴って学生が顧客としてみなされるとともに、高等教育は「商品」であるという見方が打ち出されたことである。大学は市場や企業によって求められている知識をより主体的に伝達することで、「市場で売れる」人材を育成することが要求されるようになっている。すでに確認したように、体制移行の過程でベトナムでは市場の需要に即応する大学が要求されていたし、実態としてもFPT大学などの企業立の私塾大学では設置主体である企業の理念に沿った教育が展開されている。

このようにみてくると、民営高等教育改革における教育部の論理とは、高等教育の量的拡大を図るため教育財源を多様化させつつ、とりわけ2000年代におけるグローバル経済への統合を背景に国内外の企業から積極的な投資誘致ないし高等教育への参加を実現させていくことであったと言える。同時に、FPTグループをはじめ、体制移行の過程で生じた新たな市場の分野で

は、高等教育を通じて自ら人材育成に乗り出したいという企業が存在してきている。教育部による民営大学改革は、こうした高等教育に対する市場や企業側の需要を公教育システムへと取り込む側面を持っているのである。加えて、高等教育の拡大という観点からしても、私塾大学の運営にあたり利益回収について容認することは民営高等教育セクターへの企業の新規参入の強い誘因となりうる。

　最後に、大学の対応にも目を向けて、こうした私塾大学の特質を民立大学の私塾大学への類型転換の状況からみてみたい。ベトナム政府は2006年に「民立大学類型の私塾大学類型への転換に関する決定」(第122号決定)を打ち出し、このなかでベトナム初の民立大学であるタンロン大学をはじめとして、歴史のある19校の民立大学を選定し、これらの私塾大学への類型転換を決定した[65]。しかしながら、民立大学から私塾大学への転換は順調には進まず、このことはたびたび問題視されてきた。そうした例として、2012年の『教育と社会雑誌』(1・2月号)では、19校の民立大学のうち、2校しか私塾大学へと転換していないことを取り上げている[66]。また2013年8月7日付け『若者』の記事では国会答弁を取り上げ、2013年現在、北部ではタンロン大学の1校、南部ではホンバン国際大学、ホーチミン市技術工業大学、フンヴォン大学の3校の計4校しか私塾大学へと転換していないことが議論の的になったと報じている[67]。そして近年では、2016年12月に開催された「民営高等教育システムの強化と発展に関する研究会」において、教育大臣ブイ・ヴァン・ガーが私塾大学への類型転換が進展したもののいまだに9校が民立大学であるという事実に言及し、早急に私塾大学への類型転換を完了させる必要があるとしてその方策について述べている[68]。

　このように実態をみると、管理運営において私塾大学が党から一定程度乖離すると同時に企業的要素のより強い制度的特質を有するために、体制移行の過程でベトナムでは、私塾大学への転換が決定されたにもかかわらず自らの類型を維持しようとする民立大学が多く存在していることがわかる。この意味で、本章で主たる対象としたFPT大学などベトナムを代表する企業

が設置した私塾大学の増加をはじめ[69]、現在、民立大学から私塾大学への類型転換が進展したり、公立大学の「株式化」論争が生じたりしていることは[70]、ベトナム高等教育における市場化のいっそうの展開を示しているのである。

7 おわりに

　本章では、民営高等教育改革における教育部の論理を明らかにするため、主として教育の「社会化」の展開状況や私塾大学の制度設計上の特質について検討してきた。考察から明らかになったのは、私塾大学はより自主性の高い企業体としての性格が強調される点で、市場的な原理に従って管理運営される大学モデルであるということである。

　体制移行の過程で、教育部は高等教育財源の多様化、設置主体の多様化を一貫した方針としてきた。こうした方針のもとで教育部は、1990年代を通じて形成された民立大学に加え、より市場的かつ企業的な性格が強調される私塾大学を設計し、そうした私塾大学への一本化を図ることで高等教育の市場化を進めてきた。このことに加えて、情報通信分野におけるFPTグループをはじめ体制移行の過程で生じた新たな市場の分野では、高等教育を通じて自ら人材育成に乗り出したいという企業が存在している。教育部による私塾大学の創設という民営大学改革は、こうした高等教育に対する市場や企業側の需要をベトナムの公教育システムへと取り込む戦略的な側面を持っているのである。

　本章の検討から、体制移行の過程におけるベトナム民営高等教育改革の動態は大きく、国家丸抱えのもとすべての大学が「公」立大学であった制度から、党を介したいわば「社会主義的私立大学」である民立大学の創設を経て、個人や企業が設立する「企業的私立大学」と呼びうる私塾大学を抱える制度への移行として捉えられる。このことは、民営セクターでは従来の「国家社会主義」的な高等教育から、より個人や市場の需要を意識した大学のありようや市場

原理にもとづく管理運営体制への転換を意味している。そして民営大学の管理運営改革を「誰が」「何をどの程度」「いかなる原理のもとで」管理しようとするのかという視点からみれば、私塾大学では、市場のアクターである企業が機関運営上の意思決定に関する権限を握り、市場の需要ないし市場的原理のもとで大学をコントロールしているのである。

続く第4章では、高等教育の市場化が従来型の公立大学群に及ぼした影響について管理運営的側面を中心に検討することにしよう。

【注】
1 ベトナム語表記は、Dân(民) lập(立)である。
2 ベトナム語表記は、Tư(私) thục(塾)である。なお、南北統一以前、北ベトナムは南ベトナム高等教育システムに存在した民営の教育機関のことを「私大学(Trường đại học tư)」と呼んでいた。
3 民営セクターは中国では「民営大学(民弁大学)」のみからなる。また、ロシアにおいても、民営大学は「非国立」大学と呼ばれる。ただし、両者とも第1章で検討したように設置主体には個人や企業が含まれていることには留意が必要である。
4 Bùi Thu Trang. *Xã Hội Hoá Giáo Dục*. Hà Nội: Nhà Xuất Bản Đại Học Quốc Gia Hà Nội, 2001. (『教育の社会化』) に詳しい。なお、ベトナムで用いられる教育の「社会化(Xã hội hóa)」は、本文で述べているように、おおまかに教育活動に対する非国家的主体の参加および非国家的主体による支出の容認(外部資源の有効活用)を指す概念である。これは、社会学の文脈で用いられるいわゆる「社会化(Socialization)」が、主として子どもが家族や社会体系の成員の役割、構造的な分化を認知し自らのなかに内面化させていく過程(当該社会の規範や価値体系を身につけていく過程)とみなされるのとは異なる概念であることに注意が必要である。
5 Phạm Minh Hạc. "Xã hội hóa không thương mại hóa giáo dục." *Tạp Chí Khoa Học Giáo Dục*. tháng 12, 2009, p.10.
6 Nguyễn Công Giáp. "Sự hình thành và phát triển thị trường trong lĩnh vực giáo dục và đào tạo ở Việt Nam." *Tạp Chí Phát Triển Giáo Dục*. tháng 3, 2003, p.9.
7 Phạm Tất Dong, Đào Hoàng Nam. *Phát Triển Giáo Dục: Hướng Tới Một Xã Hội Học Tập*. Hà Nội: Nhà xuất bản Dân Trí, 2011, p.107.
8 Trần Hồng Quân (Tổng Chủ Biên). *50 Năm Phát Triển Sự Nghiệp Giáo Dục và Đào tạo (1945-1950)*. Hà Nội: Nhà xuất bản Giáo Dục, 1995, p.236.
9 Phạm Minh Hạc. 2009, *op.cit.*, p.10.

10 George, E. St. "Higher Education in Vietnam 1986-1998: Education in Transition to a New Era?" In Harman, G., Hayden, M. & Pham Thanh Nghi (eds.). *Reforming Higher Education in Vietnam: Challenges and Priorities*. Dordrecht: Springer, 2010, p.37.
11 なお、2016年10月に新たに「国民教育体系の構造枠組みに関する決定」が第1981号政府首相決定により公布された。1993年のものと比較したときの大きな変更点としては、後期中等教育が「普通教育」と「中級職業」の2つに区分されたことと、高等教育において大学が「研究型」と「応用型」の2つのタイプに区分されたことである。今後、実態としてどのような変化が生じていくのか注視が必要である (Quyết Định số 1981 của Thủ Tướng Chính Phủ ngày 18 tháng 10 năm 2016 Về quyết định phê duyệt khung cơ cấu hệ thống giáo dục quốc dân)。
12 「この規則に従って設立される私塾大学は、法人の資格を持つものである。ただし、私塾大学は法律に違反すること、国家の安寧に害をなすこと、民族の伝統的道徳に反することについては禁止される」(Quyết Định số 240 của Thủ Tướng Chính Phủ ngày 24 tháng 5 năm 1993 Về việc ban hành Quy Chế Đại Học Tư Thục、「私塾大学規則」、第4条)。
13 私塾大学および民立大学について規定した両規則の関係は、並存ではなく交代である。
14 Trần Khánh Đức, Nguyễn Mạnh Hùng. *Giáo Dục Đại Học và Quản Trị Đại Học*. Nhà Xuất Bản Đại Học Quốc Gia Hà Nội, 2012, p.209.
15 例えば、非教育行政部門に所管される水利大学では、情報技術学部が開設されたり国際教育センターが置かれたりするようになっている。同様の動きは交通運輸技術大学など、他の非教育行政部門に所管される単科大学においても確認できる。
16 もちろんこの計算は、ベトナムにおいて当該年齢のすべての児童が小学校に入学しているという仮定のもとでおこなったものである。ベトナム政府の統計によれば2001年時点の初等教育純就学率が94％とされることから、初等教育の普及が進むベトナムでは、2003年時点の入学者の当該年齢に占める割合は94％よりも高いと言える。仮に94％の児童が2003年に小学校に入学したとして計算すると、2015年の18歳人口は1,602,556×100/94でおよそ1,704,847人となる。この数値を使った場合でも高等教育進学率は31％となり、「マス化」段階に入っていることがわかる。
17 「教育の社会化のねらいは、教育の社会化が生涯学習社会を建設することを通じて、すべてのひとが公平、平等、公開、民主を学習において享受する社会を建設することである。教育の社会化の重要かつ最終的な目標は、人民の人民による人民のための教育と訓練体制を建設することである」(Vũ Ngọc Hải. "Xã hội hóa giáo dục – đào tạo, những giải pháp chính ở nước ta". *Tạp Chí Phát Triển Giáo*

Dục. tháng 1, 2004, p.5）。なお本章で検討する教育の「社会化」に関する政府文書を原語について示しておくと、次のとおりである。

- 1997年の第90号議決：Nghị Quyết số 90 của Chính Phủ ngày 21 tháng 8 năm 1997 Về phương hướng và chủ trương Xã hội hóa các hoạt động giáo dục, y tế, văn hóa.
- 1999年の第73号議定：Nghị Định số 73 của Chính Phủ ngày 19 tháng 8 năm 1999 Về chính sách khuyến khích Xã hội hóa đối với các hoạt động trong lĩnh vực giáo dục, y tế, văn hóa, thể thao.
- 2005年の第5号議決：Nghị Quyết số 05 của Chính Phủ ngày 18 tháng 4 năm 2005 Về đẩy mạnh Xã hội hóa các hoạt động giáo dục, y tế, văn hóa và thể dục thể thao.

18　ただし、民立大学と私塾大学のいずれが営利型機関になるかという点までは言及されていない（05年議決、「観点と一般的方向」）。

19　これと関わって、元教育大臣のファン・ミン・ハクは次のように述べている。「現代の国際社会において、いずれの国も教育の商業化を方針としているわけではない。公立学校の株式会社化は、1996年第8期第2回中央会議の議決で明示された教育の商業化に反対する路線に真っ向から対立するものであり、教育の商業化に反対する路線は2009年4月の政治局においても改めて確認されたものである。公立学校の株式化方針は、教育の社会化がこれまで展開した過程のなかで生じた偏りのある危険な漂流であり、見直される必要があるだろう。」(Phạm Minh Hạc. 2009, op.cit., p.28.)

20　主要な先行研究をいくつか挙げれば、Nguyễn Công Giáp. "Sự hình thành và phát triển thị trường trong lĩnh vực giáo dục và đào tạo ở Việt Nam". Tạp Chí Phát Triển Giáo Dục. tháng 3, 2003, pp.8-10（ベトナムの教育と訓練領域における市場の形成と発展）や、Phan Thanh Phố. "Về sự vận dụng cơ chế thị trường và xu hướng toàn cầu hóa trong lĩnh vực giáo dục-đào tạo ở nước ta." Tạp Chí Phát Triển Giáo Dục. tháng 10, 2004, pp.28-31（わが国の教育と訓練領域における市場化メカニズムとグローバル化方向の運用）それから、前掲論文であるVũ Ngọc Hải. "Dịch vụ giáo dục." Tạp Chí Phát Triển Giáo Dục. tháng 11, 2004, pp.1-2, p.36（教育サービス）などである。

21　Vũ Ngọc Hải. 2004, op.cit., p.1.
22　Ibid., p.1.
23　国際社会への統合やWTOへの加盟にあたり主導し、教育発展の要求に応じられるように、政府に対し教育サービスの展開について提議する必要がある（Ibid., p.2）。
24　Phan Thanh Phố. 2004, op.cit., pp.28-31.
25　Ibid., p.28.

26　Đặng Bá Lãm, Trịnh Thị Anh Hoa. "Đặc điểm của chính sách giáo dục trong nền kinh tế chuyển đổi ở nước ta." *Tạp Chí Phát Triển Giáo Dục*. tháng 11, 2004, pp.4-5.
27　Vũ Ngọc Hải. 2004, *op.cit.*, p.36.
28　Đặng Bá Lãm, Trịnh Thị Anh Hoa. 2004, *op.cit.*, p.4.
29　Nguyễn Công Giáp. 2003, *op.cit.*, p.10.
30　ここでは、民立大学との比較を念頭において私塾大学の制度設計上の特質を明らかにするために、私塾大学の管理運営体制に関する最初の規定である2005年の規則を手がかりとして検討を進めていく。新・旧大学条例、民立大学規則、そして私塾大学規則に関する政府文書を原語で示しておくと、次のとおりである。
・2003年大学条例：Quyết Định số 153 của Thủ Tướng Chính Phủ ngày 30 tháng 7 năm 2003 Về việc ban hành "Điều Lệ Trường Đại Học".
・2010年大学条例：Quyết Định số 58 của Thủ Tướng Chính Phủ ngày 22 tháng 9 năm 2010 Về việc ban hành "Điều Lệ Trường Đại Học".
・民立大学規則：Quyết Định số 86 của Thủ Tướng Chính Phủ ngày 18 tháng 7 năm 2000 Về việc ban hành Quy Chế Trường Đại Học Dân Lập.
・私塾大学規則：Quyết Định số 14 của Thủ Tướng Chính Phủ ngày 17 tháng 1 năm 2005 Về việc ban hành Quy Chế Tổ Chức và Hoạt Động của Trường Đại Học Tư Thục.
31　原語は、「管理委員会（Hội đồng quản trị）」である。
32　原語は、「当然要素（Thành phần đương nhiên）」である。
33　実際としても、大学評議会や学長は大学党組織が「決議」した戦略計画に従うに過ぎず、大学党組織は大学の自治的な運営への障害になるとする意見も存在する（2011年8月20日筆者実施、カントー大学での同大学国際関係局長への聞き取り）。このことについては第6章において詳しく検討する。
34　2003年の大学条例の規定では、大学評議会に含まれる構成員の順番は学長（「大学」）からはじまり、次に大学党組織の代表（「党」）と機関建設時の投資家（「市場」）と続くが、2010年の大学条例以降、規定における大学評議会の構成員の順番は大学党組織の代表（「党」）からはじまり、次に記載されるのが学長（「大学」）であり、「国家」および「市場」が続くようになっている。
35　Quyết Định số 70 của Thủ Tướng Chính Phủ ngày 10 tháng 12 năm 2014 Về việc ban hành "Điều Lệ Trường Đại Học". 大学評議会については、同条例第9条で規定されている。
36　民立大学について確認すると、実際にそうした自主権として、民立大学はその組織、勤務者の雇用、財政に関して完全に責任を負うと規定されている（「民立大学規則」、第1条）。
37　「民立大学規則」では第12条および13条、「私塾大学規則」（2005年）では第6

条により、共産党および社会組織の活動に関して規定がなされている。

38 「民立大学規則」、第1条。
39 大塚豊『中越両国の高等教育拡張における民営化方式の有効性と影響に関する比較研究』(平成11年度 - 平成13年度科学研究費補助金(基盤研究(C)(2)、課題番号：11610256)研究成果報告書　研究代表者：大塚豊)名古屋大学大学院国際開発研究科、2002年、44～45頁。
40 改定規則(2009年)でも、一貫してこうした規定となっている(第9条)。政府文書の原語は次のとおり。Quyết Định số 61 của Thủ Tướng Chính Phủ ngày 17 tháng 04 năm 2009 Về việc ban hành Quy chế Tổ Chức và Hoạt Động của Trường Đại Học Tư Thục.
41 Le Dong Phuong. *The Role of Non-Public Institutions in Higher Education Development of Vietnam*. Dissertation presented to the Faculty of the Graduate School of Education , Hiroshima University, in partial fulfillment of the requirement of the Degree of Doctor of Philosophy in Education, 2006, p.129.
42 Trần Khánh Đức, Nguyễn Mạnh Hùng. *Giáo Dục Đại Học và Quản Trị Đại Học*. Nhà xuất bản Đại Học Quốc Gia Hà Nội, 2012, pp.332-335.
43 2017年現在では、大学党組織が置かれていることが観察される。
44 Trần Khánh Đức, Nguyễn Mạnh Hùng. 2012, *op.cit.*, pp.336-343.
45 *Ibid.*, p.361.
46 2016年1月28日筆者実施、FPT大学ホアラク校学長への聞き取り。なおその際に、日本語科長による通訳の協力を得た。
47 大学の管理運営に関する理念に関して、FPT大学が重視していることとしては、「①ビジョン、戦略をはっきり描くこと、②社会責任、教育の質、③現実的かつ科学的なカリキュラム、④教員の質、問題、⑤科学技術、⑥企業および国際社会との関係、⑦スタッフおよび学生の自主性」が挙げられる(2016年1月28日筆者実施、FPT大学ホアラク校学長への聞き取り)。
48 大学の設置が認められて以来、私塾大学の自主権として入学者選抜試験を独自に組織することが認められている。独自の選抜として、小論文を用いた試験などが挙げられる(2017年5月29日筆者実施、FPT大学ホアラク校日本語科長への聞き取り)。
49 当該大学の卒業生の25～30％はFPTグループの関連企業に就職するということであった(2016年1月28日筆者実施、FPT大学ホアラク校学長への聞き取り)。
50 2016年1月28日筆者実施、FPT大学ホアラク校学長への聞き取り。
51 学長自身は、FPTグループの会長によって招待され、現職(学長)に推薦されたという。それ以前は、経営管理大学に勤務していた(2016年1月28日筆者実施、FPT大学ホアラク校学長への聞き取り)。

52　2016年6月にFPT大学において、複数ある教員室を訪問し合計で25人の教員から回答を得た。その際、対象者はランダムに選定した。
53　例えば日本語科についてみると、FPT大学が設立される際、FPTグループ会長はグループ傘下のFPTドンズー日本語センターの教員を大学教員として採用する方針を打ち出した。このため日本語科長をはじめとして、一定数の日本語科の教員がFPTドンズー日本語センターでの勤務経験を持っている。
54　FPT大学についていえば、学長による就職斡旋活動もありFPT大学の卒業生は比較的に就職しやすいとされる。FPT大学のホームページによれば、卒業後の就職率は96％であるという（http://daihoc.fpt.edu.vn/tuyen-sinh/）。ベトナムの学生は卒業後に就職活動を開始するが、近年の平均的な就職率が80％前後とされることに鑑みれば、この数値は十分に高いことがわかる。なお、ベトナムの大学入試に偏差値は存在しないものの、情報技術分野をはじめFPT大学の学生からの人気は高い（2017年5月29日筆者実施、FPT大学ホアラク校日本語学科長への聞き取り）。
55　こうした問題は体制移行国における民営大学に共通していると考えられる。例えば、ロシアにおいて私立大学はその正統性を国家からではなく市場から獲得することを目指している（Suspitsin, Dmitry. "Between the State and the Market: Sources of Sponsorship and Legitimacy in Russian Nonstate Higher Education" In Snejana Slantcheva and Daniel C.Levy (eds.). *Private Higher Education in Post-Communist Europe*. NY: Palgrave macmillan, 2007, pp.157-178）。
56　Lê Đình Lộc. *Lược Sử "FPT"* (Tư Liệu Nội Bộ). Hà Nội: Công ty cổ phần in sách Việt Nam, 2014, p.297.
57　*Ibid.*, pp.297-298.
58　*Ibid.*, p.298.
59　*Ibid.*, p.298.
60　このことの理由については詳しく述べられていないが、FPT大学の構想は保留にされており、大学設立の計画自体は温存されていた。こうしたことから、正規の大学を設置したいという思いがFPTグループの経営陣のなかにあったものと考えられる。
61　Lê Đình Lộc. 2014, *op.cit.*, p.302.
62　*Ibid.*, p.304.
63　2012年3月筆者実施、ベトナム教育科学院高等教育研究局長への聞き取り。
64　Lê Đình Lộc. 2014, *op.cit.*, p.300.
65　2006年5月29日第122号首相決定「民立大学類型の私塾大学類型への転換に関する決定」において、「以下の民立大学が私塾大学へと転換し、私塾大学規則に従い活動をおこなうことを許可する」と規定され、具体的に19校の民立大学が挙げられている（第1条）。具体的な大学の名称とおおまかな所在地域は、次

に示すとおりである(Quyết Định số 122 của Thủ Tướng Chính Phủ ngày 29 tháng 5 năm 2006 Về chuyển loại hình trường đại học dân lập sang loại hình trường đại học tư thục).
- 北部(6校)：タンロン民立大学、ドンドー民立大学、フォンドン民立大学、ハノイ経営技術大学、ハイフォン民立大学、ルォンテーヴィン民立大学
- 中部(3校)：ズイタン民立大学、ダラット Yersin 民立大学、フースァン民立大学
- 南部(10校)：ビンズォン民立大学、ラクホン民立大学、クーロン民立大学、ヴァンラン民立大学、ヴァンヒェン民立大学、フンヴォン民立大学、ホンバン民立大学、ホーチミン市外国語・情報学民立大学、サイゴン工業民立大学、ホーチミン市工業技術民立大学

66 Trần Quang Tuyết. "Chuyển đổi loại hình đại học dân lập-tư thục: Góc nhìn từ các văn bản." *Giáo Dục và Xã Hội*. tháng 1 và tháng 2, 2012, pp.44-45.

67 以下の URL より 2017 年 12 月 31 日最終アクセス。
(https://tuoitre.vn/da-co-quy-dinh-moi-chuyen-doi-truong-dh-dan-lap-sang-tu-thuc-687933.htm)

68 以下の URL より 2018 年 10 月 15 日最終アクセス。
(http://dantri.com.vn/giao-duc-khuyen-hoc/khao-sat-danh-gia-lai-toan-bo-khoi-truong-dai-hoc-ngoai-cong-lap-20161222224825315.htm)

69 企業設置型の主要な私塾大学を挙げれば、本章で取り上げた FPT 大学やグエンタット大学のほかに、ポミホアグループが設立したハーホアティエン大学や、大手石油会社のペトロベトナムによるベトナム石油大学などがある。

70 体制移行に伴って高等教育の市場化が進む過程では、ベトナムの企業が展開する株式会社化した職業教育機関が引き金となり、公立大学の「株式化」議論を引き起こした。このように、ベトナムでは高等教育に対する市場からの強い圧力が存在しており、さらなる高等教育の市場化の奔流が起きつつある。以下に、ファン・ミン・ハクの指摘を引用しておこう。「わが国では『公立学校の株式会社化』という実験的な発想が提起されている。それは、今後 5 年のうちに 15 から 20 の公立大学・短大を実験的に株式化するという提案であり、2009 年 4 月に教育訓練領域における公立の事業単位を実験的に株式会社に転換させるという規則の草案が公布されたのである。これは、国家の経済グループがある職業学校の株式会社化を進めていることを受けたものである。株式化とは教育の商業化のことである。現代の国際社会において、いずれの国も教育の商業化を主たる方針とはしていない」(Phạm Minh Hạc. 2009, *op.cit.*, p.28)。

第4章

ベトナム高等教育における公立大学の管理運営改革

1　はじめに
2　体制移行に伴う大学の自主性拡大
3　大学の自主性に関する議論
　　『教育科学雑誌』における大学と教育部の見解
4　大学入学者選抜における大学への権限委譲改革
5　教育課程における大学への権限委譲改革
6　学位授与における大学への権限委譲改革
7　公立大学における管理運営の論理
8　おわりに

1　はじめに

　本章では、第3章に続いて体制移行の過程における高等教育構造の変容という視点から、ベトナム高等教育において市場化が従来の公立大学に及ぼす影響について管理運営面を中心に検討していく。

　第3章の議論から明らかになったように、民営高等教育セクターにおける改革の特質はより党に近く非営利的な社会団体を中心に設置・運営がなされる民立大学から、企業体や個人によって運営されるより市場に親和的な私塾大学への類型転換が進むことで[1]、全体として高等教育の市場化が進展していることである。このことは、少なくとも民営セクターでは、従来の国家社会主義的な高等教育から一定程度個人や市場の需要を意識した高等教育へとそのありようが転換していることを示している。

　こうした状況のなかで強調しなくてはならないのは、ベトナムにおいて体制移行に伴う高等教育の市場化は民営セクターのみならず、従来の公立セクターにおける大学やそこで扱われる知識をどのように管理していくのかという考え方にも変化を生じさせていることである。実際としても、教育の「社会化」や2000年代を通じて公布されてきた「大学条例」では、公立大学に運営自主権を付与していくことで従来の国家丸抱えないし国家的統制の極めて強い管理運営体制を見直すことがその焦点の1つとなっている。それでは、市場化が進展するなかで教育部は公立高等教育セクターに存在する従来型の大学をどのように管理しようとしているのだろうか。本章では、「誰が」「何をどの程度」「いかなる原理のもとで」大学を管理するのかという問題認識のもと、公立大学における運営自主権の拡大過程について、その背景と制度改革の状況を中心に検討する。このことを通じて、従来の体制からの大学のありようの転換を示すとともに、公立大学の管理運営改革を主導する教育部の論理を明らかにすることを目的とする。

　以上をふまえて本章では、まず、大学の自主性を高めることを目指す諸改革の展開状況を整理したうえで(第2節)、教育部の機関誌である『教育科学

雑誌』を手がかりに、その掲載論文を経年的に分析しながら大学の自主性に関する議論の動向を検討する(第3節)。それから、大学への運営自主権の付与に関する具体的な改革の事例として、大学入学者選抜制度の改革(第4節)、大学の教育課程に関する改革(第5節)、そして学位授与制度に関する改革について検討する(第6節)。最後に、検討の結果をもとに、ベトナムにおける公立大学への権限委譲改革の原理について考察する(第7節)。

2 体制移行に伴う大学の自主性拡大

　それではまず、1990年代から2010年代を検討の射程に入れて、大学の自主性を高めることを目指す諸改革の展開状況について整理しよう。本節では、大学の自主権拡大につながる改革および高度に自主的な大学類型とされる国家大学の改革について検討する。

(1) 大学における運営自主権拡大のための諸改革の展開

　社会主義国における大学の「自治」ないし「自主」性といった概念の萌芽は、1980年代末に、ソビエト、東欧をはじめとした社会主義国家圏のなかで体制内改革として大学の「民主化」という概念が謳われはじめたことにみられる。ベトナムでも、こうした動きを背景として大学入試に関する自主権が大学に委譲されたり学長の選出が大学でなされたりするなど、実験的に大学の管理運営体制の改革がおこなわれた[2]。

　ベトナムにおいて大学に運営上の自主権を与えることが一貫した方針となるのは1990年代後半以降のことである。こうした動きは大きく、教育部と財政部の2つの主体を中心に展開されてきた。そのうち、教育部を主とする改革から整理すれば次のようになるだろう。

　まず述べておく必要があるのは、1998年に教育に関する初の体系的な法規である教育法が公布されたことである。教育法の制定を通じて、大学の諸活動に対して自主権を与えるとともに、大学が自己責任を果たしていくこと

が規定された(第55条)。また、2002年の第8期第2中総議決の実施状況に関する評価会議では、大学の管理運営に関する大幅な改革方針が打ち出され、「官僚的集中・国家丸抱え制度を排除し、大幅に分権化を進める。教育管理の分権化を大幅に進め、機関の創造的な潜在能力を発揮させる」ことが強調された[3]。こうした背景には、市場化が進み高等教育の規模が拡大する過程で、大学の管理運営に対する従来の指令的な行政管理による細部に至る統制が見直されてきていることがある。

このことをふまえ、大学の運営自主権に関わる法的な基盤を形成しようとする動きは本格化し、2003年と2010年に公布された「大学条例」や2012年「高等教育法」では、すべての公立大学を対象に機関内部の最高意思決定組織として大学評議会を設置することが義務づけられた[4]。大学の運営自主権について「高等教育法」では大きく、①機関の戦略・発展計画の作成、②科学訓練活動の展開、③教育課程の開発、④組織・人事の決定、⑤学習者の管理、⑥教育の質の自己評価、⑦各資源の使用、管理、設備投資の強化が具体的な権利として規定された(第28条)。このうち、科学訓練活動に関しては、大学内部の組織である科学訓練評議会が主として責任を担い、機関の科学研究活動や教員の発展計画などについて学長の諮問機関として機能するとされている(第19条)。

そして、2020年を目標年次として2006年に打ち出された「高等教育アジェンダ」では、公立大学に対して自主性を拡大させるため法人格を与えると同時に、教育研究、組織、人事、財政に関して自主権と自己責任を持つように管理運営体制を改革することがめざされている[5]。また、国家による管理を教育発展計画の策定や高等教育の質保証を中心とするマクロな管理へと転換させることが打ち出されたことも重要である。

こうした動きに加えて、財政部が主導するものとしては、「社会化」政策が展開する過程で、大学を含む公立の事業体の管理運営体制を改革することが課題とされるようになったことが挙げられる。具体的には、2005年の教育の「社会化」に関する議決において、一般的な方向性として国家による一元的

な管理運営体制の見直しを図り、各大学をより自律的な機関としていくことが打ち出された。また、2006年には財政部が政府に建議することで、政府議定「公立事業単位に対する任務・組織機構・人事・財政の実現に関する自主権と自己責任の規定」が公布された。この議定では、公立の事業単位に対してとりわけ財政に関する自主性を拡大させることで、「社会化」の方針を実現することが目標として打ち出されている[6]。

(2) 自主的な大学類型創設のための改革：国家大学の登場

以上にみるように、一連の政策を通じて制度上、大学は機関の運営に関わることがらを自主的に決定できるようになってきている。ここでとくに強調しておきたいのは、体制移行の過程では他の公立大学に先駆けて高度な運営自主権を有する大学類型が公立セクターに創り出されたことである。すなわち、1993年にハノイ総合大学(自然科学大学および社会人文科学大学から構成)、ハノイ師範大学、そしてハノイ外国語師範大学が母体となり再編成されることで、より自主的な大学類型であるハノイ国家大学が創設された[7]。

教育大臣が提出した議案を受けて公布された1993年「ハノイ国家大学の設立に関する政府議定」では、ハノイ国家大学は教育部に直属し、ベトナム高等教育における教育・研究の中心的機関として活動すると同時に、他の大学に対し学術援助をするとされた。また、同大学は法人格を有し、独自の規則にもとづいて活動すると規定されたのである[8]。しかし、1994年に国家大学総長の建議を受けて公布された政府首相決定「ハノイ国家大学の組織と活動に関する規則公布の決定」では、こうしたハノイ国家大学の制度的な特徴のうち、教育部に直属するという文言が削除され、教育課程の策定や学位授与に関する自主権が追加されたのである[9]。これ以来2019年現在に至るまで、ハノイ国家大学は教育部と同格に位置づくとされ、より高度の運営自主権を享受する大学として運営されている[10]。

また、1995年にはホーチミン市に存在する有力な大学を統合することでホーチミン市国家大学が設置された。当初、この大学は法人格を持つとされ

ながらも、ハノイ国家大学とは異なり教育部に所管される大学として出発している[11]。ただし、2001年に公布された政府首相決定「国家大学の組織と活動に関する規則公布の決定」では、ホーチミン市国家大学は教育部の所管から離れ、教育部と同格という位置づけになるとともに、ハノイ国家大学と同様に「高度な主導権」が与えられた[12]。

後で詳しく述べるように、実態としても国家大学は学生の募集から学位の授与に至るまで相対的に高い自主性を備えている。国家大学の自主性の高さと関連して、その特徴を述べれば次の2点のようになる。

1点目は、国家大学はそれぞれが高い自主性と専門性を備える複数の大学（国家大学構成員大学）からなり、大学機構ないし大学複合体としての性格を持っていることである。ハノイ国家大学についてみれば、2018年現在、ハノイ国家大学は社会人文科学大学や自然科学大学、外国語大学、工業大学、経済大学、教育大学、そして日越大学の7つの構成員大学から成り立っている。このうち、社会人文科学大学と自然科学大学は、従来の体制においてハノイ総合大学として存在してきた主要な大学であり、社会人文科学大学は人文科学を担うベトナムで最大の教育・研究機関であるとされる[13]。他方、自然科学大学は自然科学分野の基礎研究や理論研究に関して高度な教育および研究をおこなう機関である[14]。

2点目は、1点目とも関わって、国家大学は体制移行の過程において、構成員大学を通じて実験的な教育・研究を展開してきていることである。そうした例としてハノイ国家大学の構成員大学である教育大学を挙げれば、ほかの教育に関わる大学が総じて歴史的に教員養成を主として担ってきたことから「師範(Sư phạm)」大学と呼ばれるのに対して、教育大学は大学の名称に「教育(Giáo dục)」という言葉が冠される唯一の大学となっている。教育大学では教員養成に限らず教育学が包括的に扱われ、教育と研究が自主的におこなわれている。なおこのことは、高度な自主性を持つ国家大学による実験的な改革であるということに加えて、体制移行の過程における教育学自体のあり方の変化として捉えることができよう[15]。

3 大学の自主性に関する議論：『教育科学雑誌』における大学と教育部の見解

　ベトナムで大学の自主性を高める改革が矢継ぎ早に打ち出されるなか、改革の渦中にある大学教員や政策を打ち出す側の教育部は、どのように大学の自主性ないし運営自主権を認識してきているのだろうか。本節では、大学の自主性に関する議論に焦点をしぼり、主として教育部の機関誌である『教育科学雑誌』を手がかりに 2010 年以降の掲載論文の動向を追うことで、自主性に対する大学と教育部の考え方について検討する。

(1)「研究会」の概要

　2000 年代末以降、ベトナムでは大学の自主権の拡大を要求する大学側の積極的な対応がみられるようになってきている。なかでも主要なものとして、2009 年にホーチミン市師範大学では大学教員主体の「ベトナムの大学・短大における自主性と責任に関する問題」と題する科学研究会(以下、「研究会」)が開催された。「研究会」では、教育部に所管される師範大学を中心にベトナム全国から大学教員が集まり、大学における自主性の概念や運営自主権を拡張するための議論がおこなわれた。「研究会」における議論を受けて、2010 年以降は大学教員や教育部官僚によって大学の自主性に関していっそう活発な議論が展開されてきている。

　『教育科学雑誌』の検討に入る前に、まず「研究会」の概要について整理しておく。ここで具体的に検討するのは、「研究会」で編纂された論文集である。「研究会」には、すでに述べたように、ベトナム全国の師範系大学や教育科学分野に関わる大学の学長・副学長をはじめとする指導者が参加し、そのなかで 35 人の大学教員が「研究会」での発表内容を論文として寄稿した[16]。この論文集は、大学の自主性に関する定義や拡大への要求について論じた「理論編」(21 本)と各大学の取り組みである「経験編」(14 本)から構成されている[17]。

　「理論編」における発表論文から、「研究会」における主張の要点を示せば以下のようになる。すなわち全体の基調として、ベトナムにおいて大学の運営

自主権に関する改革を促進させ、教育・研究上の自由度の拡大を図ることで、大学がいっそう自主的な高等教育・研究機関となることが要求されている[18]。また、大学の自主性は大学が新たな知識を生み出すためにも必要であるという認識もおおよそ共通している[19]。その際、多くの発表者が欧米における高等教育ガバナンスの研究の動向をふまえて、ベトナムにおける大学の運営自主権の拡大とともに、「社会的責任(アカウンタビリティ)」を発揮していくことにも言及している[20]。

ただし、大学教員が認識する自主性の概念には、大学の所在地や類型によって多少の差異が確認できることには注意が必要であろう。具体的に言えば、ハノイ師範大学の教員および中央師範大学学長は「市場経済、知識経済の背景のもと、各大学が自主権を拡大して社会的責任を担うようにすることが重要である」としたうえで、大学の自主性の定義を高等教育アジェンダや教育法における規定に求めているし[21]、ハノイ国家大学経済大学の学長は大学の自主性を「学事の調整における自由」としている[22]。また、ホーチミン市師範大学副学長は大学の自主性の基礎に「学術の自由」を置き、このことについてより鋭角的に定義している。以下に、ホーチミン市師範大学副学長による論考の引用を示す。

「大学における学術の自由は、研究の自由と発表の自由に関連する問題である。ベトナムの多くの大学では、知識を発表する自由が依然として相応に重視されていない」[23]。

「『サイゴン経営人雑誌』の記事では国家による受賞を受けた知識に対して、ベトナムにおける多くの知識は『自己検閲』の習慣のもとで形成されるのであり、そのため自らの思想をすぐに発表することができなくなってしまうと述べている。知識とは他人の語ることを引用することではない。学術の自由とは教員ないし研究者(大学には研究院が存在する)個人の権利のことであり、それを通じて知識を発見し、研究と教育の主題を選

択することができる。その際に、政治的、宗教的、社会的な虐待を受けることを恐れてはならない」[24]。

　このように「研究会」では、全体としてベトナムにおける大学の自主性を高めていくことが一致した見解であった。とりわけ、ホーチミン市師範大学副学長に代表されるように、体制移行の過程では大学および大学教員には学術の自由を尊重し、自由な主題のもとで研究をおこなうことが求められるようになっていると言える。ただし同時に、大学による自由な知識の生産における阻害要因として、ベトナムには「自己検閲」の文化が存在することが示唆されるのである。「自己検閲」の文化については、党と大学との関係を扱う第6章において改めて検討する。

(2)『教育科学雑誌』の検討

　2009年に開催された「研究会」を受けて、2010年以降は大学の自主性に関する大学教員や教育部のなかでの議論が活発化してきており、教育部の機関誌である『教育科学雑誌』に掲載される論文もそうした動向を反映するようになっている[25]。

　『教育科学雑誌』は、教育部のシンクタンクであるベトナム教育科学院により編纂され、研究論文や実践報告を通じて教育改革を先導する教育理論や教育方法の調査研究をおこなう機関誌である。ベトナム教育科学院の役割は「独立的な研究や研究課題を遂行し」「政策や決定を打ち出す際の科学的な論拠を提供すること」であるため[26]、『教育科学雑誌』は政策や制度改革の背景となる教育部の動向や考え方を一定程度反映しているものである。

　まず、『教育科学雑誌』における高等教育の管理運営に関する研究動向を確認しておこう。『教育科学雑誌』の前身である『教育科学情報』では1983年の第1号から最終号である2005年の第119号までを通して高等教育の管理運営をテーマとする論文自体が極端に少なく[27]、また大学の「自主」性を主題とする研究論文は存在していなかった[28]。

表4－1　『教育科学雑誌』の基本的情報(2005年〜2015年：第1号〜第123号)

	2005年	2006年	2007年	2008年	2009年	2010年
論文数	55	224	222	222	176	207
主題①大学のみ	5	38	26	29	34	33
主題②管理のみ	6	24	22	19	17	18
主題③大学・管理	0	5	3	2	4	4
	2011年	2012年	2013年	2014年	2015年	総計
論文数	234	225	211	217	253	2246
主題①大学のみ	35	42	52	55	71	420
主題②管理のみ	25	28	26	30	27	242
主題③大学・管理	8	12	6	10	8	62

出典：『教育科学雑誌』各年各月号より、筆者作成。単位は本。

　次いで、**表4－1**において『教育科学雑誌』について2005年の第1号から2015年の第123号までの基本的な情報を示した。関連する研究主題に含まれる論文の計上方法は、論文のタイトルに該当する用語(大学、管理など)があるかどうかを基準としている[29]。

　表4－1から、『教育科学雑誌』では2010年以降、一貫して高等教育に関する研究が増加しており、なかでも管理運営に関する研究は一定数を占めるようになっていることがわかる。総計2246本の論文のうち、高等教育に関するものは420本、高等教育の管理運営では62本となっている。また、高等教育に関する論考の主題に「自主」という用語が現れるのは2006年が最初であり[30]、2010年以降は継続的に論考が発表されている。

　このことをふまえ、『教育科学雑誌』における大学の自主性に関する主要な論文を整理したものが**表4－2**である。一連の論文の要点を示せば、大きく次の3点のようになる。

　第1に、教育改革の前提として、2011年以降「民主化」という概念が教育改革の主題に表れるようになってきている。これは2011年のベトナム共産党第11回大会で「標準化・現代化・社会化・民主化・国際化に従った根本的かつ全面的な教育のドイモイ」が新たな路線として打ち出され、教育の管理運営改革がその中核として認識されたことによる。『教育科学雑誌』のなか

表 4－2　2010 年代『教育科学雑誌』における大学管理運営に関する主要論文

	題目	年次	執筆者所属
1	教育管理における領導と管理の区別	2010	教育科学院
2	大学管理における自主と自己責任	2011	大学
3	標準化・現代化・社会化・民主化・国際化に基づく根本的かつ全面的な教育のドイモイ(刷新)	2011	教育科学院
4	現代の大学管理のドイモイ(刷新)に関する基本的問題	2012	大学
5	学校を基盤とする経営手法による大学の自主・責任の強化	2012	大学
6	大学の説明責任と財政の自主	2014	大学
7	工商部直属公立大学における大学の自主の実現	2014	大学
8	標準化・社会化・民主化・国際化に従った根本的かつ全面的な教育のドイモイ(刷新)に関する認識	2014	中等専門学校
9	自主権と社会的責任を実現するための大学管理に関する議論	2014	大学
10	教育と訓練の根本的かつ全面的なドイモイ(刷新)を背景とする大学の部門長の役割	2015	大学
11	大学における文学教育と研究の民主化	2015	教育部
12	公立事業単位における自主原理のドイモイ(刷新)のための財政管理	2015	大学
13	大学教員集団の職業自主権の実現における自主と能力	2015	教育科学院

出典：表 4－1 に同じ。

では、それは具体的には教育の「民主化」、教育機関の「民主化」、そして教育管理の「民主化」の 3 つの「民主化」によって規定される[31]。

　第 2 に、大学の自主性に対する大学教員の姿勢としては、各論考の主張にはいくらかの多様性があるものの、おおまかに①大学における自主性と自己責任の拡大、②大学評議会の普及、③大学内部での権限委譲の促進の 3 つに整理することができる[32]。

　それぞれの主張を具体的にみれば、①大学の自主性と自己責任の拡大については、実態として多くの大学に財政面を中心に自主権が与えられているとは言いがたい状況があり、そのため大学の組織構造、行政管理の自己決定権、学術発展の自由、予算計画の作成権、人的・物的資源の活用権などを広く保障する必要があるとする[33]。そして、こうした広範な運営自主権を大学に委譲する代わりに、大学は学生、保護者、企業体、地域社会に対する教育の

質の保証と情報公開をおこなうべきことが論じられている[34]。またこのことと関わって、②大学評議会がいまだに設置されていない大学に対して大学評議会の普及を図ることで、財政をはじめする大学の自主権を担保するとともに、大学評議会の構成員に多様なアクターを入れ込み市場志向の管理運営体制を作ることが望ましいと論じられている[35]。さらに、大学評議会の普及に加えて、③学長から各組織へと機関内部の権限委譲を図るために、大学内部における教員レベルで自主性が発揮できるように大学教員独自の文化を醸成していくことや、教育と研究を担う末端の単位である部門長の役割の重要性が説かれている[36]。

そして第3に、2015年を中心にその論文数は限定的であるが、大学の運営自主権に対する教育部（およびベトナム教育科学院）の主張として、大学に対する国家のマクロな管理の重視、教育と研究の民主化の推進、それから教育と研究の自由度の拡大と大学教員個人の自主性の拡大について論じられている[37]。これらの論文の具体的な内容を示せば次のようになる。教育官僚（副教授・進士号保持者）によれば、「開放的で、対話的な精神を高めることで、民主的な教育と研究の環境を一歩ずつ作り上げることができる」。「いかなる問題を研究するのかということは」「すべての専門家および研究者の持つ科学の権限に属することがらである」と述べられている[38]。また、ベトナム教育科学院研究者（副教授・進士号保持者）は、「教員の自主性とは学術の自由と結びついている。なぜなら学術の自由がなければ自主性は存在しないからである」。「教員は伝達するべき知識を自由に選び、学生は何を学びたいか、何を学ぶ必要があるのかを自由に選択する」と述べている。そのうえで、大学教員の職業に関する自主性を発展させる方策を、①批判的思考能力の発展、②研究結果・思想の表明に関する合法的な権利の付与、そして③対話に関する合法的な権利の付与の3つの原則に求めているのである[39]。

以上をまとめれば、大学の管理運営に関わる『教育科学雑誌』の動向として次のことが示される。すなわち、2000年代末以降、大学教員のみならず教育部の官僚や研究者においても、①教育部と大学間、②大学内部の2つの側

面で運営自主権の委譲を促進していこうとする認識が共有され、議論が展開してきている。これらは議論の域にとどまるものの、『教育科学雑誌』に掲載された論文の主張の前提に「学術の自由」という概念が置かれつつあることは、大学における学術のための学術という研究のあり方が禁止されていた従来の体制と比較して大学の理念型の転換を示している。

4　大学入学者選抜における大学への権限委譲改革

　本章第3節の検討から、議論のうえでは大学教員や教育部官僚は大学の自主性を向上させることを望んでいることが明らかになった。それでは体制移行の過程では、ベトナム高等教育における大学の自主性は具体的な制度としてどのように反映されてきているのだろうか。

　本節以降では、とりわけ大学の「入口」、「内部過程」そして「出口」に相当する制度として、大学の入学者選抜と教育課程、それから学位授与に焦点をあて、制度的枠組みを手がかりにこれらの変化を分析する。このことを通じて、大学への権限委譲の動態を総合的に明らかにしてみたい。具体的には、本節では大学入学者選抜制度を、続く第5節では大学における教育課程制度を、そして第6節では進士学位（いわゆる Ph.D. に相当）を中心とする学位授与制度を取り上げ、それぞれ制度の形成過程と変容の状況について検討する。ベトナムにおける大学の主たる役割の1つが人材の育成であることに鑑みれば、どのような人材を大学へと入学させ、いかにして教育をおこない、いかなる人材に学位を授与するのかということは、大学のありようを考察するうえでとくに重要な視点である。

(1) 従来の体制下における大学入学者選抜制度の特徴

　まず、南北統一期を中心に、従来の体制下での大学入学者選抜のありようを確認しておこう。従来の体制下における大学入学者選抜は、国家の社会主義的改造を成し遂げる人材を選び出すという目的が強調され、なかでも学生

の政治性が重視されていた[40]。具体的には、1976年2月に大学部により出された第1号通達「大学入学者選抜工作に関する通達」を手がかりに、南北統一期ベトナムにおける大学入学者選抜制度について確認する[41]。

第1号通達の特徴は、大学入学者選抜における集権性と社会主義的な思想・政治性に表れていると言える。このことは、次の3点から裏付けられる。第1に、大学入学者選抜に関する諸権限(問題作成、運用・合格者決定、募集定員の策定)が大学ではなく、国家(中央・地方政府)に掌握されていた。それは具体的には、中央が試験問題と募集定員を統一的に管理し、各省・市の「行政委員会」が試験の運営にあたる責任を有するという関係であった。

第2に、第1の点とも関連して、大学部によって規定される試験問題枠と受験可能な大学および専攻とが厳密に対応している点で、大学入学者選抜試験が画一的に管理されていた。すなわち、試験問題枠はA(数学、物理、化学)、B(数学、化学、生物)、C(語文、歴史、地理)の3グループから構成され、こうした枠組みに各大学および学部が対応している[42]。

そして第3に、学生選抜における重要な要素の1つは政治的基準とされていた。すなわち、高等教育を受けるには本人の身上が重要であり、「学生の本性は、政治品性と道徳性が優れていなくてはならず」、「国内の大学に進学を希望し重点領域を専攻するものは優れた政治品性を備えていなくてはならない」。「師範大学に入学を希望するもの」は、取得点数に応じて「ホー・チ・ミン労働青年団の団員であることを要件とする」などの規定が存在した[43]。

このように従来の体制における大学入学者選抜の特徴は、大学が主として社会主義建設を果たすための人材養成機関として位置づけられていたこととも関連して、選抜試験の画一性・集権性と選抜基準における高度な政治性にまとめられる。加えて、この時期のベトナムは計画経済体制下にあったことから、大学入学定員は国家により定められていたのである。

(2) 体制移行の過程における改革

1 「実験期」の入学者選抜：大学における自由の尊重

　体制移行に伴って、ベトナムでは1988～1989学年度から大学入学者選抜に関する改革が実施されはじめた。その要点は、「中央政府から大学への権限委譲」に集約される。具体的にそれは、従来の大学部による統一的な試験問題の作成を受けて地方政府が大学入学者選抜を実施する方式から、大学部が大学入学者選抜に関わる4つの項目、すなわち①試験問題作成、②大学内部での試験実施、③試験の評点、④学生の選抜を大学に委譲することで、大学が自らの責任において試験問題を作成し、試験の実施と学生選抜をおこなう方式へと移行したことである。なお、入学定員に関しては依然として大学部の所掌事項とされた。

　改革の責任者であった大学部官僚の大学入学者選抜・学生管理局長ドー・ヴァン・チュンは、とくに大学への試験問題作成における権限委譲に関して、大学への入学にあたり学生に必要とされる「知識を検査するための試験問題の作成に(大学が)関与することは、その自由権を尊重することである」と述べている[44]。このことは、大学入学者に望まれる知識を大学が設定し、測定することの「自由」が尊重されたことを示している。

　大学への権限委譲のほかに重要な改革点としては、従来の体制において重視されていた大学入学者選抜の際の政治的基準が廃止されたことである。ドー・ヴァン・チュンによれば、大学に進学するにあたっての入学基準から政治性という言葉がなくなり、国内の大学に進学する場合は前科の有無以外に制約はなく、高校の卒業資格が条件とされる。また、海外の大学への入学要件からはホー・チ・ミン共産青年団に所属している必要がなくなったとし、進学にあたり「今後は学生の学力が決定的な要素になる」と述べている[45]。

2 「見直し期」と現行体制における入学者選抜制度

　しかしながら、こうした大学入学者選抜における「大学への権限委譲」の流れは2003年に見直されることになり、それまで大学に与えられていた選抜

試験問題の作成権が教育部によって再び掌握されることとなった[46]。その他の権限である試験の組織・実施や評点、合格者の決定に関することがらは大学に残されることとなった[47]。

それでは、具体的に大学にはいかなる権限が与えられ、それに対して教育部はどのように関与しているのだろうか。教育部による「大学入学者選抜規則」を手がかりに、2003年と2012年の規定を比較対照させたものが**表4－3**である。表4－3から、ベトナムにおける近年の大学入学者選抜制度の動きについてみれば、教育部と大学の権限配分関係における異同と変化の方向性について、次の2点を指摘することができるだろう。

1点目は、「大学入試および学生選抜」において、大学の自主裁量が拡大し、入学定員の策定に関する権限が一定程度大学に付与されつつあることである。つまり、募集定員枠を国家が大学に付与していた仕組みが、まずは大学が募集定員を計画・策定し、そのうえで国家が承認するというプロセスに移行しているのである。

2点目は、2012年に大学入学定員に関する権限が一定程度大学に与えられたことと対になるように、「合格者の選抜」に関して両規則において差異が確認されることである。すなわち、合格者の選抜に直接関わる合格最低点を大学が設定できるという規定には変化がないものの、教育部が定める大学ごとの定員数にもとづいて大学が合格最低点を割り出す方式から、教育部が基準点（điểm sàn）を定めたうえで各大学が合格最低点を提示する方式へと変化した。このことから、入学者選抜の改革の方向性として、国家が量的側面をコントロールすることで間接的に合格者の質を管理しようとするよりはむしろ、「足切り」となる点数を設定することで合格者の学力に対してより直接的に関与しようとする教育部の姿勢が明らかになる。

このように体制移行の過程でベトナムでは、入試問題作成権の揺り戻しを経験しつつも、学生の量的規模の策定権や学生の最終的な選抜権などの点において、全体としてみれば入学者選抜における大学の自主性が拡大してきているのである。ただし、入学定員の具申権を大学に付与したのと抱き合わせ

表4-3 大学入学者選抜規則の比較対照表(2003年および2012年)

「大学入学者選抜規則(2003年)」	「大学入学者選抜規則(2012年)」
■**大学入試および学生選抜**：大学は、教育部により大学入学定員が与えられ、毎年一度の入学者選抜を組織する。	■**大学入試および学生選抜**：大学は、大学入学定員を有し、毎年一度の入学者選抜を組織する。
■**高等教育機関の権限**	■**高等教育機関の権限**
■**入試評議会**：入試問題作成・出題(素質試験)、問題のコピー・印刷(文化試験)、試験の組織、評点と合格者選抜・合格者召集をおこなう。各委員会(書記委員会、入試出題委員会、試験監督委員会、評点委員会)の設立を決定する。	
■**合格者の選抜**：大学は、教育部により割り当てられた定員数にもとづき、合格最低点を設定する。	■**合格者の選抜**：大学は、試験結果および入学定員をふまえて教育部が定める基準点より高い点数で、合格最低点を設定する。

出典：Quyết Định số 08 của Bộ Trưởng Bộ Giáo Dục và Đào Tạo ngày 13 tháng 3 năm 2003 Về việc ban hành Quy chế tuyển sinh đại học, cao đẳng hệ thống chính quy および Thông Tư số 09 của Bộ Trưởng Bộ Giáo Dục và Đào Tạo ngày 05 tháng 03 năm 2012 Về việc ban hành Quy chế tuyển sinh đại học, cao đẳng hệ thống chính quy.

て、教育部は「足切り」とも言える基準点を導入することで、大学への入学にあたり学生の質を担保しようとしている。

近年の状況に付言すれば、大学入学者選抜における大学の自主性はより拡大傾向にある[48]。2015年から入学試験改革が実施され、これまでの全国統一の後期中等教育修了試験と大学入学者選抜のための国家統一試験が「国家後期中等教育卒業試験」として一本化されている[49]。こうした改革を受けて各大学は、原則として「国家後期中等教育卒業試験」の結果を活用して入学者の選抜をおこなうようになっている。とくにハノイ国家大学をはじめとする一部の大学には、これに加えて独自の入試を実施して選抜をおこなえる自主権が与えられている[50]。そうした例としてハノイ国家大学では、2016年度から「能力評価試験」として一定人数の学生を対象に大学自身が試験問題を作成できるようになっており、この試験の結果は国家大学の認定を受けた他の大学の入学者選抜試験にも適用可能である[51]。

なお、合格者の最低点数を大学が独自に決められるようになったこととの関係で、実際は教育部による「足切り」点数よりも合格点を低く設定する大学が現れている。より多くの学生を集めたいという大学側の思惑から、合格点数を極めて低く設定する大学が続出しており、このためベトナム社会や教育

部によって学生の質保証が問題視されているのである[52]。

5　教育課程における大学への権限委譲改革

　本節では、ベトナムの大学における教育課程を中心とした自主権の拡大に関して検討をおこなう。具体的には、従来の体制と体制移行の過程という時期区分のなかで、大学教育のありようがどのように変容したのかについて、関連する制度的枠組みの変化を検討する。

(1) 従来の体制下における高等教育の特徴

　従来の体制下でのベトナムの大学における教育の特徴について、まずは大学で教えられる教育課程と内容からみていこう。第2章で検討したように、従来の体制では単科大学を主としながら、大学は国家と党に従属し、教育と研究を通じて社会主義建設のために奉仕する機関であるという理念型が強調されていた。このことと関連して、大学ごとの教えるべき内容や教材は中央集権的な高等教育システムのもと国家によって決定されていた。具体的には、大学の授業は大学部や所管される非教育行政部門によって編纂された教育課程と教材にもとづき、基礎科学、専門科学、そして社会科学に大きく分類されておこなわれた。そしてこれらの教育課程のうち、前者の基礎科学と専門科学は大学や専門分野ごとに異なっているのに対し、後者の社会科学はすべての大学に共通かつ必修で、その中核は政治思想に関わる知識の教授であった[53]。こうした政治思想に関する態度は進級や卒業の要件ともなっており、学生は大学を卒業するにあたって「学業」、「道徳資格」、「健康」の3つの側面によって評価された。とりわけ「健康」面については国家への奉仕が重視され、大学を卒業後すぐに労働をおこない社会主義建設に貢献しうるだけの健康状態になければ大学卒業が認められなかったのである[54]。

　『大学雑誌』によれば、大学における党の「イデオロギー」に関する政治思想教育は1956年から開始され、その内容に関して大学部により統一的な教育

課程が作成されたのは1965年である[55]。また、1972年に大学部は第19号指示を打ち出し、そのなかで政治理論系科目の具体的な目的や要求を定めた。すなわち、大学部は必須の政治思想教育として「哲学」、「政治経済」、「党の歴史と路線、政策」、「革命道徳」の4つの科目を定めるとともに、大学の専門タイプごとにそれぞれの科目の学習時間について規定した。それを具体的に示せば、**表4－4**のようになる。

表4－4に示されるように、従来の体制では、いずれの大学においても政治思想系科目に関する教育は重視されていたのであり、とりわけ経済を専門とする社会科学系の大学では政治思想系科目に関する教育は全体の教育時間の実に20％も占めていた。

また、表4－4の「総時間数」ということからも示唆されるように、従来の体制において大学での教育には「学年制」が採用されていた。これは学年と専門分野ごとに履修科目が必修化されているもので、学生は進級するためには各学年のすべての科目を修了する必要があった[56]。学年ごとに学ぶべき知識の内容がすべて決定されている点で、学生にとっての学びの自由度は非常に限定的なものだったのである。

表4－4　従来の体制における大学教育に占める政治思想系科目の割合

専門別大学類型	哲学	政治経済	党の歴史	革命道徳	時間数	全科目に占める割合
工学・自然科学系大学	90	80	100	30	300	12％
社会科学系大学	120	100	125	30	375	15％
経済系大学	120	230	120	30	500	20％

注：％を除き、単位は時間。
出典：Nguyễn Đăng Châu. "Vài suy nghĩ về công tác giáo dục lý luận chính trị trong các trường đại học." *Đại Học và Trung Học Chuyên Nghiệp*: Tập San của Ngành Đại Học và Trung Học Chuyên Nghiệp. tháng 9 và tháng 10, 1978, p.10 の表を加筆・修正して筆者が作成。

(2) 体制移行の過程における大学での教育課程改革

このような強い統制のもとに置かれていた高等教育のありように対し、体制移行に伴い高等教育が市場化し、全体としての大学の自主性が拡大する

過程では教育課程や内容に関する権限についても大学への下方委譲が進められてきている。また、現在ベトナムでは従来の「学年制」を見直し、段階的に「単位制」を導入するなどの制度改革がおこなわれている。

1 教育課程の弾力化

　近年に至るまで、ベトナムの大学における教育課程の作成方法については、教育部が策定した各専門分野、専攻における「教育課程の枠組み(chương trình khung)」に依拠して、各大学が自ら具体的な教育課程を作成する仕組みが採られてきた。具体的には、教育課程において教えるべき知識の内容や単位数、時間などについて、教育部が専攻ごとに教育課程全体の過半数を定めたうえで、各大学が残りの教育内容を独自性を発揮しながら作成していくというものである。前節で検討した先行研究を引用しておくと、「研究会」で編纂された論文集のなかでフエ大学師範大学の教育工学科長は2009年時点で、「教育課程の7割を教育部の教育課程枠組みが占め、残りの3割に自主性を発揮するしかない」と述べている[57]。

　教育課程における限定的な自由化に加えて、教育部は、国家大学や一部の有力な大学が独自の教育課程や教材に従って実験的な教育をおこなえるように指導をおこなってきた。このことは法規においても明文化されており、「高等教育法」では、経済および社会発展の需要に合致することを前提として、国家大学や基準を満たした大学は新たな専門分野を設置する自主権を有することと規定しているのである(第33条)。また、「高等教育法」では教材について新たな教科書の編纂や選定、承認などの権限を学長に与えることを規定しており(第36条)、教育内容の決定に関わる一定の権限が大学に与えられるようになっている。

　こうした大学における高等教育課程の改革は、2001年に単位制が実験的に導入された後[58]、2000年代半ばに教育部が高等教育課程枠組みを設計するための諮問委員会を設立したことに端を発する[59]。ただし近年ベトナムでは、教育課程に関する大学の自主裁量は拡大する方向にあり、教育課程の

作成における大学の自由度がいっそう拡大するとともに、教育部による管理はマクロな管理へと移行しつつある。このことを、2007年と2014年の「単位制システムによる正規大学・短大訓練規則」から確認しよう[60]。

ベトナムでは2007年に教育部が第43号決定を打ち出し、「単位制システムによる正規大学・短大訓練規則」が公布された。これを通じて制度上、大学は単位制にもとづく教育を展開するとともに、「教育課程は、教育訓練大臣が公布する教育課程の枠組みの基礎のうえで、各大学が作成する」と規定された（第2条）。しかしながら、2012年に出された同規則の修正に関する通達では、この教育部が公布する教育課程枠組みにもとづき各大学が具体的な教育課程を作成するという条文が削除され、続く2014年に公布された教育部第17号決定である「単位制システムによる正規大学・短大訓練規則」でも、教育部が教育課程枠組みを作成し、各大学は教育課程枠組みにもとづいて具体的な教育課程を作成するという条文は削除されたままである[61]。教育課程枠組みの廃止に対応するように、新たな条文として「学長は自らの機関において教育課程の内容を公布し、その実現を図る。すべての教育課程における知識群に対して、6年制大学では180単位を下回ってはならず」、「4年制大学では120単位を下回ってはならない」として大学における単位数の下限に関する規定が加えられることとなった（第2条）。

『若者』や『ニャンザン』では、こうした教育部の改革について、「高等教育課程枠組みの廃止」という題目で学長が教育課程を公布するようになることなど具体的な変更点を指摘しつつ、「高等教育のカリキュラムにおける大きな変化である」と報じている[62]。

そして2015年に教育部は「高等教育の訓練課程を卒業した後に学生が備えているべき能力に関わる最少の知識量と要求に関する規定、ならびに、大学・碩士・進士の課程におけるカリキュラムの作成・決定・公布に関する規定の公布」と題する通達を打ち出した。そのなかで教育部は、「高等教育の訓練課程を卒業した後に学生が備えているべき能力に関わる最少の知識量と要求」として、各教育課程が満たさねばならない単位数の範囲や大学における

教育と研究を通じて学生が備えるべき「知識」、「技能」、それから「自主的な能力と責任」について規定している(第4条、第5条)。加えて、「大学・碩士・進士の課程におけるカリキュラムの作成・決定・公布に関する規定」として、各大学が独自の教育課程を作成していくうえで依拠する必要のある作成過程や手順、作成を担う組織などについて規定した(第6～第8条)。このように近年の大学の教育課程をめぐる改革では、大きな方向性として教育部は最低限の基準を導入することでマクロな管理へと移行し、それぞれの大学が独自に教育課程を作成できるようになりつつある[63]。

なおこうした教育課程の弾力化に加えて、ベトナムの大学は教育部の決定を介すことなく自主的に新たな学部や学科を設置することができるようになっている。具体的には、教育部により作成された専門分野リストに従って大学は科・部門(学部・学科に相当)を自由に開設することが可能となった。大学は市場の需要や雇用機会の状況をみながら、大学ごとの個性・独自性を高めるような教育を提供できるようになっている。ただし現状としては、多くの大学が経営学や国際法、情報学などの「市場で売れる」専門分野を集中的に開設したためにこうした分野の乱立を招いている。その結果として、威信の高い大学の新設学部には学生が集まる一方で、そうでない大学の場合学生が集まらず、新設学部が翌年に廃止されるというケースも報じられている[64]。

2 ハノイ師範大学における教育課程：事例として

教育課程の弾力化ないし市場化と言える改革の一方で、一党支配の継続との関連から、ベトナムの教育課程の特徴としてすべての学生を対象に政治思想系科目の授業が実施されていることを急いで付け加えねばならない。ただし体制移行の過程では、このような科目群においても多少の変化が観察される。政治思想系科目の教材は党中央や教育部が編纂しているが、大学側は党中央が編纂した「大綱的」教科書を参考として具体的な教育課程を作ることができるようになっているし、思想系科目の授業も当該教員の主体性が重視されるようになっている[65]。ここでは具体例として、教育部に所管される代

表的な大学であるハノイ師範大学の「教育管理」専攻を取り上げて教育課程の実態について確認しよう。

現在、ベトナムの大学において提供される教育の内容は大きく、一般知識群（いわゆる教養科目に相当）と専門知識群の2つに分けることができる。加えて、それぞれに必修科目と自由選択ないし必須選択科目が存在している[66]。表4-5に示されるように、ハノイ師範大学における教育管理専攻では、必修科目105単位に対して、自由選択科目は92単位となっている。なお、大学を卒業するためには、学生は130単位を取得する必要がある。

このうち政治思想系科目は、必修科目として一般知識群に含まれており、「マルクス・レーニン主義の基本的原理Ⅰ」、「マルクス・レーニン主義の基本的原理Ⅱ」、「ホー・チ・ミン思想」、「ベトナム共産党の革命路線」の合計で10単位となっている[67]。卒業要件の130単位のうち、10単位が政治思想系科目で占められることになり、その割合は全体の7％程度である。なお、必修科目および自由選択科目ともに、講義がおこなわれる学年や時期は決まっている。例えば、自由選択科目である「現代世界の教育管理における思想とモデルの歴史」であれば第4期[68]に受講することができるし、「課題解決の方法と批判的思考」は第5期に受講することができる。こうしたことからベトナムの学生は、それぞれの学期において選択することができる授業のなかから自由に授業を選びつつ、必修科目と合わせて卒業要件となる単位数を確保することになっているのである。

表4-5 ハノイ師範大学の現行教育課程における「教育管理」分野のカリキュラム

	必修科目の単位数	自由選択の単位数	計
一般知識群	33（政治思想系科目：10）	46	79
専門知識群	72	46	118
（専門科目）	56	46	102
（実習科目）	6	—	6
（卒業論文）	10	—	10
計	105	92	合計：197

出典：ハノイ師範大学「師範学、教育管理専攻」の教育課程より加筆・修正して筆者が作成。

以上から、体制移行に伴ってベトナムでは、教育課程において大学が作成できる科目や教育内容の範囲が拡大してきており、学生が受講するうえでの選択権の範囲も拡大してきていることがわかる。また、政治思想系科目は依然として教育課程において一定の比重を占めているものの、全体の比重からみれば従来の体制と比較して減少していると言える[69]。さらに付け加えておくと、現在の大学課程では学生の卒業要件に「道徳資格」は課されておらず、大学を卒業した後に「労働工作に参加する」ことができないほどの健康状態の学生でも規定を満たせば卒業が認定され、大学卒業証書が授与されるようになっているのである[70]。

6　学位授与における大学への権限委譲改革

ここまでの検討から、現代のベトナムでは高等教育における「入口」、「内部過程」ともに、大きく教育部から大学への権限委譲が主たる方針となっていることが明らかになった。それでは、「出口」に相当する学位授与の段階ではいかなる変化が生じているのだろうか。制度改革の事例として最後に、本節ではベトナムにおける学位授与制度の動態について検討する。

(1) 従来体制下の学位授与制度の特徴

ベトナムにおいて制度として大学院教育が組織され国内での学位授与が開始されたのは、南北統一を果たした1976年のことである[71]。その要因には同年に開催されたベトナム共産党第4回大会において、社会主義建設のために「祖国と社会主義に絶対の忠誠を誓うとともに、主人公となって文化・科学技術の成果を創造的に運用できる多数の知識人集団を建設」することが急務として認識されたことが挙げられる[72]。こうした知識人は国内の大学院教育を受けることが望ましく、そのために大学院教育は「何よりも、生産、国防、管理、そして生活のために奉仕し、こうした課題を解決する必要がある」とされた[73]。

こうしたことを背景に、1976年にベトナム国内に大学院教育制度を整備するため、政府首相第224号決定「国内における大学院教育に関する決定」（以下、第224号決定）が打ち出され、一部の大学と科学研究院で大学院教育を展開することが定められた。この決定により、ベトナムにおいて大学院教育と学位の授与が実施されるようになり、大学院教育課程の修了と学位取得の関係は一致するものとして規定された[74]。学位には、最高位のものとして科学進士号とそれに次ぐ副進士号が設けられた[75]。

　第224号決定における要点は、次の2点のようにまとめられる。1点目は、「高水準の科学技術幹部」を養成するために、大学院教育の目標として研究能力に加え、研究生には「祖国と社会主義に忠実である」とする政治性が要求されたことである。すなわち選抜対象は「大学を卒業した幹部」であり、「よき道徳的品性を有している」ことが条件とされた[76]。なお、研究生とは最高位の学位である（科学・副）進士号を取得するために大学院教育課程に在籍している大学院生のことを指す。おおまかには、日本における後期博士課程の大学院生に相当する。

　2点目は、研究生が学位を取得するにあたって、当該論文の主題を決定するには政府直属の委員会の指導を受けること、そして論文審査の過程では政府首相が指名する試験委員会が関与するということである。このように第224号決定では、研究生への学位授与の過程において国家がかなりの程度関与する体制が築かれた。

　第224号決定には学位授与をおこなう主体について明確な規定はなかったが、1977年には、政府首相第243号決定「研究生の論文防衛の結果における審査と承認の大学部への委任に関する決定」が交付されたことで学位授与制度の詳細が規定された。このことにより、大学大臣が学位の授与をおこなうという方式が定められたのである[77]。

　このように従来体制下の学位授与のあり方と大学院教育の方針は、第2章で述べたように、党と一体となった国家が大学を厳密に管理し、教育・研究を通じて国家建設に貢献させることを目指した第222号指示の延長線上に

あるものであった。その特質は、大学院教育において政治的思想性と専門性の2つの面が強調されたことである。具体的には、大学院教育を受ける幹部はよき政治的品性と祖国および社会主義への忠誠心を持たねばならないこと、ならびに、専門性に関して①基礎的知識、②専門的知識、そして③マルクス・レーニン主義の方法論にもとづく知識の3つの基盤に立って、独立して科学研究と教育をおこなうことが大学院教育課程の目標とされた[78]。なお1980年には、南部地域においても同様の大学院教育制度が整備されている[79]。

(2) 体制移行に伴う学位授与制度の改革

このような強い国家的統制下にあった学位授与制度は、体制移行の過程でどのように変化しているのだろうか。1992年に教育部は、既存の大学院教育制度の改革を目指し、副進士を碩士(thạc sĩ)と呼ぶこととし、副進士の学位を廃止する提案をおこなった[80]。この提案を受けて改革が実施され、従来と同様に教育課程の修了が学位の取得と結びつく、碩士課程および進士課程から構成される現行の大学院教育制度が形成された。

ベトナムの大学院教育制度は、2000年の教育部による第45号決定「大学院訓練規則」としてはじめて規定された[81]。この規則は碩士課程と進士課程の両方の大学院教育制度に関して規定しているが、このうち進士課程に関する大学院教育制度は、2009年の教育部による第10号通達「進士課程訓練規則」が公布されたことで規定の内容が大幅に変更されている[82]。両規則が対象としているのは、従来型の公立大学と科学研究院である。

これらの規則にもとづき、以下では、学位授与をめぐる権限の所在を検討するうえでとくに重要と思われる項目として①指導教官・論文の主題などの決定、②進士論文の評価と審査、③進士学位の授与の3つに焦点をしぼり、それぞれ規定の内容を**表4－6**において示した。

1点目は、「研究生の承認」にあたっての権限が教育大臣から大学の学長へと委譲されたことである。従来は、国家が大学における研究に対して強い統制をおこなっていたことと関わって、思想性や専門性の観点から研究生に対

第 4 章　ベトナム高等教育における公立大学の管理運営改革　169

表 4 − 6　ベトナムにおける進士課程に関する訓練規則の比較

大学院訓練規則（2000 年）	進士課程訓練規則（2009 年）
【①指導教官・論文の主題などの決定】 ・**教育大臣**による、研究生の承認。 ・訓練機関長による、決定した指導教官について教育部に対する報告。	【①指導教官・論文の主題などの決定】 **訓練機関長**による、研究生、論文の主題、指導教官についての決定と承認。
【②進士論文の評価と審査】 (a) 部門級論文評価（部門レベル） 訓練機関長が、論文評価委員会を設置。評価をふまえ、教育部に国家級論文審査の要請書を送付。 (b) **国家級論文審査**（国家レベル） 教育大臣により、国家級論文審査委員会が設置。本委員会により論文が審査され、合格の場合、委員会は教育部に対して進士号の承認と授与を建議。	【②進士論文の評価と審査】 (a) 組織級論文評価（科・部門レベル） 組織長の建議を受けて、訓練機関長が組織級論文評価委員会を設置。論文の評価。 (b) **機関級論文評価**（大学レベル） 訓練機関長が機関級論文評価委員会を設置。本委員会による口頭試問のうえ、評価。合格の場合、訓練機関長に対して進士号の承認と授与を建議。
【③進士学位の授与】 **教育大臣**による進士号の授与。	【③進士学位の授与】 **訓練機関長**による進士号の授与。

出典：Quyết Định số 18 của Bộ Trưởng Bộ Giáo Dục và Đào Tạo ngày 08 tháng 06 năm 2000 Về việc ban hành Quy chế đào tạo sau đại học および Thông Tư số 10 của Bộ Trưởng Bộ Giáo Dục và Đào Tạo ngày 07 tháng 05 năm 2009 Về việc ban hành Quy chế đào tạo trình độ tiến sĩ.

しても教育部が一定の関与をおこなっていた。2009 年を境にして、どのような人材を研究生として承認するのかに関する権限が、教育部から大学へと委譲されることになったのである。そのうえで研究生には「独立し創造的に研究する能力」が重視され、従来体制のような政治性は研究生の資質に求められなくなっている[83]。

　2 点目は、それぞれの規則において進士論文の審査過程は 2 段階からなるものとして規定されるが、それが「部門級」および「国家級」の論文審査方式から「組織級」（部門級に相当）および「機関級」の審査方式へと変化したことである。すなわち、従来のように教育部によって組織される国家級論文審査委員会の審査を経る必要があった方式から、大学の部門における審査の後、大学単位で論文審査がおこなわれる方式へと変化した。

　3 点目は、進士学位の授与主体が、教育大臣から大学（学長）へと変化したことである。こうした変化から、大学だけで進士論文の審査がおこなえるように規定されたことと関連して、学位の最終的な授与権が大学の権限として認められるようになったと言える。ただし、表 4 − 6 には記していないが、

大学に進士論文の審査権を委譲したことと対になって、教育大臣は進士論文の質保証にあたり大学に事後的に関与することができる[84]。

なお、国家大学については、従来型大学に先行して、2001年の段階で学位の授与をめぐる一連の権限が付与されていることを指摘しておく。それは具体的には、2001年の教育部第24号決定「国家大学総長に対する進士学位授与権の委譲に関する決定」を通じて、国家大学総長に対して主として次の3つの権限を付与することが決定された。すなわち、「研究生の承認」、「国家級論文審査委員会の設置」、および「学位の承認と授与」である[85]。

加えて重要なこととして、国家大学では学位授与の過程でより教育部から距離をとっている。ハノイ国家大学を事例として、「ハノイ国家大学進士課程訓練規則(2011年)」を手がかりに学位授与制度を確認すると、こうした3つの権限に加えて、①直属単位に進士課程を設置する権限[86]および事後的に論文の質を検査する②進士論文検定委員会の組織も総長の権限となっている。このように、国家大学は進士課程の設置から進士号の授与に至るまで教育部の干渉を受けることなく自律的な活動が可能となっている。

こうした大学院教育および学位授与に関する制度変化と関わって、進士論文と国家統制の関係について付言しておきたい。すでに述べたように、従来の体制では大学院教育も社会主義建設のためにあるという観点から、進士課程では研究生の政治思想やマルクス・レーニン主義にもとづいた方法論が必須とされていた。これに対して2015年現在では、進士学位を取得するうえで思想教育は必須ではなく、また進士論文のテーマの選定においても必ずしも党の路線に従う必要がなくなっている[87]。このように、制度のみならず実態としても、大学院教育課程における研究を通じた知識の生産のありようは一定程度自由化しているものとみることができる。

本節では、大学における「出口」として学位授与制度における具体的な権限委譲の状況について検討してきた。改革の方向性としては、大きく従来の体制で強調された政治性・思想性が体制移行に伴って撤廃されるとともに、法人格を有する国家大学により大きな自由度を認めつつ、全体として教育部か

ら公立大学に学位授与権が委譲されてきているのである。

7 公立大学における管理運営の論理

これまで、主として従来の公立大学における運営自主権の拡大過程について、その背景と制度改革の状況を中心に検討してきた。こうしたなかで、教育部は公立大学とそこで生産・伝達される知識をどのように管理しようとしているのだろうか。教育部の論理について明らかにするため、これまでの議論を改めて整理すれば次のようになる。

第1に、1990年代後半から法規・政策を通じて言及されてきた大学の自主性に関して、2010年を前後して大学教員や教育官僚のあいだで議論が活発化してきている。教育部の機関誌『教育科学雑誌』における議論をみると、ベトナムにおいて市場化が進み知識経済社会へと統合される過程では、国家による直接的な大学の管理を見直し知識の伝達・生産における自由を要求する大学教員や、大学を学術の自由が認められる機関にしていくことを望む教育官僚の存在が明らかになった。『教育科学雑誌』における主要な論点は、教育の民主化を前提として、大学の自主性のいっそうの拡大、大学評議会の普遍化、それから大学組織内部での権限委譲を展開する必要があるというものである。大学評議会については、市場原理を意識した私塾大学の理事会のような意思決定組織として、大学外部の多様な関係者を取り入れることで大学の社会的責任を発揮していくとする理念がみられた。

第2に、こうした背景のもと、具体的な制度としてベトナム高等教育における大学入学者選抜制度と高等教育課程に関する制度、それから学位授与制度についてみれば、そこでは大きく国家から公立大学への権限委譲が生じてきている。具体的な自主権に関する制度改革のありようとしては、まず高等教育への「入口」である大学入学者選抜制度についてみれば、大きく従来の「国家社会主義体制」下で強調されていた政治性ないし思想性が体制移行に伴って要求されなくなるとともに、法人格を有する国家大学により大きな自由

度を認めつつ、全体として教育部から大学に入学者選抜における具体的な権限が委譲されてきているのである。

また、「内部過程」である教育課程のありようについては、従来の学年制のもとで国家が大学に伝えるべき知識の内容を細かく規定していた方式から、体制移行の過程では、教育部が形成する「教育課程枠組み」に各大学が従い教育課程の作成において一定程度の自由が与えられる方式に変化した。そして近年では、こうした枠組み自体が大綱化されることで、制度上、教育課程の作成が大学の権限になっている。このように体制移行の過程では、運営自主権の拡大により実質的な大学による知識の伝達の自由化が生じている。

そして、高等教育の「出口」にあたる進士学位授与制度についてみれば、大学入学者選抜制度と同様に大きく従来の「国家社会主義体制」下で強調されていた政治性ないし思想性が体制移行に伴って指導的な観点ではなくなるとともに、国家大学により大きな自由度を認めつつ、全体として教育部から公立大学に学位授与権が移譲されてきている。

こうした高等教育の「入口」、「内部過程」、それから「出口」における一連の改革から大学の各活動で重視される要点を抽出すれば、それは、大学への入学にあたっては主として受験生の学力であり、教育課程では大学の知識の伝達における自由・自主性、それから学位授与においては研究生の「学術性や独創性」としてまとめることができる。

とりわけ学位授与制度の変化の背景に言及しておくと、1990年代後半以降、ベトナムでは進士号のあり方をめぐって数度にわたり議論がおこなわれてきた。強調する必要があるのは、進士号とは学術性を有する大学が授与すべき「学位」であり、従来のような国家が関与する幹部のための「資格」ではないとする論点が生じてきたことである。主要な論者であるチャン・ヴァン・トー[88]を手がかりに進士学位に関する論点をみてみると、チャン・ヴァン・トーは党機関紙『ニャンザン』に「科学者の意見」として学位の評価の課題について文章を寄稿し、2000年には教育部大学院局長から要請を受けて進士号に関する諸問題をホー・チ・ミン国家政治学院で報告している。また科学技

術部の紀要『光線雑誌』(2003年)では、進士号の「問題の本質」について「進士号は科学における最高の学位」であり、進士論文は「学術性と独創性」を備える必要があると意見している[89]。

こうしてみてくると、公立大学の管理運営のありようは、教育部によるマクロな管理のもとで公立大学をより自主的で学術的な機関へと転換させるとともに、市場的な原理にもとづいて管理していくことである。そのための方策として教育部は、国家大学を実験的なモデルとしつつ、従来の体制下では党の領導と国家的管理・統制のもとに置かれていた公立大学に対して内部の意思決定を担う組織として大学評議会を導入することをめざしているのである。一連の改革の結果として、公立大学は教育と研究活動における自主権に加え、大学入学者の選抜と研究生に対する学位の授与において一定程度の自主性を享受するようになっている。

ただし、こうした権限委譲と対になる教育部の事後的な対応についても述べておく必要がある。大学入学者選抜制度について言えば、現在では、入学者選抜における大学側の自主裁量は拡大傾向にあるが、2018年から教育部は質保証の一環としてすべての大学を対象に卒業生の就職状況を開示することを義務づけており、開示のない大学には学生募集において一定の制限をかけることを明らかにしている。また、学位授与制度についてみれば、学位授与権の委譲を受けて大学側が学位を濫発したり売買したりするような事態があり、教育部は学位の質を保証するために事後的に検査をおこなう制度を設けている。さらに、機関の意思決定を担う組織である大学評議会については、第3章で確認したように、2010年以降はその構成員に教育部を代表する官僚を入れることが義務づけられている。このように、教育部は公立大学に対して具体的な自主権の委譲を進めてきているが、手放しに大学の自主裁量の拡大をおこなっているのではなく、管理運営のありようを事後的にチェックする仕組みを作りながら大学に対するマクロな管理を進めている。

8　おわりに

　本章の検討で明らかにしたように、2000年代後半以降ベトナムでは、教育部の機関誌『教育科学雑誌』のなかで、大学の自主権の拡大が一貫した論調になっており、そこでは大学教員をはじめ教育部の官僚に至るまで、大学の自主性や「学術の自由」を要求する論陣がはられてきている。このことは大学の自主権に関する具体的な制度にも反映されてきており、教育部の主導のもと体制移行の過程では、公立大学の自主性を高めるための改革が打ち出されてきた。具体的には「大学条例」や「高等教育法」をよりどころとして、機関内部の意思決定組織である大学評議会の設置を進めるとともに、機関の発展戦略、教育・研究、人事、財政に関して自主権を付与することが目指されてきている。いまだに大学評議会の普及や財政に関する公立大学の自主権については課題が残っているものの、入学者選抜、教育課程の作成、学位授与に関する権限が公立大学に付与されるようになった。こうしたことから従来の体制において国家や党に対する「従属」的機関とされた大学のありようの転換として捉えられる。

　本章での検討をふまえて、公立大学の管理運営改革を「誰が」「何をどの程度」「いかなる原理のもとで」管理しようとするのかという視点からみてみれば、それは理念的には次のようにまとめられるだろう。すなわち、大学評議会や機関を構成する大学教員が主体となって、機関の発展戦略、高等教育の入口から出口に至る各活動、組織、人事それから財政における自己裁量のもと、市場の原理にもとづきながら公立大学をより自主的にコントロールしていくことを志向している。そして公立大学には、従来の体制とは異なって、学術の「自由」と教育・研究の専門性が尊重されるようになっている。

　しかしながら、こうした高等教育変容の一方で、非教育行政部門に所管される大学を中心に大学評議会自体が機関内部に設置されていない大学も多く存在し、こうした大学には自主権が相応に与えられていないことが指摘されている。また、公立大学における教育と研究の自由が一定程度認められつつ

あるのに対して、依然として大学評議会の構成員には大学党組織のメンバーを入れなくてはならない。さらに本章でもみたように、大学では、必修科目として政治思想科目が組み込まれているのである。

続く第5章では、教育を主たる所掌事項としない非教育行政部門とそうした行政部門によって所管される大学との関わりについて検討する。

【注】

1 Phạm Đỗ Nhật Tiến. Về việc hoàn thiện thể chế giáo dục đại học tư thục. *Tạp Chí Quản Lý Giáo Dục*. tháng 2, số 2, 2018, p.5 においても、民立大学と私塾大学の設置主体に関して同様のことが述べられている。

2 Võ Văn Tạo. "Hội nghị bộ trưởng đại học các nước xã hội chủ nghĩa lần thứ XVI". Bộ Đại Học và Trung Học Chuyên Nghiệp. *Tạp Chí Đại Học và Giáo Dục Chuyên Nghiệp*. tháng 1, 1989, pp.26-27.

3 Mai Thanh Hồng. "Đảng cộng sản Việt Nam lãnh đạo phát triển giáo dục đại học từ năm 1996 đến năm 2005." Luận văn thạc Sĩ Lịch Sử (Đại học quốc gia Hà Nội Trung tâm đào tạo, bồi dưỡng giảng viên lý luận chính trị), 2011, p.52.

4 Luật Giáo Dục Đại Học của Quốc Hội khóa 13 luật số 8 ngày 18 tháng 6 năm 2012.

5 2005年に「ベトナム高等教育の基本的かつ全面的刷新に関する政府議決」として打ち出された。なお、民営大学に関しては、「経営グループ、大企業立の私塾大学を奨励する」という目標などが掲げられており、全体として高等教育の市場化を推進する内容となっている(Nghị Quyết số 14 của Chính phủ ngày 2 tháng 11 năm 2005 Về đổi mới cơ bản và toàn diện giáo dục đại học Việt Nam giai đoạn 2006-2020)。

6 第9条、第10条、第11条、第12条において財政に関する自主権と自己責任についての規定が存在する(Nghị Định số 43 của Chính Phủ ngày 25 tháng 04 năm 2006 Về Quy định quyền tự chủ, tự chịu trách nhiệm về thực hiện nhiệm vụ, tổ chức bộ máy, biên chế và tài chính đối với đơn vị sự nghiệp công lập)。

7 しかしながら、2000年に同大学は分離・独立することで、再びハノイ師範大学として運営を再開し現在に至っている。このため、ハノイ国家大学は師範系教育機関の必要性から1999年に師範学部を設置することを決定した。

8 Nghị Định số 97 của Chính Phủ ngày 10 tháng 12 năm 1993 Về việc thành lập Đại Học Quốc Gia Hà Nội。

9 Quyết Định số 477 của Thủ Tướng Chính Phủ ngày 05 tháng 09 năm 1994 Về việc ban hành Quy chế về tổ chức và hoạt động của Đại Học Quốc Gia Hà Nội。

10 国家大学の総長は首相によって任命される。大学評議会については、国家大

学評議会が存在し、総長、党執行委員会の書記、協同組合の主席、各構成員大学の学長、ホー・チ・ミン共産青年団の書記、構成員科学研究院の院長から構成されている（高等教育法、第18条）。

11　1995年第185号政府首相決定「ホーチミン市国家大学の組織と活動規則の公布に関する決定」(Quyết Định số 185 của Thủ Tướng Chính Phủ ngày 28 tháng 03 năm 1995 Về việc ban hành Quy chế về tổ chức và hoạt động của Đại Học Quốc Gia thành phố Hồ Chí Minh)において「教育部に直属する」と規定されている（同決定、第2条）。

12　2001年第7号政府議定「国家大学に関する政府議定」(Nghị Định số 07 của Chính Phủ ngày 01 tháng 02 năm 2001 Về Đại Học Quốc Gia)においても同じことが確認できる（同議定、第1条、第2条、第3条）。この議定はホーチミン市国家大学も対象とされるが、「教育部に直属する」という文言はみられない。また、高等教育の管理運営について論じている主要な文献である Trần Khánh Đức, Nguyễn Mạnh Hùng. *Giáo Dục Đại Học và Quản Trị Đại Học*. Nhà xuất bản Đại Học Quốc Gia Hà Nội, 2012, p.264においても、国家大学は教育部および各中央行政部門、それから地方政府と同位にあると指摘している。

13　Ngo Minh Thuy 翻訳、編集『ベトナム大学全覧』厚友出版、2015年、42頁。

14　同上書、40～41頁。

15　国家大学教育大学の改革に関しては、関口洋平「変革期ベトナムの教員養成改革の動態に関する研究：教員養成モデルの多様化という視点から」『日本教師教育学会年報』第21号、日本教師教育学会、2012年、128～137頁に詳しい。

16　Hội Thảo Khoa Học. "Vấn đề tự chủ - tự chịu trách nhiệm ở các trường đại học và cao đẳng Việt Nam." 以下の URL より2018年10月15日最終アクセス。
(http://tailieu.vn/doc/hoi-thao-khoa-hoc-van-de-tu-chu-tu-chiu-trach-nhiem-o-cac-truong-dai-hoc-va-cao-dang-viet-nam-1842950.html)

17　ホーチミン市師範大学で開催されたこともあり、ベトナム全体の大学が参加しているものの、相対的に南部の大学が多く参加している。

18　「理論編」では、大学の自主に関する理論や大学人の理念が論じられている。全体的な論調として国家主導でおこなわれつつある大学の自主権に関する改革をより促進し、大学がより自主的な高等教育・研究機関となり、そのために大学は自由度の拡大を要求するというものである（Hội Thảo Khoa Học. "Vấn đề tự chủ - tự chịu trách nhiệm ở các trường đại học và cao đẳng Việt Nam."p.1）。

19　*Ibid.*, p.35, pp.47-48, pp.106-107.

20　例えば、「市場経済、知識経済の背景のもと、管理工作に関わる重要な課題は、各大学に対して自主権と社会的責任を増大していくことである」(*Ibid.*, p.49)。

21　*Ibid.*, pp.51-52.

22　「ASEANにおける大学でもこうした大学の管理運営改革が進んできている」と

したうえで(*Ibid.*, p.106)、大学の自治(university autonomy)とは、「学事の調整における高等教育機関の自由のことであり、いかなる権力からもその指導や影響を受けないことである」と述べられている(*Ibid.*, pp.106-107)。
23　*Ibid.*, p.34.
24　ここで述べられている「自己検閲」の習慣は、第6章でも検討するように、ベトナム高等教育における学術の自由の実態について検討するうえで非常に重要な概念である。
25　例えば本文中の表4－1においても、高等教育の管理運営を扱った研究論文は2005年から2010年までの期間で18本であるのに対し、2010年から2015年では44本である。それぞれの期間に掲載された全論文に占める割合をみても、1.6％と3.8％であり、2010年以降では拡大傾向にあると言える。
26　Phan Văn Kha. "Đổi mới căn bản, toàn diện nền giáo dục theo hướng chuẩn hóa, hiện đại hóa, xã hội hóa, dân chủ hóa và hội nhập quốc tế." *Tạp Chí Giáo Dục Khoa Học*. tháng 11, số 74, 2011, p.4.
27　第1号から第100号までの雑誌の状況については表4注－1に示すとおりである。『教育科学情報』は、『教育科学雑誌』の前身であり1983年から2005年までの22年にわたって刊行された教育部の機関誌の1つである。この期間のうち、1983年から2003年にかけて掲載された1642本の論考について、テーマや教育段階別に論文数を記載した『教育科学情報総目録』にもとづいて基本的な情報を整理すれば以下のようになる。このうち、教育学(「教育管理」)に関する論文で、高等教育を扱ったものは2本であり、また、高等教育に関する44本の論文のうち、管理運営に関する論文は1本であった。

表4注－1　『教育科学情報』の基本的情報(1983年～2003年：第1号～第100号)

項目	一般問題	教育学 (教育管理を含む)	心理学	段階別教育学 (高等教育)	外国教育	統計資料	合計
本数	223	453	133	360(44)	371	112	1642

出典：Viện Chiến Lược và Chương Trình Giáo Dục Việt Nam: Tạp Chí Thông Tin Khoa Học Giáo Dục. *Tổng Mục Lục: Các Bài Báo Khoa Học Đăng Trên Thông Tin Khoa Học Giáo Dục từ 1983 đến 2003*. Hà Nội: Viện Chiến Lược và Chương Trình Giáo Dục Việt Nam, 2003, pp.7-123 より筆者作成。

28　表4注－1について、高等教育あるいは教育管理に関する論文で、主題に「自主」が表れている論文は存在していない。また、第101号から第119号までをみても、そうした主題の論文は確認できない。
29　表4－1について、①高等教育に関する論文の計上方法は、論文の主題に「大学」、「短大」、「学生」の用語のうち少なくとも1つが出ていること、かつ、「管理」または「自主」という用語が出ていないことを基準としている。②管理運営については、論文の主題に「大学」、「短大」、「学生」の用語のいずれも出ていないこと、

かつ、「管理」または「自主」の用語のいずれか1つでも出ていることを基準としている。そして③大学・管理運営については、論文の主題に大学と関連する用語(「大学」または「短大」または「学生」)が出ており、かつ、管理運営に関わる用語(「管理」または「自主」)が出ている論文の本数を示している。このように論文の主題から該当すると考えられる論文の本数を計上したので、当然のことながら、『教育科学雑誌』のなかには表4-1に含まれていないものの、研究の内容として高等教育の管理運営について論じている研究論文が存在することはありうる。しかしながら本節では、『教育科学雑誌』の全体的な動向を概括することを目的としているためこうした可能性は捨象して表4-1を作成した。

30　Vũ Ngọc Hải. "Về quyền tự chủ và tính trách nhiệm xã hội của các trường đại học." *Tạp Chí Giáo Dục Khoa Học*. tháng 6, số 9, 2006, pp.12-15.

31　具体的には次に示すとおりである。①教育の民主化とは、すべてのひとが教育を受けるとともに、教育活動に参加していくこと、そして教育における社会的公平性を実現することである。また、②学校の民主化とは、学校を実際として人民の、人民による、人民のためのものにしていくこと。それから③教育管理の民主化とは、教育における官僚制、手続きの煩雑性、賄賂の横行を排除することであるとされる(Phan Văn Kha. 2011, *op.cit.*, p.1)。

32　すなわち、おおまかに国家(教育部、非教育行政部門)と大学との関係における権限委譲と大学内部での管理体制の改革ないし権限委譲の2点としてまとめられる。後者については、「原則として、最高権力は依然として学長に集中している。行政組織と行政管理者に権力が集中する伝統的なモデルがいまでも残っている。」「多くの大学では、こうした状況に対し、科や部門、教員個人の権限を保障するための規則体系を創り出しているところも存在している」とされる(Vũ Thị Mai Hường. "Tăng cường tính tự chủ, tự chịu trách nhiệm của các trường đại học, cao đẳng Việt Nam theo hướng tiếp cận quản lý dựa vào nhà trường." *Tạp Chí Giáo Dục Khoa Học*. tháng 7,số 82, 2012, p.37)。

33　こうした論調の主要な論文としては、次の論文が挙げられる。Lê Thanh Tâm. "Tự chủ và chịu trách nhiệm trong quản lí trường đại học." *Tạp Chí Giáo Dục Khoa Học*. tháng 10, số 73, 2011, pp.43-44.

34　Nguyễn Thị Mỹ Lộc, Lê Thanh Tâm. "Bàn về quản lý trường đại học thực hiện quyền tự chủ và trách nhiệm xã hội ở nước ta." *Tạp Chí Giáo Dục Khoa Học*. tháng 7, số 106, 2014, pp.4-6.

35　Đặng Ứng Vận, Nguyễn Thị Huyền Trang. "Giải trình, chịu trách nhiệm và tự chủ tài chính đại học." *Tạp Chí Giáo Dục Khoa Học*. tháng 2, số 101, 2014, pp.1-4.

36　Thái Văn Thành, Nguyễn Như An. "Vai trò của trường bộ môn trường đại học trước bối cảnh đổi mới căn bản, toàn diện giáo dục và đào tạo." *Tạp Chí Giáo Dục Khoa Học*. tháng 3, số 114, 2015, pp.12-15.

37　Đỗ Ngọc Thống. "Dân chủ hóa trong giảng dạy và nghiên cứu văn học ở các trường đại học." *Tạp Chí Giáo Dục Khoa Học*. tháng 8, số 119, 2015, pp.4-8 および、Nguyễn Tiến Hùng. "Tự chủ và năng lực thực hiện quyết định tự chủ nghề nghiệp của đội ngũ giảng viên đại học." *Tạp Chí Giáo Dục Khoa Học*. tháng 12, số 123, pp.4-5.
38　Đỗ Ngọc Thống. 2015, *op.cit.*, p.4.
39　Nguyễn Tiến Hùng. 2015, *op.cit.*, pp. 4-5.
40　このことは、第2章で検討した大学のありようと関連している。1975年3月31日に北部ベトナムで開催された大学入学者選抜会議では、「大学入学者選抜の目標」として、幹部養成の任務に貢献することと同時に、軍事義務、労働、公務遂行、学習、修練などにおいて党と国家の政策を実現する人民を大学へ就学させることが奨励された。
41　*Đại Học và Trung Học Chuyên Nghiệp: Tập San của Ngành Đại Học và Trung Học Chuyên Nghiệp*. tháng 2, 1976, p.43.
42　受験可能な大学はそれぞれ、A枠では工科大学、建設大学、水利大学、師範大学・総合大学（理系学部）、B枠では医科大学、農業大学、水産大学、そしてC枠では師範大学、総合大学（文学部、歴史学部）が対応している。
43　ただし、合否判定における政治性の比重については明記されていない。
44　Đỗ Văn Chừng. "Đổi mới công tác tuyển sinh đại học và cao đẳng năm học 1988-1989." *Đại Học và Trung học Chuyên Nghiệp: Tập San của Ngành Đại Học và Trung Học Chuyên Nghiệp*. tháng 8, 1988, p.8.
45　*Ibid.*, p.9.
46　こうした権限は、以前は学長の権限として規定されていた。
47　2003年に国家は再び入学者選抜における問題作成権を回収した。その理由は第1に、試験違反や縁故主義にもとづく試験問題の漏えいといった問題に対する懸念が世論において存在していたと考えられること、第2に、先行研究で言及されていることとして、大学入試として出題されるべき水準という観点から各大学の出題する問題の質に格差の拡大が生じたため、国家が入試問題の質的な均一化を図る必要性が生じたことである（関口洋平「ベトナムの大学入学者選抜制度における権限配分の論理：体制移行期の制度改革を中心に」『京都大学大学院教育学研究科紀要』第61号、京都大学大学院教育学研究科、2015年、377頁）。
48　その1つとして「素質入試」が挙げられる。芸術教育、建築、芸能活動などのおおまかに芸術に関わる高等教育については、「素質試験」として専門性の高い単科大学を中心に入学者の選抜方法を大学に委ねている。
49　2015年3月11日筆者実施、教育部グエン・ラン・フオン女史および教育管理学院副院長への聞き取りでは、従来の後期中等教育修了試験の合格率が非常に高かったことから、①試験の効率化と②受験生の負担軽減が改革の要因として挙げられた。なお、生徒は、必須3教科の数学、語文、外国語に加え、歴史、

地理、物理、化学、生物から自由に1科目を選択し、合計4つの科目の点数で後期中等教育の修了と大学への進学が決定するようになっている。

50　Báo Thanh niên. *Cẩm Nang Tuyển Sinh năm 2015*. Đồng Nai: Nhà xuất bản Đồng Nai, 2015, pp.18-19.

51　「合格最低点を極めて低く設定した場合の教育訓練部による介入」以下のURLより2018年10月15日最終アクセス。(https://news.zing.vn/bo-gd-dt-se-vao-cuoc-neu-truong-dai-hoc-ha-diem-chuan-qua-thap-post867674.html)

52　『若者』「5月からハノイ国家大学で独自入学者選抜開始」。以下のURLより2017年12月31日最終アクセス。
(http://tuoitre.vn/tin/giao-duc/20160207/dh-quoc-gia-ha-noi-bat-dau-tuyen-sinh-rieng-tu-thang-5/1050079.html)

53　近田政博『近代ベトナム高等教育の政策史』多賀出版、2005年、200頁。

54　Quyết Định số 745 của Bộ Trưởng Bộ Giáo Dục và Đào Tạo ngày 24 tháng 10 năm 1963 Về ban hành quy chế tạm thời về thi và kiểm tra các môn học ở các trường đại học.

55　Nguyễn Đăng Châu. "Vài suy nghĩ về công tác giáo dục lý luận chính trị trong các trường đại học." *Đại Học và Trung Học Chuyên Nghiệp: Tập San của Ngành Đại Học và Trung Học Chuyên Nghiệp*. tháng 9 và tháng 10, 1978, p.10.

56　近田、前掲書、2005年、334頁。

57　Hội Thảo Khoa Học. "Vấn đề tự chủ - tự chịu trách nhiệm ở các trường đại học và cao đẳng Việt Nam." p.68.

58　2001年には、第31号教育大臣決定「正規大学・短大課程における単位制のもとでの訓練・検査・試験・卒業承認の実験的組織」が出されている (Quyết Định số 31 của Bộ Trưởng Bộ Giáo Dục và Đào Tạo ngày 30 tháng 7 năm 2001 Về việc thí điểm tổ chức đào tạo, kiểm tra, thi và công nhận tốt nghiệp đại học, cao đẳng hệ chính quy theo học chế tín chỉ)。

59　Trần Khánh Đức, Nguyễn Mạnh Hùng. 2012, *op.cit.*, p.214.

60　Quyết Định số 43 của Bộ Trưởng Bộ Giáo Dục và Đào Tạo ngày 15 tháng 8 năm 2007 Về việc ban hành Quy chế đào tạo đại học và cao đẳng hệ chính quy theo hệ thống tín chỉ および Quyết Định số 17 của Bộ Trưởng Bộ Giáo Dục và Đào Tạo ngày 15 tháng 5 năm 2014 Về việc ban hành Quy chế đào tạo đại học và cao đẳng hệ chính quy theo hệ thống tín chỉ.

61　Thông Tư số 57 Bộ Trưởng Bộ Giáo Dục và Đào Tạo ngày 27 tháng 12 năm 2012 Về việc sửa đổi, bổ sung một số điều của Quy chế đào tạo đại học và cao đẳng hệ chính quy theo hệ thống tín chỉ ban hành kèm theo Quyết Định số 43 của Bộ Trưởng Bộ Giáo Dục và Đào Tạo ngày 15 tháng 8 năm 2007.

62　以下のURLより2017年12月31最終アクセス。

(https://tuoitre.vn/bo-chuong-trinh-khung-giao-duc-dh-527617.htm)

63　Thông Tư số 07 của Bộ Trưởng Bộ Giáo Dục và Đào Tạo ngày 16 tháng 04 năm 2015 Về việc ban hành Quy định về khối lượng kiến thức tối thiểu, yêu cầu về năng lực mà người học đạt được sau khi tốt nghệp đối với mỗi trình độ đào tạo của giáo dục đại học và quy trình xây dựng, thẩm định, ban hành chương trình đào tạo trình độ đào tạo trình độ đại học, thạc sĩ, tiến sĩ.

64　以下の URL より 2018 年 10 月 15 日最終アクセス。
(https://vov.vn/xa-hoi/giao-duc/hon-loan-mo-nganh-hot-chat-luong-dai-hoc-ve-dau-753719.vov)
　　なお、こうした「市場で売れる」専門分野の乱立の背景としてベトナムにおける大学教育と就職との関係について触れておきたい。教育部は、2018 年より高等教育の質保証の一環として各大学に卒業生の就職率の開示を義務づけており、開示をしない大学には学生募集にあたり一定の制限を設けることとしている。近年の就職率は全体として 80％程度とされるが、この数値は大学により大きく異なっている。具体的にデータをみれば、都市部の有力大学である国民経済大学（96.4％）、ハノイ大学（93.3％）、カントー大学（88.6％）などの就職率はよいものの、地方の大学である中部のハティン大学（61.5％）、北部のタイバック大学（49.4％）では就職が困難な状況がうかがえる（https://vietnammoi.vn/danh-sach-64-truong-dai-hoc-cong-bo-ti-le-sinh-vien-ra-truong-co-viec-lam-89438.html）。加えて言えば、ベトナムではいわゆる「新卒採用」制度がなく、学生は大学卒業後に就職活動をはじめる。企業側は即戦力となる人材や威信の高い大学の卒業生を好んで採用する傾向にあるため、大学には「市場で売れる」人材を養成すること、学生には市場に適応することが求められるようになっているのである。

65　Hội đồng trung ương chỉ đạo biên soạn giáo trình quốc gia các bộ môn khoa học Mác – Lênin, Tư tưởng Hồ Chí Minh. *Giáo Trình Chủ Nghĩa Xã Hội Khoa Học (tái bản có sửa chữa, bổ sung)*. Hà Nội: Nhà xuất bản Chính Trị Quốc Gia, 2012, p.8.

66　このうち自由選択科目は、その項目の科目を選ばないという選択もできるが、必須選択科目ではその項目のなかから何らかの科目を選択しなくてはならない。

67　なお、表 4-5 におけるカリキュラムには含まれていないが、課外活動としての「国防教育」も必須である。「国防教育」は、7 単位、160 時間に換算される。

68　ベトナムの大学における学期について、一年は前半期と後半期の二期に分けられている。「第 4 期」とは、第 2 学年の後半期を指し、「第 5 期」は第 3 学年の前半期を指すものである。同様に、第 8 期は第 4 学年の後半期である。

69　ハノイ師範大学の教育管理分野カリキュラムにおいて、政治思想系科目はカリキュラム全体の 7.6％を占めており、多少の変化ではあるが、10％〜20％を占めていた従来の体制と比較すると相対的に少なくなったと言えるだろう。

70　Quyết định của Bộ trưởng Bộ giáo dục và đào tạo ngày 23 tháng 11 năm 1990 về việc ban hành quy chế thi, kiểm tra, xét lên lớp, xét tốt nghiệp trong các trường, lớp trung học chuyên nghiệp và dạy nghề(Hệ dài hạn tập trung).

71　それ以前、高等教育制度の整備される過程では、学生が大学を卒業した後に「研究生」としてさらに高次の学位を取得するためには、ソビエトをはじめとした東欧諸国を含む旧社会主義国家圏に留学しなくてはならなかった。

72　"Xung quanh vấn đề đào tạo trên đại học ở trong nước." *Đại Học và Trung Học Chuyên Nghiệp: Tập San của Ngành Đại Học và Trung Học Chuyên Nghiệp*. tháng 5, 1977, p.32。

73　なお、大学院教育課程への研究生の選抜原則については、以下に示す基準を満たした幹部のなかから選抜されるとしている(*Ibid.*, pp.32-34)。
・政治性に関して、大学によって確認されねばならないのは、本人の履歴が明白であり、よき政治的品性と革命道徳を備えていることとされる。
・専門性に関して、大学卒業後、少なくとも3年間、科学技術の領域で仕事に携わった後、より深い研究活動に参加する予定であること、または、すでによい研究結果を残していることとされる。新卒の学生の場合では、大学の科学評議会が科学研究に関する優れた能力を承認していれば3年以上働く必要はない。

74　このことは、「大学院教育は副進士、科学進士の学位に到達することを保証するためのものである」という条文からも明らかである(Quyết Định số 224 của Chính Phủ ngày 24 tháng 05 năm 1976 Về việc đào tạo trên đại học ở trong nước)。

75　大学院教育の目的は、副進士と科学進士の学位を取得することであるとされたが、実際としては副進士号を取得するための大学院教育課程が8つの高等教育機関で開始された(Trần Hồng Quân (tổng chủ biên). *50 Năm Phát Triển Sự Nghiệp Giáo Dục và Đào tạo (1945-1950)*. Hà Nội: Nhà xuất bản Giáo Dục, 1995, p.235)。

76　「国内における大学院教育に関する決定」では、大学院教育の目標について、到達すべき基準として「(a)専門性」と「(b)政治性」に関する規定が存在している。

77　すなわち、その第1条において「大学部は、各大学および各科学研究院における研究生の論文防衛の審査と結果の承認に関する委任を受けて、学位の承認と資格の授与を代行する」と規定された("Xung quanh vấn đề đào tạo trên đại học ở trong nước." *Đại Học và Trung Học Chuyên Nghiệp: Tập San của Ngành Đại Học và Trung Học Chuyên Nghiệp*. tháng 5, 1977, p.32)。

78　*Ibid.*, p.33.

79　具体的には、第319号決定「大学および研究院に対する大学院の幹部訓練任務の委譲に関する決定」が公布されたことで、大学院段階で大学幹部(大学教員)の養成をおこなう任務が旧南ベトナムの有力な総合大学および単科大学、ならびに科学研究院に与えられた(Quyết Định số 319 của Hội Đồng Chính Phủ ngày 17 tháng 12 năm 1980 Về việc giao　nhiệm vụ cho các trường đại học và viện nghiên

80 グエン、チェンダット、スローパー、デイヴィッド「大学院教育と大学教員の職階」スローパー、デイヴィッド、レ・タク・カン編、大塚豊監訳『変革期ベトナムの大学』東信堂、1998年、133頁。

81 Quyết Định số 18 của Bộ Trưởng Bộ Giáo Dục và Đào Tạo ngày 08 tháng 06 năm 2000 Về việc ban hành Quy chế đào tạo sau đại học.

82 Thông Tư số 10 của Bộ Trưởng Bộ Giáo Dục và Đào Tạo ngày 07 tháng 05 năm 2009 Về việc ban hành Quy chế đào tạo trình độ tiến sĩ.

83 進士課程のコースワークは、①補充科目群、②進士課程科目群、③進士論文からなるとされる。補充科目群は碩士課程で修めておくべき専門科目であり、主として碩士号を取得していない研究生のための科目であるのに対し、進士課程科目群は、主として研究手法を向上させることに主眼を置いた科目から構成され、すべての研究生が履修を要求される。ハノイ国家大学外国語大学党委員会の執行委員によれば、進士課程には政治思想系科目の授業やゼミは存在せず、専門に関する科目のみを履修するということである（2017年6月7日筆者実施、ハノイ国家大学外国語大学政治・学生組織室長への聞き取り）。

84 「進士課程訓練規則」（2009年）では、国家が大学に進士論文の審査権を委譲したことと対になって、教育大臣は必要と判断した場合には進士論文の質が一定以上に保たれているかどうか検査するために「進士論文検定委員会」を組織すると規定されている（第41条）。具体的には、その年に提出された進士論文のうち、少なくとも30%が検定の対象となる（第40条）。

85 Quyết Định số 24 của Bộ Trưởng Bộ Giáo Dục và Đào Tạo ngày 28 tháng 06 năm 2001 Về việc ủy quyền cho Giám Đốc Đại Học Quốc Gia cấp bằng tiến sĩ.

86 進士課程の設置認可については、構成員大学における課程の設置には教育大臣の決定を必要とするが、直属単位での設置は総長の決定によるものとされ教育部の介入を受ける必要がない（Quyết Định số 1555 của Giám Đốc Đại Học Quốc Gia Hà Nội ngày 25 tháng 5 năm 2011 Về việc ban hành Quy chế đào tạo sau đại học ở Đại Học Quốc Gia Hà Nội）。

87 具体例として、教育学分野の教育管理という専門領域を取り上げれば、研究生はこの専攻で論文を書く場合に多数のテーマから1つを選ぶ必要があるが、このうち党の路線に関係する主題は1つだけであり、あくまで選択肢のうちの1つとして提示されているに過ぎない。テーマのなかでは、「教育および教育管理における党と国家の観点の実現ないし運用」が党に直接的に関連する唯一の主題であり、そのほかは、「教育管理における現代的アプローチの運用」、「国際統合期の教育管理」、「教育機関の管理における民主の実現」「教育および教育管理における体制や政策」などの多様な主題が設定されている（Trần Kiểm. *Những Vấn Đề Cơ Bản của Khoa Học Quản Lý Giáo Dục*. Hà Nội: Nhà xuất bản Đại Học Sư

Phạm, 2015, p.349)。
88　2018 年現在、早稲田大学教授。
89　Trần Văn Thọ. "Bàn lại vấn đề học vị tiến sĩ." *Tạp Chí Tia Sáng*. số.17, 2003, pp.10-13.

第5章

ベトナムの大学管理運営における多数省庁所管方式の構造と論理

1　はじめに
2　社会主義国における多数省庁所管方式の導入
　　ソビエトと中国を事例として
3　ベトナムにおける多数省庁所管方式の歴史的経緯
4　非教育行政部門の所掌事項と権限配分関係
5　非教育行政部門による大学と知識に対する関与の実態
6　ベトナム高等教育における多数省庁所管方式の構造と論理
7　おわりに

1　はじめに

　本章では、第3章および第4章において教育部が主導する高等教育改革を検討してきたのに対し、従来体制からの連続性として社会主義国の高等教育行政制度に共通してみられる多数省庁による所管分担方式(以下、多数省庁所管方式)を手がかりに、主として非教育行政部門の視点から、その所管のもとに置かれる公立大学と非教育行政部門との関係について検討する。

　第3章および第4章での検討を通じて、ベトナムでは、主として教育部の主導のもとで民営大学および公立大学のありようが体制移行の過程で大きく転換しつつあることが明らかになった。またそうした変化とも関連して、大学やそこで生産・伝達される知識をどのように管理していくのが望ましいのかという大学管理運営の論理についても、従来の体制における党と国家による厳格な統制からの転換が認められた。

　しかしながら一連の高等教育改革の一方で、ベトナム高等教育における管理運営体制を高等教育行政の視点からみたとき、そこでは現在もなお従来のありようが存続しているように思われる。すなわち、水利部や工商部をはじめとして教育を本来の所掌事項としない多数の省庁、つまり非教育行政部門が専門性の高い単科の公立大学を所管し、その管理運営に関与している状況が確認できるのである。

　こうした状況について、まず強調しておく必要があるのは、多数省庁所管方式に対する教育部の意向である。ホアン・ゴック・ヴィン教育部職業訓練局長(2009年当時)は、ベトナムの非教育行政部門による大学への関与を「新たな経済体制と高等教育管理運営体制を実践するうえでは無益である」とし、とくに非教育行政部門による直接的な大学への関与を批判したうえで、全体として大学の自主性を高めるべきであると述べている[1]。また1990年代にはすでに、ベトナムにおいてすべての大学を教育部のもとへ移管しようとする動きが生じつつあったが、こうした教育部への移管を求める風潮に対して非教育行政部門や所管大学側からの抵抗が存在していたことが指摘されてい

る[2]。このように体制移行の過程で教育部は、多数省庁所管方式を解体し自らの所管のもとにすべての大学を置こうとしたり、多数省庁所管方式における各所管部門の直接的な大学への管理を批判したりするものの、一貫してベトナムでは高等教育行政において多数省庁所管方式が採られてきている。

　それでは、ベトナム高等教育において多数省庁所管方式が持続するなか非教育行政部門は、大学やそこで扱われる知識への関与においていかなる権限をどの程度掌握しているのだろうか。また、体制移行の過程において非教育行政部門が大学を所管し、大学に関与を続けることの背景にはどのような論理が存在するのだろうか。こうした問題認識にもとづき、本章では、大学の管理運営において「誰が」「何をどの程度」「いかなる原理のもとで」管理するのかという視点から、主として多数省庁所管方式における権限配分関係と所掌事項の実態について検討する。このことを通じて、非教育行政部門との関係からみる大学の役割を示すとともに、非教育行政部門による大学の管理運営への関与の論理を明らかにすることを目的とする。

　以上をふまえて本章では、まず、ソビエトと中国を事例に多数省庁所管方式の導入過程を中心に概観することで、こうした高等教育行政制度が社会主義国の高等教育に共通する論理に支えられていることを確認する（第2節）。それから、ベトナムの高等教育行政構造に着目し、多数省庁所管方式の導入背景と近年に至る経緯を整理する（第3節）。そのうえで、非教育行政部門による所管大学に対する所掌事項と大学側の自主権に関する検討をするとともに（第4節）、実態面から非教育行政部門の大学への関与について考察する（第5節）。こうした検討から、非教育行政部門との関係における大学の役割を示すとともに、非教育行政部門による大学管理運営への関与の論理を明らかにする（第6節）。

　なお、序章で述べたように「多数省庁所管方式」については次のように定義する。すなわちそれは、「教育を本来の所掌事項とする行政機関以外に、中央の水利部や工商部など、専門的に教育行政を行うのではない中央・地方の非教育行政部門が各々独自に高等教育機関を設置し運営している」状況である。

2　社会主義国における多数省庁所管方式の導入：ソビエトと中国を事例として

　それではまず、ソビエトと中国を事例として、多数省庁所管方式の導入過程を中心に概観し、その導入時において多数省庁所管方式が社会主義国に共通する論理に支えられていることを確認することからはじめよう。なお第1章においてすでに述べたように、ロシアでは現在もなお中央レベルの非教育行政部門が多数の大学を所管しているのに対し、中国では、大部分の大学が地方政府に移管され、そこでは教育を所掌事項としない地方の非教育行政部門が多くの大学を所管する方式が採られている。こうした状況から、本節では、ソビエトおよび中国における多数省庁所管方式の導入の背景について検討したうえで、とりわけ中国における多数省庁所管方式の展開過程について概観しておこう。

(1) ソビエト高等教育における多数省庁所管方式

　建国初期のソビエトでは、高等教育機関は各加盟共和国の教育人民委員部に管轄されていたが、国家の社会主義的改造を目指す過程で高等教育行政に多数省庁所管方式が導入された。

　ソビエトでは1928年に第一次五カ年計画が開始され、社会主義経済体制の確立がめざされるなか、同年7月4日～12日に開かれた共産党中央委員会総会での討議を経て採択された総会決議が「新しい専門家の養成について」であった[3]。同決議には「各種の経済機関が、高等教育機関、中等専門学校の教授・学習のあり方に直接的な影響を与えるようにするために具体的な方針が打ち出され」、「この決定のあと、高等教育機関の関係経済諸機関への移管の措置が始まった」とされる。さらに、この方針を強化するため、1930年7月23日、ソビエト連邦中央執行委員会は「高等教育機関、中等専門学校、労農予備学校の改革」と題する決定を下し、以下のような分担管轄方式が示された[4]。

①多くの学部・学科を抱えた高等教育機関と中等専門学校は、分野別の、独立した教育機関、中等専門学校に再編成される。必要に応じて、異なった教育機関の同じ種類の専攻は、統合される。
②工業・技術系の教育機関は、分野ごとの企業連合体、ソ連邦、各連邦共和国の該当する人民委員会、各種機関に移管される。
③農業系の教育機関は、ソ連邦農業人民委員会、(農業系の)企業連合体、および各連邦共和国農業人民委員部に移管される。
④経済専門家は、共通の規則に従って独立した分野ごとの高等教育機関、中等専門学校で養成される。

このようにして多数省庁所管方式が導入されたことについて、ソビエト高等教育部のカフタノフ部長は談話形式の論文「ソ連高等教育の組織」のなかで次のように述べている。

「国民経済の社会主義的改造の時期にはすべての高等教育制度が再編された。高等教育機関はすでに大成長を遂げるようになった。工業、農業、医学、法学およびその他の高等教育機関は当該の各人民経済委員部の管轄に改められた。各共和国の教育人民委員部管理下には大学、教育学院、師範学院のみが残ったのである。高級学校を経済人民委員部に直属させたことは、幹部教育の指導の改善を促すとともに、カリキュラムと国民経済各部門の実際の任務とを直接結びつけたのである」[5]。

このようにソビエトでは、国家の社会主義建設を進める過程で、大学は各経済分野と直結する各行政部門に移管されることで、教育活動を生産に結びつけ、国民経済セクターの実際的な課題と高等教育の直接的な結合が図られることになった。

(2) 中国高等教育における多数省庁所管方式

　中国において多数省庁所管方式の原型は、社会主義体制を目指す国造りの一環として建国初期の1950年代に形成された。具体的には、1953年に政務院によって公布された「高等教育機関の指導関係の修正に関する決定(以下、修正決定)」を通じて、それ以前の主として中央教育行政部門が一括して大学を所管する方式が転換されたのである[6]。

　この修正決定の要点は、中央教育行政部門以外の中央各部・委員会による高等教育行政への直接関与を定めたことであり、「教育を実情と密接に結びつけるのに資するため、各高等教育機関を直接管理する活動に関して」、「中央教育部と中央の各関係行政部門とが分業して責任を持つ」とされた[7]。大塚によれば、中国でこうした方式が採用されたのは次の理由による。つまり、中国より先に社会主義体制を採っていたソビエトの影響に加え、多数の省庁が自前の大学を所管する方が、各専門分野の高等教育と社会における当該分野に関連する諸活動や生産を密接に結びつけるうえで有効であるからということである[8]。

　こうしてみるように建国期のソビエトや中国では、「教育と生産労働の結合」原則が唱えられるなか、「カリキュラムと国民経済部門の実際の任務を結びつける」ことが国家の社会主義的改造の過程において求められていた。このため中国では、同様の国家的課題を抱えていた時期のソビエトにおける高等教育行政制度が採用された。そして、こうした原則のもとで大学は、国家による直接的な管理に従って教育内容を経済部門と密接に結びつける人材養成機関になることがめざされていたのである。

(3) 中国高等教育における多数省庁所管方式の展開

　第1章ですでに確認したように、中国では、大学の地方委譲が進む過程で多数省庁所管方式に変化がみられるようになっている。建国初期に形成された中国の多数省庁所管方式は、その後、1958年の中共中央「高等教育機関および中等技術学校の権限の下方委譲に関する意見」をはじめとして地方政

府への権限委譲が図られるようになった。地方政府への権限委譲に関しては、文化大革命などにより揺り戻しがあったものの[9]、とりわけ1980年代以降の体制移行に伴って大学の所管構造に変化が生じてきている。1990年代から2010年までで象徴的な変化がみられる3時点をとり、所管部門と大学との関係をみるため、全体としての高等教育機関数の量的変遷を示したのが**表5－1**である。

表5－1からは、中国高等教育システムにおいて中央非教育行政部門が所管する大学数が大幅に減少し、中央と地方間での分権化が進められたことで、おおまかにみれば、地方政府が一括して大学を所管する方式が採られていることがわかる。ただし、地方政府のなかでは、非教育行政部門が依然として多くの大学を所管している状況があり[10]、この点で、多数省庁所管方式そのものの構造は維持されていると言ってよい。

なお、こうした変動の要因として、次のような指摘がある。第1に、そもそも国家全体としての利益を追求するはずが、各省庁がそれぞれの権益を追求する結果となるという多数省庁所管方式が内包した矛盾である[11]。第2に、体制移行に伴って、計画にもとづき卒業生を自省庁ないし所管する各国家機関に就職させる従来の仕組みが廃止されたことで、各行政部門が省庁自前の大学を抱えることのメリットが減少したことである[12]。とくに前者の問題に関して、1985年から1998年にかけて教育部が国家教育委員会に昇格し国家機構内での序列が上がったことが、中央非教育行政部門のもとにある大学を教育行政部門あるいは地方政府へ移管する原動力になったと考えられる[13]。

表5－1 中国における所管機関数の経年変化

	中央行政部門		地方政府	全体
	教育部門	非教育部門		
1991年	36	318	721	1,075
1999年	202	46	823	1,071
2010年	73	38	2,247	2,358

出典：『中国教育統計年鑑』1990－1991、1999、2010より筆者作成。単位は校。

3　ベトナムにおける多数省庁所管方式の歴史的経緯

本節ではまず、「誰が」大学を管理するのかという視点から、ベトナムにおいて多数省庁所管方式が導入された過程とその展開状況について、政府文書・統計資料をもとに検討する。

(1) 多数省庁所管方式の導入過程

第2章においてすでに述べたように、ベトナム高等教育における多数省庁所管方式は、1976年以前ベトナムが南北分断国家であったことから、その導入の過程については2つの時期を指摘することができる。以下では、第2章での議論を振り返りながら、より詳細に多数省庁所管方式の導入過程についてみていくことにしよう。

第1期は、北ベトナムにおいて多数省庁所管方式が導入された南北統一以前の1956年から1965年の期間である。この時期、北ベトナムではソビエトをモデルとした高等教育制度の形成と社会主義的改造が同時に進められていた。その動きを具体的に観察すると、まず1955年から1956年にかけて、北ベトナム政府によりソビエト高等教育省の専門家が招聘され、北ベトナムではソビエトを模範とする高等教育の発展計画が策定された。この計画を受けて1956年から1957年には、それ以前の北ベトナムの高等教育システムを形成していた少数の大学が再編され、総合大学とより専門性の高い単科大学(師範大学、医薬科大学、農林大学、工科大学)の5大学から構成される高等教育システムが誕生した。

1958年には、政府は「3カ年計画」を打ち出し、まずは経済の社会主義化に着手するとともに、この路線に沿って国家教育部は高等教育発展のための3カ年計画を策定した。この計画のもとで、高等教育の量的拡大を図ることをめざして既存の高等教育機関からの大学の分離独立が進められた。そして、1961年から1965年には「第一次五カ年計画」において工業と農業の社会主義的改造が強調されるなか、大学はこうした国家計画に資するためその機能

第 5 章　ベトナムの大学管理運営における多数省庁所管方式の構造と論理　193

として幹部の養成が重要視された。同時に、既存の大学から分離独立することで単科大学のいっそうの増設が図られた[14]。以上の結果、所管関係に着目してこれらの新設大学をみれば、大学部以外にも水利部や建設部をはじめ非教育行政部門がそれぞれ単科大学を所管する状況となっており、ここに多数省庁所管方式の原型が確認できる。

　第2期は、1975年から1976年にかけてベトナムの南北統一が図られた時期である。第2章で検討したように、この期間には解放後の南部ベトナムにおいて、旧南ベトナム大学群の接収と同時に高等教育の社会主義的改造が進められた。

　多数省庁所管方式の導入という観点から南ベトナム解放後の高等教育改革をみてみると、とりわけ重要な政策として1975年のベトナム労働党中央書記局第222号指示「当面の南部における高等・職業教育に関する指示」(以下、第222号指示)および1976年の政府首相第426号決定「大学のネットワークに関する喫緊の課題に関する決定」(以下、第426号決定)が挙げられる[15]。1975年に南部ベトナムが解放された直後に出された第222号指示では、南北ベトナムの国家統一に向けて、南ベトナムの大学を社会主義建設に資する人材養成ないしは幹部養成機関として改めて位置づけるとともに、マルクスやレーニンの哲学にもとづく政治思想の徹底や「教育と生産労働の結合」原則の実現を要求している。しかし、大学の所管方式について南ベトナムの中央教育行政部門による一括所管方式を暫定的に認めており、単科大学の増設につながる既存の大学の解体や学部の分離もひとまず禁止された[16]。

　ところが、1976年の南北統一後に出された第426号決定では、南部ベトナムに対して社会主義的改造をおこなうという観点から、北ベトナムにおける高等教育行政構造を移植することが定められた。すなわちその前文では、旧南ベトナムの高等教育制度に対し「旧体制から社会主義体制へと高等教育制度を改造するべく」、「旧教育体系を再調整すると同時に、多数の省庁による分担管理方式を確立させる」としているのである(傍点筆者)。

　その要点は、南部ベトナムのすべての国立総合大学を解体し、各学部を単

科大学に昇格させると同時に、昇格後の単科大学を専門分野ごとに異なる中央の省庁に所管させることに置かれた[17]。第2章で述べたように、北ベトナムの大学部は、南ベトナムの大学群が相対的に国家から離れた自治的な単位であり、社会科学を偏重する専門分野の構造を有していたことを否定的に捉えていた。多数省庁所管方式は専門分化した大学を中央省庁と国民経済に直接的に結びつける点で、こうした南ベトナムの高等教育の状況を改革する手段の1つとみなされたのである。

このように第426号決定にもとづいて、南北統一後のベトナム全体に多数省庁所管方式が導入されることになった。そのもとで大学は、主として国家の社会主義建設を成し遂げるための人材養成機関として位置づけられていたのである[18]。

なお、多数省庁所管方式は大学を出た学生への職業分配において一定の役割を果たしたことを付け加えておきたい。1975年6月には、それまでも実施されてきた各大学の卒業生の職場への分配をより合理的におこなうため、第134号政府議定にもとづいて「研究生ならびに大学、短大、中級職業学校の学生分配規則」が公布された。この規則によって、学生は大学卒業後に国家計画委員会の指導のもとで在学時代の専門分野と関連する科学技術分野に配属されることが定められた。すなわち、指導に従って各中央行政部門が所管大学の卒業生に対して分配工作を実施し、自省庁や傘下の国営企業に卒業生を受入れるとともに、配属先を決定することが義務づけられたのである。原則として、学生は卒業後遅くとも2カ月以内に就職しなくてはならず、「全身全霊で与えられた仕事に奉仕する」ことが義務づけられた。所管部門による調整に従わない場合は、大学は卒業証書を授与しないか、あるいはすでに授与した場合はその取り消しをおこなうとともに、そうした学生には生産や建設現場での業務が与えられるとされた[19]。

(2) 多数省庁所管方式の展開状況

それでは、ドイモイ政策が打ち出されて以降ベトナムにおいて体制移行が

進む過程では、多数省庁所管方式はどのように展開してきているのだろうか。このことを検討するため、所管部門と大学との関係を軸に所管高等教育機関数の量的変遷を示したのが**表 5 − 2** である。

これまでの議論の確認になるが、ベトナム高等教育における大学類型に関して設置主体に着目すれば、大きく公立大学と民営大学に分けられる。前者は政府のもとに置かれる国家大学と、総合大学である地方大学、そして従来から存在している単科大学からなる。後者の民営大学はいずれも法人格を持っているが、一定程度の党による関与を受ける民立大学と、より市場を志向した制度設計がなされている私塾大学から構成されている。

こうしたベトナム高等教育の多数省庁所管方式について、議論の焦点を中央政府にしぼりその特徴を挙げれば、大きく次の 2 点のようになるだろう。

1 点目は、表 5 − 2 から明らかになることとして、ベトナムでは現在も多数省庁所管方式が一貫して維持されているということである。量的側面についてみれば、大学をはじめとして非教育行政部門による所管高等教育機関の新設が一貫して増加傾向にあることがその要因となっている(29→75→103校)。ここで注意したいのは、所管高等教育機関数全体では教育行政部門のシェアが大きいものの(119校)、実際としてその過半数は民営高等教育機関が占めている点である(77校)。つまり公立高等教育機関に限定すれば、非教育行政部門が所管する高等教育機関数(103校)の方が教育行政部門のそれ(42

表 5 − 2　ベトナム高等教育における所管機関数の経年変化

	中央			地方	全体
	政府	教育行政部門	非教育行政部門		
1998 年	—	32	29	62	123
2005 年	2	66	75	119	262
2010 年	2	119	103	163	387
2010 (民営大学)	0	77	0	2	79

出典：教育部教育管理情報センター『大学・短大：教育統計資料』1998 年、2005 年、2010 年各版より筆者作成。
　　　単位は校。

校:119－77)よりも多くの高等教育機関を所管している実態が明らかになる。なお、民営大学のほぼすべてが中央教育行政部門に所管される点で、民営大学の地方移管は進んでいない。

2点目は、これは表5－2から直接明らかになることではないが、非教育行政部門が所管する大学は従来型の専門性の高い単科大学である点である。こうした単科大学の多くは、関連する専門領域において非教育行政部門の要請のもと専門的技能を備えた人材の養成を主たる任務としている。具体的にこうした大学には、農林水産、工業、医薬などを専門とする単科大学が含まれている。このことは、所管部門と個別大学について示した**表5－3**から確認することができる。なお表5－3では、ハノイにおける教育部所管の大学全15校と非教育行政部門所管の主要な大学6校を挙げている。

以上、本節では、ベトナムにおける多数省庁所管方式の歴史的な経緯を辿ってきた。ここまでの検討から、ベトナムの高等教育行政における多数省庁所管方式は、社会主義的改造が急務とされた南北統一期以来一貫して堅持されていることがわかる。すなわち、「誰が」大学を管理するのかという視点からみれば、教育部に加え、各専門領域を管轄する中央の行政部門が依然として大学を設置し、管理する体制が採られている。第4節では、こうした非教育行政部門が「何をどの程度」管理するのかという視点から、多数省庁所管方式における大学管理運営の権限配分関係について議論を進める。

表5－3　ハノイにおける所管部門別主要公立大学(2010年)

中央教育行政部門所管大学(全15校)	非教育行政部門所管大学(全27校)
ハノイ工科大学、交通運輸大学、ハノイ大学、経済国民大学、鉱山地質大学、工業美術大学、貿易大学、ハノイ農業大学、ハノイ師範大学、中央芸術師範大学、商業大学、建設大学、教育管理学院、ハノイ鉱山大学、ハノイ体育体操師範大学	・ハノイ工業大学(工商部所管) ・薬科大学(医療部所管) ・ハノイ建築大学(建設部所管) ・水利大学(農業農村開発部所管) ・労働社会大学(労働傷病、社会部所管) ・ハノイ法科大学(司法部所管)

出典：Bộ Giáo Dục và Đào Tạo. *10 Năm Phát Triển Giáo Dục và Đào Tạo Việt Nam Qua Các Con Số 2001-2010*. Hà Nội: Nhà xuất bản Giáo Dục Việt Nam, 2012, pp.226-228.

4 非教育行政部門の所掌事項と権限配分関係

本節では、非教育行政部門が所管する大学の管理運営に対し、その決定権限について「何をどの程度」掌握しているのかという視点から、大学の管理運営における非教育行政部門の所掌事項と権限配分関係について検討する。具体的には、政府文書にもとづいて所掌事項に関する規定を歴史的に検討したうえで、教育部機関誌『教育科学雑誌』に掲載された非教育行政部門と大学の自主権に関する先行研究を手がかりに、権限配分関係を検討する。

(1) 非教育行政部門の所掌事項

まずは政府文書を手がかりとして、非教育行政部門の所掌事項について歴史的にみていく。検討にあたって主として使用するのは、体制移行以前については1963年の第171号政府議定「大学および中等職業学校の開設基準に関する議定」(以下、63年議定)であり、体制移行の過程におけるものとしては2004年の第166号政府議定「教育に関する国家の管理責任規定に関する議定」(以下、04年議定)および2010年の第115政府議定「教育に関する国家の管理責任規定に関する議定」(以下、10年議定)である[20]。

それでは、北ベトナムにおいて多数省庁所管方式が整備された時点で所管部門と大学との関係について規定した63年議定から検討しよう。63年議定によれば、大学は国家と党の方針に従って「社会主義の自覚を有する科学・技術および各業務における幹部を養成する機関」として位置づけられる(第1条)。こうした大学の位置づけとも関わって、大学を所管する各行政部門は「当該大学に対し諸側面において管理と指導をおこなう義務を有する」とされる(第6条)。とりわけ教育内容への関与という観点から重要なのは、次の規定である。すなわち、大学を所管する非教育行政部門は、教育行政部門から支援を受けながら、国家と党の方針のもとで教育課程や教材を自ら編纂するとされた(第7条)。つまりこのことから洞察されるのは、「教育と生産労働の結合」原則が求められた計画経済体制下において、各行政部門は傘下の国営企

業や行政機関ないし自身が必要とする人材を養成するための自前の教育課程を備えていたということである[21]。

また、これは63年議定から直接的に導けることではないが、各行政部門は教育課程編成権のほかに、大学の予算や教職員の人事権を掌握していた[22]。つまりおおまかに言えば、この時期の非教育行政部門には、教育内容・課程の決定を含む管理運営の重要な側面において所管大学に直接的な関与をおこなう権限を所掌していたのである。これに加えて、すでに確認したように、所管大学の卒業生をどの職場に配置するのかということを決定するのも非教育行政部門の所掌事項であった。

以上にみた所掌事項を体制移行以前の非教育行政部門の職能として念頭に置いて、続いて体制移行の過程で打ち出された04年議定と10年議定を並列的に記述する。

04年議定では、「各行政部門の教育に関する国家管理責任」において非教育行政部門の所掌事項が次のように規定されている。すなわち、各行政部門は「教育部が教育課程枠組みを編成するにあたり、意見を提示」し、「所管する大学に対して、その教育目標、内容、教育計画、教員の基準、規則および学位の体系的管理について指導・監督」をおこなうとされる(第4条)。また、各行政部門は所管する大学の管理運営において「組織編成、人事、財政、財産について管理」すると規定されている(同上)。

一方、10年議定では各行政部門の任務について「当局に属する専門領域・分野に必要な人材を開発すること」を基本的方針としながら、「専門的技能の程度を承認する資格証明書に関する具体的な規定を策定すること」、「機関の設置や講座の開設に関する条件の整備にあたって指導・監督をおこなうこと」、加えて所管する大学が学位を授与するにあたっては、学位の質保証をはじめ「教育の質の開示と保証における指導・監督を実施すること」と規定されている(第5条)。また人事に関してみれば、大学内部の最高意思決定機関として設置が進められてきている大学評議会の議長について、その承認権は所管部門に属するとされる(同上)。さらに高等教育法(2012年)では、大学の

学長の任命ないし承認権も所管部門に属すると規定された(同法、第20条)。

このようにみてくると、従来は非教育行政部門による教育内容にまで踏み込んだ直接的な大学の管理であったものが、体制移行の過程では、非教育行政部門がその指導を通じて専門分野における大学の質を間接的に規定する仕組みへと変化しつつあることがわかる。また、教育課程の枠組み自体は一括して教育部が策定していたものの、現在もなお非教育行政部門は機関の意思決定組織である大学評議会の議長や学長選出に関与することで、自らが管轄する専門分野における大学の管理運営に影響力を及ぼしている。この点で、04年議定に比べて10年議定では、質保証の概念や大学への間接的な関与といったマクロな管理が強調されているものの、所掌事項の性格は本質的には変化していないのである。

(2) 非教育行政部門と所管大学間の権限配分関係

次いで、ここでは実態的側面に着目して、非教育行政部門に所管される大学側の視点からこうした大学が具体的にいかなる自主権を享受しているかについて検討する。検討に用いる主要な素材は、『教育科学雑誌』2014年3月

表5-4　工商部直属大学における自主権の状況

領域	自主権の付与状況
組織	「学長は工商部によって任命され、(各大学に)大学評議会はほとんど設置されていない。大学の発展戦略は、大学党組織による領導のもとに置かれた。」 「機関の組織構造に関わる決定は、比較的柔軟である。」
財政	「大学の財政に関する自主性はとても低い。工商部に直属する大学では、支出に関する自主権が与えられたばかりである。しかし基本的に、収入に関する自主権、とりわけ、学費収入に関しては大学の自主権はないといわざるを得ない。」
人事	「大学において、自主権はかなり広く与えられている。大学は、人的資源雇用のための計画、指標を自ら作成できる。教員の雇用にあたって、大学は雇用計画書を作成したうえで、工商部に提出し許可が下りて初めて雇用することができる。」
学術	「学生募集定員や基準を各大学が作成できるようになっている。教育内容は依然として主要な部分はカリキュラム枠組みにもとづくもので、約60％を占める。その他は、各大学の教育分野の柔軟性に任される。大学が先進的なカリキュラムを作成するという傾向は、学術に関する大学の自主性の機会をいっそう拡大するものである。」

出典：Lê Thanh Tâm. Thực hiện tự chủ đại học tại các trường đại học công lập trực thuộc bộ công thương. *Tạp Chí Giáo Dục Khoa Học*. tháng 3, số 102, 2014, pp.49-52 より、加筆・修正して筆者が作成。

号のレ・タイン・タムによる研究論文「工商部直属公立大学における大学の自主の実現」[23]である(以下、レ論文)。

　レ論文は、大きく「大学の自主性に関する概念と重要性」、「分析の理論枠組み」、「工商部直属公立大学システムの概要」、そして「工商部直属公立大学における自主権の状況」から構成されている。また、大学の自主性の具体的な分析にあたってレ論文では、ヨーロッパ大学協会(EUA)による大学の「自治(オートノミー)」に関する定義をふまえて[24]、大学の自主性を次の4つの領域に分類している。すなわち、①組織に関する自主性、②財政に関する自主性、③人事に関する自主性、④学術に関する自主性の4つの領域における各決定事項に関わる権限である[25]。本項では、レ論文を手がかりに、非教育行政部門と所管大学の関係における事例として、工商部とその所管大学との関わりについて検討していく。

　ここでまず述べておく必要があるのは、工商部に所管される公立大学においても、大学の自主性の拡大が求められていることである。具体的にレ論文では、「大学の自主性に関する概念と重要性」において、大学の自主性は大学にとって「呼吸」や「生命」に相当するものであると述べられ、それは、効果的に学術活動を発展させるうえで必要となる人事や財政に関する資源を動員するための自由を保障することに他ならないとされる。こうした大学の自主性が保障されることによりはじめて、「(大学が)請い(国家に)与えられるメカニズム」、すなわち従来の「官僚制的メカニズム」から大学は抜け出すことができると強調している。

　次いで、工商部に直属する公立大学システムの概要について、非教育行政部門である工商部との関係から直属する大学群の概要についてみてみよう。後の議論との関係からここで言及する必要があるのは次の2点である。1点目は、工商部は所管する大学の機関数を拡大させてきていることである。工商部に所管される大学は工業部門の経済発展に貢献する人材の養成において主要な役割を担っており、その規模は一貫して拡大してきている[26]。具体的には、機関数ベースでベトナムにおける全高等教育機関の8.5%を占める

に至っている[27]。そうした拡大をもたらす動きの1つとして、2013年には政府決定を通じて8つの高等教育機関が新たに工商部所管の大学として認められた。すなわち、ハノイ工業大学、ホーチミン市工業大学、経済・技術・工業大学、クアンニン工業大学、ベトフン工業大学、サオドー大学、ホーチミン市食品大学、ベトチー工業大学の認可である[28]。

2点目は、工商部は自らが所管する専門分野である工業や商業分野の人材養成に関与していることである。具体的に言えば、工商部は国家の経済、とりわけ工業分野の経済に奉仕する高度な能力を備えた人材を育成する必要から「人的資源開発課」を設立した。この組織は、工商部による専門分野の人材育成を発展させるため、工商部を支援・指導する諮問機関としての役割を果たしている。とりわけ、工商部に所管される大学をはじめとして、教育機関・人材養成機関を管理する役割を担っている[29]。

それでは、工商部に所管される公立大学では自主権の状況はどのようになっているのだろうか。レ論文を手がかりに、すでに言及した大学の自主性に関わる4つの領域に照らし合わせて工商部に直属する公立大学の自主権の実態について検討すれば、その具体的な状況は表5－4のように示すことができる。表5－4に示されるように、大学に自主権が付与されつつある領域としては、人事(教員人事)や学術活動(募集定員策定・カリキュラム作成)が挙げられる一方で、組織(指導者の任命)や財政における自主権に関しては工商部による意向が強く働いていることがわかる[30]。

このように事例として工商部に所管される公立大学の実態をみても、非教育行政部門が所掌している権限はおおまかに所掌事項に関する法規の検討を裏付けるものとなっている。すなわち、非教育行政部門は大学を所管するにあたり専門分野における人材育成を非教育行政部門自らが担う必要性を強調しており、その点で、大学内部の行政的執行者である学長や意思決定組織である大学評議会の主席に関わる人事、それから財政の管理に直接的に関与しているのである。ただし、大学の管理運営において留意すべき点は、機関の発展戦略は「大学党組織による領導のもとに置かれた」とされることであ

る[31]。このことは、第6章で詳細に検討するように、非教育行政部門に所管される大学では機関の運営に党の影響力がより強く働いていることを示唆している。

こうした権限配分関係をふまえ、第5節では、多数省庁所管方式が持続している原理について、非教育行政部門による大学と知識への関与のあり方についてその実態を検討する。

5 非教育行政部門による大学と知識に対する関与の実態

本節では、多数省庁所管方式を持続させている原理、すなわち、非教育行政部門は大学を「いかなる原理のもとで」管理するのかという視点から考察するため、実態として非教育行政部門による大学とそこで扱われる知識に対する関与はいかなるものであるのかを検討する。

研究手法は主として、非教育行政部門によって所管される専門性の高い単科大学での聞き取り調査である。具体的に聞き取りの対象とした機関は、農村農業開発部(以下、農業部)によって所管されるベトナムで最も歴史の古い単科大学の1つである水利大学と、交通運輸部に所管され、2011年に短大から昇格した比較的新しい単科大学である交通運輸技術大学の2校である[32]。両大学ともにベトナムの基幹産業に関わる専門大学であることから、これらの単科大学は非教育行政部門と大学の関係性を考察するうえでの妥当な事例であると考えられる。また、こうした聞き取りに加えて、水利大学と交通運輸技術大学での聞き取りの結果を一般化させるため、教育部のシンクタンクであるベトナム教育科学院での聞き取りも合わせて実施した[33]。

聞き取り調査の内容は、いずれの機関でも共通して10年議定により規定される所管部門の所掌事項に関する大学への関与の実態と、非教育行政部門は「なぜ大学を管理するのか」、裏を返せば「なぜ大学を手放そうとしないのか」という理由を明らかにすることに重点を置いたものである。こうした聞き取り調査を通じて、ベトナム高等教育に多数省庁所管方式が持続するうえ

第5章 ベトナムの大学管理運営における多数省庁所管方式の構造と論理 203

で、制度としては明文化されない諸要因が存在することが明らかになった。それは大きく、非教育行政部門によって所管される大学側の要因と所管部門側の要因の2つに分けることができる。具体的にそれぞれの要因について述べれば、以下のようになるだろう。

(1) 大学側の要因

　まず大学の視点からみれば、教育部の傘下へと移管されるのを望まない主たる要因には、非教育行政部門に所管される単科大学には全体として予算面で優遇されている状況がある。つまり、教育部に所管される大学は機関の運営において経常経費および資本経費を教育部から受け取り、科学研究活動に関わる研究費用は主として科学技術部から受け取るとされる。一方で、水利大学をはじめとする非教育行政部門に所管される単科大学の場合では、教育部から受け取るこうした運営費と科学技術部から受け取る研究費に加えて、研究の遂行にあたっては所管部門からの追加的な予算配分の流れが存在しているということである[34]。

　このようにベトナムの高等教育財政において、教育部よりも非教育行政部門の方が「力」を持っているという実態は次のデータからも裏付けられる。すなわち、元教育大臣ファン・ミン・ハクは教育部が提出した2000年度から2006年度の教育財政に関する資料にもとづき、ベトナムの教育支出全体における国家予算の出処の内訳を地方政府が73.8%、各中央行政部門・委員会が21.2%、教育部は5%と示している[35]。これらの数値だけをみても、教育部に比べて各中央行政部門の方が高等教育機関の活動や人材育成にあてることのできる費用が多いことがわかる。さらに、このことについて次のように述べられていることは興味深い。

　　「教育大臣は財政に関して何も知りえず、また財政に関して何の権限も持っていない。教育大臣が知ることができるのは、(結果としての)教育部の事務所に分配された国家予算の金額だけなのである。」[36]

こうした教育部の財政における脆弱性ないしは非教育部の財力の強さが要因の1つとなり、大学は非教育行政部門のもとで予算面での優遇を受けることを選好しているのである。

(2) 所管部門側の要因：非教育行政部門の専門性

次いで、非教育行政部門の視点からは、大学が伝達する知識と非教育行政部門の専門性と関わって、大学を所管し関与するうえでの要因としてのメリットが大きく2点存在していることが明らかになった。そうしたメリットについて具体的に述べれば、次のようになる。

1点目は、第4節で検討したこととも重複して、非教育行政部門が管轄する専門分野の発展にあたり、所管行政部門が自らの意向のもとで大学に専門分野と関連した知識と技術を生み出させることである。具体的に水利大学の事例をみれば、農業部が人材開発と水資源開発の戦略を水利大学に提示することに加えて、水利関係の専門分野での新たな専攻の開設にあたっては農業部が認可をおこなうプロセスが必要とされている[37]。

また、こうした大学における知識の伝達への関与と関連して、2001年に第20号政府議定「教授・准教授職の基準および任命、任免の手続きに関する規定」が公布されて以降、大学教授職の任命において当該人物に教授資格を授与するにあたり非教育行政部門がそのプロセスに関与していることも重要である。具体的には、2001年に規定された大学教授職任命制度では、教授資格を授与される教員・研究者が所属する大学を所管している中央行政部門の部長(大臣)が最終的に当該人物を教授職に任命するという仕組みが採られていた。また現在でも、教授職に任命される最終段階で所管する大学の教員の適格性を非教育行政部門の部長が確認する仕組みが存在している[38]。このことは、大学教授を承認するうえで非教育行政部門の意向が専門分野の権威として反映されることを裏付けるものである。

2点目は、多数省庁所管方式には、非教育行政部門が官僚を教員ないしは

研究者として所管する大学に一定期間送り込む仕組みが存在していることである。そして非教育行政部門と大学との関係からとくに指摘しておきたいのは、こうした仕組みにおいて国家官僚が大学に教員ないし研究者として勤務する際の職階と、一定期間の大学での勤務を経て所管部門に戻った際の昇格とが相互に関連するという点で、大学での高位職階を得ることが所管部門におけるキャリアパスの1つとなっているということである。そうしたこととして例えば、2005年から2008年にかけて水利大学の学長を務めたダオ・スアン・ホック教授は、2007年の第389号政府首相決定を受けて農村・農業開発副大臣に任命されている[39]。また、大学で勤務する際の職階と所管部門での職階が関連する仕組みは非教育行政部門が所管する科学研究院にも共通しているという。こうしたことが示唆するのは、上級官僚には所管部門内でのキャリアアップに関わる要件のうちの1つとして、所管する大学での教員経験を積むことで関連領域における専門性を獲得し、研究能力の向上を図ることが求められているということである。

　付け加えておくと、こうした個々の大学と所管部門である国家との関係は、非教育行政部門のみならず、教育部とその所管大学との関係のなかにも確認することができる。具体例として1997年から2017年現在までの20年間において任を受けた4人の教育大臣を挙げれば、グエン・ミン・ヒエン（1997〜2006年）、グエン・ティエン・ニャン（2006〜2010年）、ファン・ヴゥ・ルオン（2010〜2016年）、そしてフン・スアン・ニャ（2016〜現在）となる。このうち、グエン・ミン・ヒエンは教育大臣になる1997年まで教育部所管のハノイ工科大学の学長の職にあったし、フン・スアン・ニャは2016年までハノイ国家大学総長を務めていた。

　なお、ベトナムには国家官僚になるための統一的国家試験が存在するものの、中央の行政部門に入省するための条件としては、そうした試験が決定的に重要な役割を担っているわけではない。実態としてベトナム社会には、中央省庁への入省のための重要な条件として「一にイエ、二にカネ、三にコネ、四にチエ」という認識が存在している[40]。

(3) 所管部門側の要因：非教育行政部門と学位

　最後に、多数省庁所管方式における所管部門側の要因と関連して、非教育行政部門の専門性という点で、非教育行政部門ないし国家官僚にとっての学位の役割について検討しておく。第4章で述べたように、近年の大学における自主性の拡大過程のなかで教育部から大学へと進士学位の授与権が委譲されている。こうした改革の背景には、進士号は学術性を有する大学が授与すべき「学位」であり、国家が関与する「資格」ではないとする議論が存在したことはすでに述べたとおりだが[41]、実態としては進士号には現在もなお国家的な資格としての性格が残っている。すなわち、先行研究が指摘するように進士号をめぐっては次のような興味深い認識が存在している。

　「(ベトナムの)工業化と現代化を果たすには、さまざまな科学者の集団が必要であり、具体的には進士学位を有する集団が必要であると考えられている。いつからかは不明だが、次のような誤った観念が生じてきている。すなわち、国家官僚や企業の指導者を含め、どのような分野で働く人材であっても、高い学位を有した人材はよき『指導者』であるというものである。こうした誤った観念のために、国家は費用を拠出して在職の官僚を研究生として教育機関に送り込み、進士号を取得させるのである。そしてこの資格は、そうした官僚をより高い職務へと抜てきする際の基準の1つとみなされている」[42]。

　こうした指摘から、ベトナムにおける進士学位は、「指導者」に求められる資格として国家官僚のキャリアアップの手段の1つであるとともに、地位上昇機能の役割を果たしていると言えるだろう。この点と関連して、『教育管理雑誌』2011年6月号に掲載された芸術文化学院における大学院教育の実態に関する次の指摘を引用しておく。

　「実際として、研究生はさまざまな理由と異なる目的を持って教育を

受けている。研究生のなかには、研究をおこない自分自身の研究領域に属する知識を補てんし、磨きをかけ、増やしていこうとする学習動機を持ったものがいる。」「しかしながら同時に、多くの研究生は幹部や管理職にある指導者が属する国家機構と関わる動機を持って訓練を受けるのである。これらの研究生は」「本業である管理業務に参加するため多くの時間を学習や研究に充てられるわけではない。」「こうした状況から、指導者や管理幹部には進士号が必要であると考える(国家)機構から生じる考え方や観点を変革する必要があるだろう」[43]。

このようにみてくると、大学が授与する学位とは国家官僚にとって「よき指導者」であるための条件であり、省庁におけるキャリアアップの要件としての性格を持っているということがわかる[44]。すでにみた『教育管理雑誌』の論文では、学位取得を要求する国家機構ないし所管部門のために大学側は官僚を研究生として承認しなくてはいけないことや、質の低い論文にも関わらず学位が授与されていることが批判されている。このことからは、国家官僚が学位を取得するにあたって多数省庁所管方式を通じて所管大学に官僚が送り込まれることで、進士学位の取得をはじめ碩士学位などの高次の学位の取得をより容易にする所管部門の圧力が働いていることが推察される。

実態をみても、水利大学および交通運輸技術大学の碩士課程や進士課程では所管部門の官僚が多数在籍している状況が確認できる。水利大学の聞き取りでは、正確な人数については知りえなかったものの、水利大学を卒業した学生や教員に加え、大学院生(碩士課程の院生および進士課程の研究生)の多数が所管部門の職員であるということである。具体的には、農業部の官僚および地方政府レベルの農業局の職員が学位を取得するため大学院生として水利大学に所属している[45]。また、交通運輸技術大学では進士課程は設置されておらず研究生は在籍していないが、碩士課程に在籍する大学院生の社会的属性は大きく、①卒業直後に進学した学生、②大学教員、③所管部門の官僚(交通運輸部および交通局)、そして④建設関係企業の職員の４つに分類される。そ

れぞれ具体的な内訳を示せば、①卒業生が 6 人、②教員が 13 人、③官僚が 40 人、④企業の職員が 40 人ということである[46]。

なお、2016 年 4 月 9 日付「ニャンザン(オンライン)」では、「進士号を保持する人数は 14,000 人を超えているが、そのうちの 70％以上が管理職に就いており、30％は教育研究などの専門職に従事している」とする調査を紹介している。またそこでは、進士号を有する人材の 92％がハノイとホーチミン市に集中しているとされる[47]。このことからは、実態としても進士号は、管理職に就く指導者や管理者にとって必要な「資格」としての性格を強く備えており、そうした進士号保持者はベトナムの学術や政治の中心であるハノイや経済の要衝であるホーチミン市などの大都市に極端に集中していることが明らかになる。

以上、ベトナムにおける多数省庁所管方式の持続的要因を検討してきた。ここで、この方式がベトナムで持続している背景について整理しておく。そこには、多数省庁所管方式を解体して一元的に大学を所管しようとする教育部の意向があるにも関わらず、大学と非教育行政部門という 2 つの主体による思惑が阻害要因として存在している図式が浮かび上がる(図 5 − 1)。それは具体的には、財政に関する優遇的状況のために移管されるのを望まない大

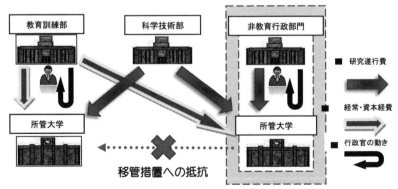

図 5 − 1　多数省庁所管方式をめぐる国家と大学の相互関係

出典：筆者作成。

学側の思惑と、大学を傘下に置いてそこに官僚を派遣することで所管する分野における専門性と自らの威信を高めることができると考える非教育行政部門の意思なのである。

6　ベトナム高等教育における多数省庁所管方式の構造と論理

　これまでの検討をふまえ、大学の管理運営において「誰が」、「何をどの程度」、「いかなる原理のもとで」管理するのかという視点から、改めて多数省庁所管方式における権限配分関係と大学への関与の実態について整理すれば、次のようになるだろう。

　第1に、多数省庁所管方式はソビエトの高等教育制度にその起源を持ち、それを模倣するかたちで中国やベトナムにおいて国家の社会主義建設の過程で高等教育行政の構造にこの方式の特徴がみられるようになった。こうした経緯からベトナムでは、まずは北ベトナムで多数省庁所管方式が採られ、次いで南北統一を果たした1976年に南ベトナムにおいても、高等教育の社会主義的改造の過程でこの方式が導入されたのである。その展開過程をみると、ベトナムでは体制移行を経験する過程でも非教育行政部門が多くの大学を設置・管理し続けており、量的な側面から言えばこのことが多数省庁所管方式の維持につながっている。こうしたことから、「誰が」大学を管理するのかという視点からすると、ベトナム高等教育では一貫して教育部のみならず各専門領域を管轄する中央の多数の行政部門が大学を設置し管理する体制が採られている。

　第2に、「何をどの程度」管理するのかという視点から非教育行政部門の所掌事項に関して検討すれば、従来ベトナムでは非教育行政部門は所管する大学における教育内容の決定から予算配分、人事、卒業生の雇用に至るまであらゆる側面で大学の管理運営に関与していた。しかしながら現在では、教育内容に関しては実態として教育部が一括して教育課程枠組みを策定し、非教育行政部門はそれにもとづいて教育の質保証をおこなう仕組みが採られてい

る。また非教育行政部門は、財政に関する権限を掌握したうえで、主として大学の指導者に関する人事の側面について管理しており、具体的には大学評議会の議長や学長選出における関与を通じて、自らが管轄する専門分野における人材育成や大学のありように影響力を及ぼしている。一方で大学は、組織の新設や一般の大学教員の雇用に関する人事、それから教育内容の策定・専攻科目の新設など、一定程度の自主権が与えられるようになりつつある。ただし、大学評議会の設置は全体として進展していない状況が確認された。

　第3に、「いかなる原理のもとで」管理するのかという視点から多数省庁所管方式の実態についてみれば、非教育行政部門が管轄分野における自省庁の専門性を向上させるとともに、専門分野の指導者ないし管理者としての威信を高める原理が存在している。そしてそのもとで、所管する大学に対して非教育行政部門は多様な関与をおこなっていることが明らかになった。具体的には、非教育行政部門は教育財政における予算面での優遇のもとで大学を傘下に置きつつ、管轄する専門分野の経済発展・人材育成のためにそうした大学を指導したり教授の任命に関与したりするとともに、昇格と関わらせて国家官僚を大学教員・研究者、あるいは学位取得を目的とする研究生として大学に送り込むというものである。

　以上のことから、ベトナムの高等教育行政において非教育行政部門との関係から大学の役割について考察すれば、そこには、各専門領域の頂点に位置し関連する知識の生産・伝達と人材育成に関与しようとする非教育行政部門と、そうした国家機関の指導者・管理者としての威信を高めるための「装置」として非教育行政部門に所管される大学という構図が明らかになる。所管部門に対する大学の主要な役割は、当該専門領域における学生の教育を通じた人材育成に加え、進士学位の授与をはじめ所管行政部門の官僚に対する指導者としての威信および専門性の向上機能なのである。こうした関係性において、多数省庁所管方式が一貫して持続してきた論理とは、非教育行政部門とそれに所管される大学両者の思惑が複合的に結び付く状況によるものと言える。すなわちそれは、一方の非教育行政部門は当該専門領域の知識や技術を

管理するうえで、官僚に専門的知識・技能ないし学位を獲得させるため大学を手放そうとせず、他方の大学は、教育財政における非教育行政部門の相対的な「力」の強さのため財政面での恩恵を受けようとその傘下にとどまろうとする状況なのである。

7　おわりに

　本章では、主として多数省庁所管方式における権限配分関係と所掌事項の実態について検討することを通じて、非教育行政部門との関係からみる大学の役割を示すとともに、非教育行政部門による大学の管理運営における持続的な論理について明らかにした。本章での検討の結果、非教育行政部門との関係における公立大学の役割は当該専門領域における学生を対象とする人材育成と、学位の授与や大学教員としての受け入れなどを通じた所管部門の官僚に対する威信の付与や専門性の向上であることが示された。また、非教育行政部門による大学への関与を支える論理とは、一方の非教育行政部門は当該専門領域の知識や技術を管理するうえで官僚に専門的知識・技能ないし学位を獲得させるため大学を手放さず、他方の大学は、財政における非教育行政部門の相対的な力の強さのため恩恵を受けようと傘下にとどまろうとする点で両者の思惑が合致する状況により説明されるものである。

　続く第6章では、本章と同様の問題関心から、大学の管理運営において「誰が」「何をどの程度」、そして「いかなる原理のもとで」管理するのかという視点に立ち、大学における党組織の役割について検討する。ベトナムにおける体制移行は大学の管理運営における党の関与に何らかの影響を与えているのだろうか。与えているとすれば、そこではいかなる変容が生じているのだろうか。続く第6章では、党と大学との関係について考察しよう。

【注】
1　ベトナムの情報サイト「ベトバオ（越報）」2009年9月の10日の記事「大学の発達不全は各行政部門が大学を所管するため？」より。以下のURLより2019年3

月 13 日最終アクセス。
(http://vietbao.vn/Giao-duc/Truong-dai-hoc-coi-coc-vi-bo-chu-quan/20867782/202/)

2　Van, Khanh Dao and Hayden, Martin. "Reforming the Governance of Higher Education in Vietnam." In Harman, Hayden and Nghi Pham, Thanh (eds.). *Reforming Higher Education in Vietnam: Reform, Challenges and Priorities*. London: Springer, 2010, p.136.

3　長崎太作「高等教育改革の経験：1928～1932 年のソビエトにおける総合大学の解体を中心として」竹田正直編『教育改革と子どもの全面発達』ナウカ、1987 年、225 頁。

4　同上書、226 頁。

5　大塚豊『現代中国高等教育の成立』玉川大学出版部、1996 年、157～158 頁。

6　大塚豊「中国高等教育行政制度の原型形成過程」『教育学研究』第 60 巻第 2 号、1993 年、132～133 頁。

7　「関於修訂高等学校領導関係的決定」『人民日報』1953 年、11 月 1 日。

8　大塚、前掲論文、1993 年、136 頁。

9　楠山研「中国の地方大学の特色作りに関する考察」『京都大学大学院教育学研究科』第 54 号、京都大学大学院教育学研究科、2008 年、25～26 頁。

10　楠山研「中国における社会主義政策の変遷と高等教育および大学教員の変容」『アジアの「体制移行国」における高等教育制度の変容に関する比較研究』(平成 25 年度～平成 28 年度科学研究費補助金(基盤研究(B)、課題番号：25285230)最終報告書　研究代表者：南部広孝)京都大学教育学研究科、2017 年、36 頁。

11　北京大学高等教育科学研究所著、大塚豊訳『中国の高等教育改革』広島大学高等教育研究センター、1995 年、13～16 頁。

12　楠山、前掲論文、2008 年、27 頁。

13　そこには、体制移行がもたらす市場化のなかで国際競争を視野に入れたとき、中央省庁間に分散していた大学をより大きな戦略のもと 1 つに束ねようとする意志が読み取れる(楠山研「中国の高等教育における行政改革の進展」江原武一・杉本均編著『大学の管理運営改革：日本の行方と諸外国の動向』東信堂、2005 年、216～221 頁)。

14　近田政博『近代ベトナム高等教育の政策史』多賀出版、2005 年、158～162 頁。

15　第 222 号指示と第 426 号決定をそれぞれ原語で示すと、次のとおり。

・Chỉ Thị số 222 của Ban Bí Thư Khoá 3 ngày 17 tháng 6 năm 1975 Về công tác giáo dục đại học và chuyên nghiệp ở miền Nam trong thời gian trưởc mắt.

・Quyết Định số 426 của Thủ Tướng Chính Phủ ngày 27 tháng 10 năm 1976 Về một số vấn đề cấp bách trong mạng lưới các trường.

16　組織に関する暫定的措置として、「高等教育機関は教育部による統一的管理を

第5章　ベトナムの大学管理運営における多数省庁所管方式の構造と論理　213

　　　受けること」、「現行の組織構造を維持し、学部を大学から分離するような措置はおこなわないこと」、それから「高等教育機関の内部に、共産党組織および大衆組織の建設をおこなうこと」などが規定された。
17　サイゴン大学についてみれば、旧文学部と理学部を持ってホーチミン市総合大学が形成され、法学部、師範学部、建築学部はそれぞれ、ホーチミン市経済大学、ホーチミン市師範大学、ホーチミン市建築大学となった。また、サイゴン大学の医学部、薬学部、歯学部は統合され、ホーチミン市医薬科大学となった。フエ大学についても同様に、文学部と理学部を中心としてフエ総合大学が形成されるとともに、フエ大学の師範学部と医学部はそれぞれフエ師範大学とフエ医科大学に再編されたのである。
18　確かに大学部の認識としても、大学における研究の量的規模は国家研究機関におけるそれと比べたときに限定的であった。しかしながら、第222号指示にみるように、従来体制下では「教育と生産の結合」原則を実現するために農業・工業分野など生産の拡大に直結する応用研究が大学に求められていたし、大学側も研究活動を意識し実践していたことは第2章で述べたとおりである。
19　Nghị Định số 134 của Chính Phủ ngày 30 tháng 6 năm 1975 Về việ ban hành Quy chế phân phối nghiên cứu sinh và học sinh đại học, cao đẳng, trung học chuyên nghiệp đã tốt nghiệp.
20　それぞれの文書を原語で示せば、以下のとおりである。
　　・Nghị Định số 171 của Hội Đồng Chính Phủ ngày 20 tháng 11 năm 1963 Về Quy chế mở trường và lớp đại học và trung học chuyên nghiệp.
　　・Nghị Định số 166 của Chính Phủ ngày 16 tháng 9 năm 2004 Về Quy định trách nhiệm quản lý giáo dục nhà nước về giáo dục.
　　・Nghị Định số 115 của Chính Phủ ngày 24 tháng 12 năm 2010 Về Quy định trách nhiệm quản lý giáo dục nhà nước về giáo dục.
21　計画経済体制のもとでは、大学の卒業生がその大学を所管する中央の行政部門やその傘下の国営企業、研究所で即戦力となることが求められていたため、こうした高等教育行政制度は人材確保の点で有効であったと考えられる。また、第2章において検討したように、大学は応用研究を通じて国家の発展に貢献することが求められていたため、研究を通じた生産労働において学生も動員することで直接的な国家建設の一部を大学は担っていた。こうした状況では、専門領域を管轄する中央の各行政部門が大学における教育や研究の内容を規定することは理にかなっていたと言える。
22　近田、前掲書、2005年、197頁。
23　Lê Thanh Tâm. "Thực hiện tự chủ đại học tại các trường đại học công lập trực thuộc bộ công thương." *Tạp Chí Giáo Dục Khoa Học*. tháng 3, số 102, 2014, pp.49-52.
24　以下のURLより2018年10月15日最終アクセス。(http://www.university-

autonomy.eu/）

25　Lê Thanh Tâm. 2014, *op.cit.*, p.49.
26　工商部直属の大学・短大は、工業部門の経済分野に貢献する人的資源の養成において主要な役割を担っている。その規模は一貫して拡大してきている。2013年現在で、工商部直属の大学・短大の学生数は335,654人である（*Ibid.*, p.50）。
27　*Ibid.*, p.49.
28　*Ibid.*, p.50.
29　*Ibid.*, p.50.
30　*Ibid.*, pp.50-51.
31　具体的には、「大学評議会はほとんど存在していない」。「大学の戦略に関する問題は、党組織が領導することとなっていた」。「組織構造の決定については、比較的柔軟である。実際として自主権を享受していると言えるだろう」ということである（*Ibid.*, p.50）。
32　2013年10月23日筆者実施、水利大学における科学技術局長への聞き取り、2016年7月13日筆者実施、交通運輸技術大学における訓練室長への聞き取り、そして2016年7月18日筆者実施、同大学における大学院訓練室長への聞き取りである。
33　2013年10月7日筆者実施、ベトナム教育科学院における高等教育局長への聞き取りによる。
34　こうした追加的な予算は、水利大学に限らず、非教育行政部門に所管される大学には一般的にみられるということであった。
35　Vũ Quang Việt. "Phát triển giáo dục Vai trò của học phí, trách nhiệm nhà nước và khả năng ngân sách nhà nước."Nhiều Tác Giả. *Bàn về Giáo Dục*. Hà Nội: Nhà xuất bản Tri Thức, 2015, p.205.
36　*Ibid.*, p.206.
37　ただし、そうした専攻開設の最終的な決定権は教育大臣に属するとされる（「高等教育法」、第33条）。
38　2001年に公布された第20号政府議定「教授・准教授職の基準および任命、任免の手続きに関する規定」（Nghị Định số 20 của Thủ Tướng Chính Phủ ngày 17 tháng 5 năm 2001 Về Quy định tiêu chuẩn, thủ tục bổ nhiệm và miễn nhiệm các chức danh giáo sư, phó giáo sư）では、教育大臣と意見を合わせたうえで、当該大学・研究院を所管する中央行政部門の大臣および政府組織人事委員会委員長が該当する人物を教授職に任命するという仕組みになっている（第21条）。一方、現行制度である2008年の第174号政府首相決定により公布された「教授・准教授職の基準および任命、任命の手続きに関する規定」（Quyết Định số 174 của Thủ Tướng Chính Phủ ngày 31 tháng 12 năm 2008 Về Quy định tiêu chuẩn, thủ tục bổ

第 5 章　ベトナムの大学管理運営における多数省庁所管方式の構造と論理　215

nhiệm, miễn nhiệm chức sanh giáo sư, phó giáo sư)では、(大学教授職を得ようとする当該人物が所属する)「高等教育機関の長は、教授職任命の必要性、科、部門による提案と高等教育機関における科学評議会の意見をふまえ、所管部門長にこれの確認のための報告をしたうえで、教育訓練大臣に教授職の任命に関する要望の文書を作成する。」これを受けて「教育訓練大臣は、高等教育機関長の要望にもとづき、教授職任命の決定をする」(第 17 条)。

39　Quyết định số 389 của Thủ Tướng Chính Phủ ngày 4 tháng 4 năm 2007 Về việc bổ nhiệm ông Đào Xuân Học, giữ chức Thứ trưởng Bộ Nông nghiệp và Phát triển nông thôn.

40　ベトナム共産党中央の理論・政治的機関誌である『共産雑誌』によれば、親族(イエ)、財力(カネ)、関係性(コネ)、知性(チエ)について、論者によってこれらの優先順位は多少の相違があるとされるが、知性(チエ)が最後にくることは共通している。
(http://www.tapchicongsan.org.vn/Home/Sinh-hoat-tu-tuong/2014/25238/Hau-due-va-tri-tue.aspx)

41　そうしたものとして、Trần Văn Thọ. "Bàn lại vấn đề học vị tiến sĩ." *Tạp Chí Tia sáng*. số. 17, 2003, pp.10-13. および「科学者の意見」、『Nhân Dân』、1997 年 7 月 17 日などが挙げられる。

42　Trần Văn Thọ. "Về việc đào tạo và cấp bằng tiến sĩ tại Việt Nam." *Thời Đại Mới: Tạp Chí Nghiên Cứu & Thảo Luận*. số 13, 2008. 以下の URL より 2018 年 10 月 15 日最終アクセス。
(http://www.tapchithoidai.org/ThoiDai13/200813_TranVanTho.htm)

43　Mai Thị Thùy Hương. "Quản lý đào tạo nghiên cứu sinh văn hoá nghệ thuật." *Tạp Chí Quản lý Giáo Dục*. số 25, tháng 6, 2011, p.27.

44　2015 年 12 月 31 日から 2016 年 1 月 1 日にかけて筆者が参加したハノイの阿平寺でおこなわれた学生を対象とする合宿において、3 人の僧侶による講話があったが、彼らはみな進士号を持っていた。このことからベトナムは、宗教家と言える一部の僧侶も進士号を必要とする社会であることが読み取れる。

45　2016 年 7 月 19 日筆者実施、水利大学における科学技術室長グエン・カオ・ダン氏への聞き取りによる。

46　2016 年 7 月 18 日筆者実施、交通運輸技術大学における大学院訓練室職員への聞き取り。

47　以下の URL より 2018 年 10 月 15 日最終アクセス。
(http://nhandan.com.vn/theodong/_TD_%20T%C3%ACm%20hi%E1%BB%83u%20n%E1%BB%99i%20dung%20c%C3%A1c%20V%C4%83n%20ki%E1%BB%87n%20%C4%90%E1%BA%A1i%20h%E1%BB%99i%20XII%20c%E1%BB%A7a%20%C4%90%E1%BA%A3ng.html)

第6章

ベトナムの大学管理運営における党による関与の構造と論理

1　はじめに
2　高等教育における党の方針
3　大学党組織の役割：文献調査を中心に
4　大学党組織の実態的役割：
　　ハノイにおける聞き取り調査を中心に
5　党による大学の管理運営への関与の論理
6　おわりに

1　はじめに

　本章では、第5章と同様にベトナムの高等教育における従来体制からの連続性に着目する。具体的には、社会主義国の高等教育制度に共通してみられる大学内部の党の組織の役割に焦点をしぼり、ベトナム高等教育における党の大学への関与の実態について検討する。

　第3章と第4章での検討から明らかになったように、ベトナムの高等教育において市場化が進展するのに伴って大学類型の多様化が生じている。とくに民営セクターでは企業的な性格を持つ大学が生み出されているし、公立セクターでは全体として大学をより学術の自由が認められる機関へと変貌させていく動きが管理運営改革のなかで生じつつある。

　こうした高等教育の構造改革の一方で、ベトナムでは体制移行の過程においてもなお党による一党支配体制が採られていることと関連して、大学には一貫して党委員会や党支部などの党の組織が置かれている。序章で検討した分析の理念的な枠組みでは、ベトナムの高等教育システムに影響を及ぼしうる4つの要素として、「国家」、「大学」、「市場」それから「党」を設定した。ここで「党」と「国家」は切り分けられているが、この枠組みは体制移行の過程にあるベトナムにおいて「党が領導し、国家が管理する」という2つの主体のありようを反映したものである[1]。このように本書の前提にある仮定とは、ベトナムの高等教育において党は大学の管理運営に対して一定の関与をおこなっているというものであった。実際としても、すでに第5章で述べたように、非教育行政部門によって所管される大学ではその発展戦略を決定するうえで大学内部に置かれている党の組織（以下、大学党組織）が影響力を及ぼしていたと指摘されている[2]。

　それでは、従来の体制において国家と一体的に大学を統制していた党は体制移行の過程で大学への関与のあり方に変化を生じさせているのだろうか。変化があるとすれば、党は大学やそこで扱われる知識への関与においていかなる権限をどの程度掌握しているのだろうか。そして、そうした背景には党

のどのような論理が存在するのだろうか。こうした問題認識にもとづいて、本章では大学の管理運営において「誰が」「何をどの程度」「いかなる原理のもとで」管理するのかという視点から、主として大学の管理運営における大学党組織の役割について検討する。このことを通じて、党による「知識人の領導」のあり方を示すとともに、大学管理運営に対する党の関与の論理を明らかにすることを目的とする。

　以上をふまえて本章では、まず、マクロな視点から党の高等教育に対する方針を理解するため、教育部の資料や党大会で承認された党中央執行委員会政治報告を手がかりに、歴史的視点から現在に至るまでの高等教育における党の方針を概観する（第2節）。それから文献調査にもとづいて、体制移行の過程における大学党組織の役割について検討し（第3節）、そのうえで各大学類型における大学党組織の構成員を対象とした現地調査を中心に、大学の管理運営における大学党組織の役割について実態面を考察する（第4節）。以上をふまえて、大学管理運営に対する党の関与の論理を明らかにする（第5節）。

2　高等教育における党の方針

　それではまず、高等教育の展開における党の方針を概観することからはじめよう。本節での議論は、第2章における議論と共通する部分があるが、党の方針に焦点をあてながら高等教育政策の展開について論じていく。ここで主要な先行研究として手がかりとするのは、教育部編纂の文献資料である『教育と訓練事業における50年の発展』の「党の領導」という項目と[3]、ゴー・ヴァン・ハーによる歴史領域の学位論文[4]「1965－1975年段階の北部高等教育事業に対する党の領導」である[5]。

　これらの研究によれば、高等教育政策に対する党の方針は非常におおまかに捉えれば①1945年から1956年までの「抗戦と建国」期、②1956年から1986年に至る「社会主義建設」期（国家社会主義体制）、そして③ドイモイ政策を契機とする1986年以降の体制移行の時期の3つに区分できる[6]。本節では

このうち、ベトナム高等教育の原型が形成され、社会主義建設という観点から党の高等教育に対する方針が明確化される1956年以降の2つの時期区分を検討の主たる対象とする。

なお、①「抗戦と建国」期の党の方針について述べておくと、この時期における高等教育改革の路線は「教育を抗戦と建国に奉仕」させることであり、党のねらいはまずそれ以前の仏領期に形成された高等教育システムを「民族、科学、大衆」的性格を備えた高等教育システムへと改革することであった[7]。また、1945年の独立当初から『建国報』などの新聞を通じて、ホー・チ・ミンやチュオン・チンがベトナム全土の専門家や人士に呼びかけて党の活動に参加させたり[8]、各分野の専門家を領導し、その果たすべき役割を方向づけたりすることで党による「知識人の領導」が図られた。このように、建国初期の党の路線は、第2章でも検討したように、ベトナム人のための高等教育を形成するとともに大学や在野における知識人[9]に入党を呼びかけ党を拡大させていくことが重要な路線であった[10]。

(1) 国家社会主義体制における党と大学：「紅と専」の重視

社会主義建設が本格化する②「社会主義建設期」における党の高等教育に対する方針をみていこう。この時期における党の路線と観点について、その要点は次の3点にまとめられる。すなわち、戦時下の北ベトナムにおける国家社会主義的な高等教育体制として、①党は国家と一体となって主として政治思想的観点から大学の運営に指示を出し、大学は無産政権のための道具として党と国家の建設に奉仕する機関と位置づけられる。②党は、大学教員や学生に対する政治思想教育を大学の重要な任務の1つとし、各専門分野を担う大学教員にも政治思想教育に従事することを要求する（いわゆる「紅と専」の両立）。そして③党の路線を大学の運営に浸透させるために大学の統制が強化されるとともに、大学内部の運営では党組織の領導のもとで機関の方針・計画の策定が図られるというものである[11]。党の高等教育改革の動きを具体的に整理すると、次のようになるだろう。

まず注目する必要があるのは、1958年に北ベトナムにおいて「社会主義学校建設運動」が打ち出され、党により社会主義的な高等教育に関する原則が打ち立てられたことである。具体的な原則は、「教育と生産労働の結合」原則の強調、「機関内部の党の役割を尊重し、教育は政治的任務に奉仕しなくてはいけないこと」、そして「純粋な専門性と学術のための学術という観点を排除しなくてはいけないこと」である[12]。このことは、第2章で検討したように、即時性と応用性の高い研究を通じて社会主義建設に奉仕する機関として大学を位置づけるとともに、大学や個々の大学教員の専門性に対して党が介入することを意味している。

実際としても、『教育と訓練事業における50年の発展』では、高等教育の社会主義的改造を目指す党の路線が具体化した活動として「社会主義学校建設運動」に加え、党批判をおこなった『ニャンヴァン』『ザイファム』『ダットモイ』など各書誌の発行禁止とその影響力の排除を挙げており、このことを通じて党による統制が強化されていったことが指摘されている[13]。こうした書誌は、軍の文芸家が自らの専門性に対して党が介入することを非難し、「文芸の文芸家への返還」と「専門的なことは専門家に委ねるべき」とする草案を提出したことに対して党が圧力をかけたことが発刊の端緒となっている[14]。なお、党の指導部は1958年に打ち出された「3カ年計画」の策定過程において文化革命の遂行と知識人の改造、そして社会主義的な新しい知識人の育成を党の文化・思想・教育政策の中心に置いている[15]。

こうした党による専門性への介入とも関わって、1965年以降、党の方針は幹部養成の必要性から高等教育の量的拡大と政治思想教育の重点化に置かれた。とりわけ、1966年の第142号党中央執行委員会政治局議決では、幹部の訓練に関する長期計画が打ち出され、社会主義建設に貢献する道徳・政治品性を備えるとともに高い専門性を備えた幹部の養成が確認された。すなわち、科学技術・経済管理幹部は「よき政治品性を備え、党、公民、民族に対して絶対の忠誠を誓う」と同時に、専門性として「科学技術と業務において高いレベルを維持する」ことが強調された[16]。こうした幹部は、社会主義的

道徳を持つ点で「紅」であり、かつ専門的知識を持つ点で「専」であるとされたのである[17]。

「紅と専」を重視する党の路線を受け、1967年に大学部は「党による教育観点の路線を貫徹する」ことをめざし、工学などの技術系分野の大学で使用する新しいカリキュラムを19分野にわたって作成した[18]。また、大学部は1968年に「大政治運動」を展開し、そのなかで3つの中心的な課題を打ち出した。それは具体的には、①大学における政治思想教育を強化し、大学教員と学生の思想を領導すること、②新たな任務の要求に応じるために教育幹部と管理幹部を強化すること、そして③党の建設をよりよくすることで、大学における党組織の全面的かつ絶対的な領導を保証することである。

1970年代にはこのような党と大学部の理念にもとづき、大学に対する政治思想教育の徹底と大学管理・統制の強化が図られた。1970年10月には、北ベトナムにおいて諸大学による全体会議「第142号中央議決で打ち出された教育の路線、科学技術幹部、経済管理幹部の訓練の路線における党の基本的観点のさらなる前進の貫徹」が組織され、そこでは大学が主体となって10の課題に関して集中的な研究がおこなわれた。具体的に党と関わるものとしては、次の2点を指摘することができる。すなわちそれは、①党の教育の路線を貫徹し、専門幹部の養成・訓練において階級的観点、実践的観点、科学的観点を重視すること、および、②各大学における幹部と学生に対する教育を通じて、「紅」であるとともに「専」を備えた幹部を養成することである。このことからは、大学における幹部の養成にあたり「紅」と「専」の両立が目指されていたことが明らかになる。つまり、大学ではマルクス・レーニン主義の原理と党の観点の道理を通じてよき道徳的品性を備える(「紅」)と同時に、教育、学習、科学研究に対して情熱的に取り組む(「専」)幹部を養成することがいっそう重視されるようになった[19]。

これ以降、多くの大学で学生を対象とする政治思想教育が実施された。「紅と専」という観点からここで指摘しておきたいことは、各大学における会議ではいずれも「学生に対する政治思想教育は、党組織や幹部集団、政治思想

科目を担当する教員集団固有の任務ではなく、専門的教育を担う大学教員全体の任務である」ことが確認されたことである[20]。そして、とりわけ大学教員が全体として政治思想教育に関与することを促進するため、党は1973年に党中央執行委員会の決議を打ち出すことで政治思想教育と大学の管理運営に対する統制の強化を図ることを定めた[21]。

このようにみてくると、「国家社会主義体制」下のベトナムにおける党の高等教育に対する主要な方針は、大学における政治思想教育と管理の統制を通じて「紅と専」を備えた幹部集団を養成することに置かれていたことがわかる。とりわけ大学教員にとって「紅と専」とは、専門分野によらず教育と研究をおこなううえで党の路線に立脚していること、そして政治思想教育を実践的におこなうことの2つの観点が含まれていたのである[22]。

(2) 体制移行の過程における党と大学：「紅と専」の希薄化

1986年にドイモイ政策が打ち出されて以降、従来の体制において国家と一体となり大学をはじめ各機関、国営企業の領導とさまざまな活動への関与をおこなってきた党は、体制移行の過程で党の路線や方向性を指し示すことに徹するようになってきている[23]。こうした変化のなか、党と大学の関係はどのようになっているのだろうか。

体制移行の過程における党の高等教育に対する方針を体系的に論じている先行研究は極めて限定的であるため[24]、ここでは主要な先行研究として2011年にハノイ国家大学の政治理論教員養成センターに提出された学位論文「1996年から2005年に至るベトナム共産党の高等教育の領導」[25]および近年の党大会における党中央執行委員会政治報告[26]を主たる手がかりとして検討する。党の高等教育に対する方針について、その特徴を示せば大きく次の2点のようになるだろう。

第1に、党はおおまかな高等教育の路線や方向性を示すことに徹するようになっている。原則としては、党はマルクス・レーニン主義とホー・チ・ミン思想[27]にもとづきながら、マクロな高等教育の方針作りに専念するよう

になっており、大学を管理するのは国家であるという役割分担が生じてきている[28]。こうした状況をふまえて、具体的な党の方針について近年の党大会として2006年開催の第10回党大会から2016年開催の第12回党大会を取り上げ、そこで承認された中央執行委員会政治報告における教育に対する党の「総括的任務」の要点をまとめたものが**表6－1**である。

表6－1に示されるように、近年党は市場化に伴い急速に変化するベトナム社会に対応できる高度な人材を養成するために、高等教育の量的拡大と質的向上を一貫した方針として掲げている。具体的に高等教育の量的拡大方針についてみれば、国民の教育需要を満たすための生涯学習社会を実現することをねらいとしているし、質的向上の観点からは教育内容や教材、教育方法、試験方法の多様化や教育と雇用や労働との結びつきの強化を図ることがねらいとされている。そして、質的向上の方針とも関わって、党は大学の管理運営の方式についても一貫して従来の方式を改革する方針を打ち出している。すなわち、大学における自主性の拡大と自己責任の向上や国家による直接的な管理から「質による管理」への転換がめざされているのである。このことから、第3章および第4章で検討した教育部の改革は、党による高等教育に関する路線をより具体化したものであることが示唆される。

第2に、これは党と大学および大学教員との関係として、従来の体制で強調されていた「紅と専」への認識が希薄化してきており[29]、おおまかにみればベトナム高等教育において「紅と専」がそれぞれ別の体系に置かれるようになってきている。すなわち、第4章で検討したように、従来の体制に照らしてみると専門的教育や科学研究の内容は党の観点や路線から比較的距離をとれるようになっており、もちろん党は政治思想系科目には介入するものの、大学教員の専門性には介入しなくなっている[30]。また、政治思想系科目に関する教育はそのための専門的教育を受けた大学教員の任務であり、原則として他の専門分野の大学教員がそうした政治思想系科目を担うということはみられなくなっていると言ってよい[31]。

ここで大学教員に焦点をあててみれば、政治思想系科目を専門としない大

第6章　ベトナムの大学管理運営における党による関与の構造と論理　225

表6－1　ベトナム共産党中央執行委員の教育における総括的任務に関する要点

2006年第10回ベトナム共産党大会、第9期中央執行委員会政治報告： 「教育と訓練、科学と技術における質と効果の向上ならびに人的資源の開発」
・教育と訓練の全面的な刷新、質の高い人的資源の開発および管理メカニズムの刷新。 ・開放的な教育モデルと生涯学習体系を持つ学習社会の実現。 ・高等教育システムの刷新、教育訓練と雇用、労働との結合の促進。 ・教育管理メカニズムの刷新と地方分権化の推進。
2011年第11回ベトナム共産党大会、第10期中央執行委員会政治報告： 「教育と訓練、科学と技術、知識経済における発展ならびに環境の保護」
・教育の量的拡大と質的向上、教育課程、教育内容・方法、試験方法の刷新。 ・革命の歴史に関する伝統的な教育と道徳の重視。 ・教育機関の自主性と自己責任の向上、教育管理メカニズムの継続的刷新。
2016年第12回ベトナム共産党大会、第11期中央執行委員会政治報告： 「根本的かつ全面的な教育と訓練の刷新ならびに人的資源の開発」
・教育を通じた個人の潜在能力と創造的可能性における全面的発達の促進。 ・教育内容と教材の多様化、生涯学習需要への対応。 ・開放的教育体系にもとづく国民教育体系の発展。 ・教育機関の自主権と自己責任の向上、教育の質的管理の重視。

出典：各党大会中央執行委員会政治報告より、筆者が作成。

学教員に求められる資質としては、より高次の学位の取得や研究にかける時間といった専門性、学術活動などの指標が重視されてきている。そのなかには例えば、教育や研究活動における党の観点の実践や党員としての活動に関わる指標といったものは含まれない[32]。実際としても、ベトナムの大学教授職に関して、ファム・タイン・ギーおよびその門下生による一連の研究をはじめとして多くの先行研究では大学教員と党との関わりには触れておらず、非政治的側面にしぼってベトナムの大学教員のあり方について議論をしている。このことは[33]体制移行の過程における党と大学との関係における変化の1つとして捉えられるだろう。

このように、全体として大学に対する党の影響力は後退という方向に変化しているようにみえるが、実態はどうなのだろうか。続く第3節と第4節では、大学の管理運営における大学党組織の役割に焦点をあて、それぞれ文献調査と実態調査から実像に接近する。

3　大学党組織の役割：文献調査を中心に

本節では、ベトナム高等教育における大学の管理運営に対して果たす大学党組織の役割について文献調査を通じて検討する。

すでに述べたように、ベトナムにおける党と高等教育との関係について体系的に捉えようとする研究は極めて限定的である。本節では、そうしたなかでも「党条例」[34]や教育部の機関誌である『教育と社会雑誌』[35]、党中央の政治理論に関する機関誌『共産雑誌』[36]を手がかりとして、党および高等教育に関する近年の論文を分析する。その際とくに、社会的な変化を背景とする党中央の戦略および機関レベルでの大学党組織の対応について整理したうえで、大学の管理運営における大学党組織の役割について検討する。

(1) 大学党組織の一般的な任務と構造

まず、ベトナムにおける大学内部の大学党組織の一般的な任務と構造について確認しておく。大学党組織のあり方は、党全体に関わる活動や組織の一般的な規定である「党条例」に従っている。これは、5年に一度開催される全国代表者大会によってそのつど採択される党の条例である。「党条例」(2016年採択)によれば、大学党組織は「党の基礎組織」と位置づけられ、「党の基礎組織は党の基盤であり、機関における政治的核である」と規定される[37]。党員の規模によって、「党の基礎組織」である大学党組織は、大きく30人以上からなる党部と3人以上からなる支部に区分される[38]。とりわけ、党部の中心的な構成員(執行委員)からなる組織は「党委員会(Đảng Ủy)」と呼ばれる。

党条例によれば、「党の基礎組織」の一般的な任務は次のように規定される。すなわち、「第1に、党の路線と政策ならびに国家の法律を執行する。党部、支部の路線、政治的任務の提示と実施のために領導をおこなう。第2に、党部、支部の建設(人員増加)ならびに自己批判・批判を実施する。第3に、政権、経済組織、行政組織、事業、国防安寧、政治社会組織の建設のための領導をおこなう」というものである[39]。また、「党支部」の一般的な任務については、

第6章　ベトナムの大学管理運営における党による関与の構造と論理　227

「(党員が所属する)組織の政治的な任務を実現するための領導、ならびに党員の教育、管理、作業の配分をおこなう」と規定されている[40]。

　ベトナムにおける大学党組織の任務に関する一般的な規定をみても、大学ごとに多少の差異があるものの[41]、それは党条例に規定される「党の基礎組織」の任務と共通するものとなっている。そうしたものとして例えば、「ヴィン大学機関党部の職能と任務に関する規定」についてみれば、大学党組織の職能としては、「党部および支部は、政治の核となる事業単位であり、党の路線、方針、政策と国家の法律の実現を領導する。組織の方針、任務、工作を効果的に実現するように領導する。国家に対する義務を完遂する。幹部、教員、大衆の物質的、精神的暮らしを向上させる。そして、党部、支部、単位を建設する」と規定されている[42]。そのための具体的な任務としては、「思想工作の領導」、「組織幹部工作の領導」、「人民団体の領導」、それから「党組織の建設」が挙げられる[43]。

　こうした規定から、大学党組織の一般的な任務は思想教育活動の領導、組織幹部の人事に関わる活動、ホー・チ・ミン共産青年団をはじめとする大学の大衆組織の領導、そして党建設と呼ばれる大学における党員増加のための勧誘活動などにまとめられる。

　付け加えておくと、「党条例」で規定される任務や各大学の任務を遂行するために、大学党組織もほかの非教育機関に属する党組織と同様に、党組織間のハイアラーキカルな構造に組み込まれている。すなわち、最上位に位置する党中央執行委員会により路線や方針、政策が決議された後、ハノイ、ホーチミン市などの中央直轄市、各省級の党委員会を経て、それぞれの大学党組織に伝えられるという伝達形式が採られている。ただし、ハノイとホーチミン市の場合では、市級党委員会と大学党組織のあいだに各大学と連携する「ハノイ区大学・短大党部」と「ホーチミン市区大学・短大党部」と呼ばれる中間的な党組織が存在している[44]。なお、党の組織原則として、上級の党組織による議決は執行しなくてはならず、党の原則、路線、政策に反対することは認められていないことには注意が必要である[45]。

(2) 市場化に対する党中央の戦略と大学党組織の対応

1 党中央の戦略

このようにベトナムにおける大学党組織の重要な役割の1つは、大学の管理運営に直接関わるものではないものの、政治思想教育の領導である。こうした役割はすでに本章第2節で確認したように、体制移行の過程においても党により一貫して重視されてきているが、とくに近年では党中央は政治思想教育の領導に関する動きをいっそう活発化させてきている。

多数の先行研究において、党による大学での政治思想教育の強化の背景にはベトナム社会の市場化に伴う価値観の多様化や「道徳の衰退」があると指摘されている[46]。そうしたものとして例えば、『教育と社会』2013年1・2月号に掲載された論考「現段階における学生に対するホー・チ・ミン思想教育に関する基本的内容」では、次のように述べられている。

> 「ベトナムは、官僚的丸抱えの集中経済システムから、国家管理を伴いつつ大部分が市場メカニズムによる経済システムへと移行してきている」。「しかし、市場メカニズムの1つの側面が消極的な影響を教育に及ぼしている」。「道徳や価値観の衰退が大多数の青年、学生のなかで生じてきている。具体的には、拝金主義的な生き方をすること」「国家のために立身出世しようとする意志を持たないこと」「外国の文化に奔走することである」[47]。

こうした考え方を背景に、党は市場化が進む過程で、政治思想教育の強化を図るようになってきている[48]。とりわけ、近年の主要な党の戦略を列挙すれば次のようになる。

2011年5月4日、第11期党中央政治局では第3号指示「模範となるためのホー・チ・ミン道徳の学習と実践の継続的促進に関する指示」を公布し、とりわけベトナムの若い世代を中心に「思想意識、訓練、道徳の向上について変化を作り出すとともに」、「個人主義、政治思想、道徳、生き方の衰退に

第 6 章　ベトナムの大学管理運営における党による関与の構造と論理　229

対して対抗すること」が目標とされた[49]。

　また、2014 年 3 月 28 日には中央書記局第 94 号結論「国民教育体系における政治理論学習の継続的刷新について」が打ち出された。党中央によるこの結論は、大学を含む教育機関全体に対して、政治思想教育のいっそうの強化とカリキュラムの改善、それからそのための専門的な教員の養成を図ることを各大学党組織へ要請したものである。そして、同結論が教育部のなかに政治思想を専門的に担う部局の設置を要求していることはとくに強調すべきことである。すなわち、その要点を抜き出せば、「国民教育体系における政治理論学習にあたって管理と指導の強化をおこなう。政治理論はまさに必修科目であるということをより明確にし、厳格な検査のもとで試験を実施するようにする。早急に、教育部のなかに政治理論を担う専門的な直属単位を設置する。地方行政部門のレベルでは、教育局のなかに政治理論を担う専門的な事務所を設置する。すべての大学・短大は、機関の政治理論学習の管理を担う専門的な単位を設置しなくてはならない」ということになる[50]。

　この第 94 号結論を実現するために、2014 年 6 月 30 日には中央宣伝局により第 127 号指導「党中央第 94 号結論：国民教育体系における政治理論学習の継続的刷新の実現について」が打ち出され、大学をはじめ各段階の教育機関に対して、第 94 号結論の方針のもとで政治思想に関する教育課程の設計や調整をおこなうことを要求する指導が出された[51]。

　そして 2014 年 10 月 9 日には、政治局による第 37 号議決「2030 年に向けた理論工作と研究の方向性に関する議決」が出されている。そこでは党中央の発展のための理論的研究の必要性がマルクス・レーニン主義およびホー・チ・ミン思想との関連から説明されており、政治思想に関する理論研究を継続させると同時に、政治思想教育の内容やカリキュラム改革の必要性が強調されているのである[52]。

　さらに加えて 2015 年 8 月 28 日には、政府首相による第 1501 号決定「2015 年〜 2020 年段階における青年・少年・児童を対象とした革命理想教育、道徳教育、生き方教育の強化に関する提案の認可」が打ち出されている。そこ

では「若い世代に向けた革命理想教育、道徳教育、生き方に関わる教育を強化しなくてはならない。その目標は、道徳、生き方、全面的発展において根本的な変化を生み出すこと」と目標が述べられている[53]。

ただし、『共産雑誌』によれば、党が市場化に伴う「道徳や価値観の衰退」ないし「危機」として捉えている現状は、学生のみならず、党員や国家組織・社会の指導者のなかにもみられるとされる。ここでは後の議論との関係から次の2点について述べておこう。第1に、市場化の過程でベトナムの社会では、「グループの利益(Lợi ích nhóm)」が優先されるようになりつつあることが指摘されている[54]。「グループの利益」とは、例えば、ある特定の中央行政部門とそれに所管される国家組織ないし関連する企業体との間で公共事業に関わるインサイダー取引がおこなわれ、それにより利益が特定の集団に偏ってしまうことを指す。『共産雑誌』副編集長(党中央執行委員候補、副教授・進士号保持者)は、「グループの利益」を優先することは、社会のあいだに不平等を生み出すことにつながると指摘しており、こうした「政治思想、道徳の衰退」を防ぐために「国家と社会に対する党の領導を強化し、党と人民を密接に結びつける」ことが必要であると述べている[55]。

第2に、国家組織および党のなかに党の路線から離れていく党員が多数存在していることが指摘されるようになっている[56]。とりわけ、第11回党大会文献および第12回党大会文献では党内部における「自己演変」や「自己転化」[57]という表現が用いられているが、具体的に第12回党大会文献においては、次のような記述がみられる。すなわち、「少なくない幹部、党員が揺動した表現を用い、方向を見失っている。そうした者たちは、党が担う領導者としての役割を疑っており、ベトナムにおける社会主義の目標、理想そして路線についても懐疑的な姿勢を取っているのである」[58]。

また、このような現状認識のうえで、ホー・チ・ミン国家政治学院のレー・ヒュー・ギアは、次のように述べている。

「『党を弱める』『政治を弱める』『主義を弱める』といった現象が横行し

ている。そうでない党員ももちろんいるが、少なくない党員がインターネット、書籍、新聞に誤った観念を公開しているのである。さらには、綱領を修正すべきだ、マルクス・レーニン主義を党の思想的基盤から取り除かなくてはならない、社会主義を党の目標や理想から削除するべきだ、などということを建議する幹部までもが存在するようになってしまっている」[59]。

このように党の路線から逸脱した人物が管理的立場に就き、自らの意見を党の活動に対して提示する場合、「党の名声をなくし、人民の党に対する信用を失墜させる」点で、党は体制維持の視点から党の路線に懐疑的な人物を「危惧」せざるを得ない状況にある[60]。

2　大学党組織の対応

一方、こうした党中央の戦略に合わせて、大学党組織においても自身の機関における党建設の促進や政治思想教育の強化を図ることが重要視されている。次いで、『教育と社会雑誌』に掲載された具体的な論文を手がかりに、大学党組織の対応と認識について確認する。

「第12回党大会の決定路線における建設大学の幹部・党員に対する政治的本領の継続的建設」と題する論文では、大学党組織の役割について主として幹部教員や党員など大学党組織のメンバーを対象にして、党が掲げる目標や理想、社会主義の路線を堅持する意思を養うとともに、大学党組織は「道徳の衰退の危機をしりぞけるための体系的な解決策を講じなくてはならず」、大学党組織は政治理論学習を厳密に実現するとともに、政治理論の教育と涵養を進めることが必要であると述べている[61]。

そして、こうした大学党組織の対応は、党の体制維持に関連する次のような認識にもとづいているのである。大学党組織の役割について述べた引用文を示せば、次のようになる。

「わが国では、大学の党部は一貫して党の建設を重視し、幹部や党員に対するマルクス・レーニン主義、ホー・チ・ミン思想、党の路線と方針ならびに国家の政策と法律に関する意識や政治的本領を配慮、涵養、教育してきており、体制を転覆する陰謀や手段に対抗するために奮闘する精神を向上させることを目的としている。国家は、『和平演変』に対抗する精神を持ち、革命の成果を防衛しなくてはならない」[62]。

このように大学党組織は、大学における党員の人数を増やすと同時に(党の建設)、幹部教員や党員に対する政治思想教育の強化を通じて一党支配体制をより堅固にすることで、他の勢力による政権の奪取(「和平演変(diễn biến hòa bình)」)を防止しようとしている。もちろん、第4章で述べたように政治思想教育はすべての大学で必須科目となっており[63]、大学党組織にとって政治思想教育は党による体制の維持という観点から極めて重要であるし、「その強化を図っていくことが必要である」と認識されているのである[64]。こうした「和平演変」を防止するために政治思想教育を強化するという視点は『共産雑誌』でも頻出する主題ないし論調の1つであり[65]、大学党組織のみならず大きく党中央全体の認識となっている。

なお、政治思想教育の実態について言及しておくと、すでに述べたように「紅と専」の希薄化とも関連して、多くの学生が政治思想系科目に対して無関心であり、学習に困難を感じていると指摘されている[66]。また、そうした学生は政治思想系科目の授業に積極的には参加せず、試験の際に担当教員に「袖の下」を渡すことで切り抜ける「買点」行為も存在し[67]、学生のみならず教員のあり方も大学党組織により問題視されているのである[68]。

このように文献調査を中心にみてくると、党は近年、政治思想教育の重点化を方針としてきていることがわかる。とりわけ2014年には、党中央による結論を通じて、教育部や各大学に政治思想を担う専門的な組織の設置が要請された。こうした党の路線のもと大学党組織の主要な役割は、大学における党員の量的拡大を図る党の建設と、大学の幹部教員・党員そして学生を対

象とする政治思想教育の領導・強化という2つの活動によって党の体制維持を図っていくことなのである。また、大学の管理運営に対して、大学党組織は大学組織に関する人事と政治思想教育の領導を通じて大学に関与している。それでは、こうした大学党組織の大学管理運営への関与の実態はどのようなものなのだろうか。

4 大学党組織の実態的役割：ハノイにおける聞き取り調査を中心に

本節では、大学の管理運営に対して果たす大学党組織の役割について、現地調査を通じて大学党組織の実態面を中心に検討する。その際とくに、本書におけるこれまでの検討をふまえると大学類型によって党と大学との関係は異なっていると推察されるため[69]、こうした大学類型による大学党組織の役割の共通性と相違性に配慮して分析をおこなう。

(1) 聞き取り調査の概要

研究手法は、2017年5月から6月にかけて、ハノイにおいて筆者が各大学における党員に対して実施した聞き取り調査を主とする。なお、前段階の予備調査として2016年1月から6月の期間にハノイにおける各大学の教員127名を対象に、大学党組織の役割に関する大学教員の認識について質問紙調査を実施した。予備調査の結果からは、全体的な傾向として大学党組織は教職員の人事や機関の発展戦略に対して関与すると回答した教員が多く、とくに私塾大学の教員の場合では管理運営に対して大学党組織は影響を与えていないと答える教員が一定数存在した[70]。このことをふまえて、聞き取り調査の概要を示せば、以下のようになる。

まず、聞き取り調査の対象とした機関については、おおまかな大学類型として公立大学では①国家大学と②従来型大学、そして民営大学では③私塾大学を対象とした。そのうえで具体的な対象校は、①国家大学の構成員大学として外国語大学および社会人文科学大学、②従来型の公立大学として教育部

所管のハノイ大学およびベトナム教育管理学院、それから非教育行政部門によって所管される公立大学1校(以下、非教育部所管大学)[71]を対象に選定した[72]。そして、③私塾大学にはベトナムの企業が設立した典型的な私塾大学であるFPT大学1校を対象に選定した。

聞き取りの対象とした大学教員は、上記の6大学の内部にある大学党組織の執行委員会(党委員会)の構成員ないし大学党組織の党員である[73]。そして、聞き取りにおける具体的な質問内容は、いずれの党員に対しても共通して大きく次の3点にまとめられる。

第1に、大学の管理運営において大学党組織が果たす具体的な役割について、大学党組織の主要な任務とその構造はどのようなものであるか。

第2に、そうした大学党組織の役割とも関連するが、大学党組織と個別の大学教員との関係について、大学党組織は教育と研究活動に関する大学教員の専門性に対してどのように関与し、統制するのか。例えば、政治思想系科目以外の専門教育や研究の内容に対して、大学党組織は具体的な推奨事項や禁忌事項などの指示を出すのかどうか。

そして第3に、大学の管理運営における大学党組織の位置づけについて、大学党組織と「政権(学長を頂点とする行政系統)」との関係はどのように規定されるのか。また、大学評議会が置かれている場合、大学党組織と大学評議会との関係はどのようなものであるか。

こうした聞き取り調査の結果の妥当性を確認するために教育部のシンクタンクであるベトナム教育科学院の高等教育研究局長に対しても聞き取りをおこない、事実関係の確認と一般性の確保を図った[74]。なお、すべての大学における大学党組織の具体的な役割を規定したり大学内部の行政系統との関係を一律に規定したりする法規は存在せず、こうしたことは基本的には「党条例に従う」とされていることを指摘しておく[75]。党条例のなかに言及がない、より具体的な大学党組織の活動は各大学の実情に沿って組織される。

(2) 聞き取り調査の結果

 こうした聞き取り調査を通じて、ベトナムにおける大学党組織の管理運営に対する実態としての役割が明らかになった。各党員に対する聞き取りから得られた情報を上記の3点の質問事項についてまとめれば、大きく次のように示すことができる。

1 大学党組織の任務と大学の教育・研究活動に対する統制

 まず、大学の管理運営における大学党組織の主要な任務からみていこう。実態としての大学党組織の役割は、とりわけ公立大学において多岐にわたっている。大学によって程度の差はあるものの、それは大きく①党の教育方針の貫徹・執行、②上級党委員会および指導機関によって与えられる任務の執行、③政治思想活動の組織、④党建設活動の組織、⑤大学内部の人事に関する討論と上級機関への提議、⑥各団体組織に対する指導、⑦機関の教育・研究活動における方針の議決、⑧機関の発展戦略の議決にまとめられる[76]。

 このことから、公立大学における大学党組織は実際としては政治的な活動以外にも大学の発展戦略に関わる多様な方針の決定をおこなっていることがわかる。具体的にみれば、ベトナム教育管理学院では、大学党組織は「大学の運営に関わるより大きな発展戦略の討論、機関の修繕・建設計画、新しい科・部門の設置、それから学生定員数の提示」などをおこなうし[77]、ハノイ国家大学外国語大学の大学党組織は「教育課程の改革、教員の評価、機関発展の方向性」など、「大学の運営に関わるすべてのことがらを議論し議決することで」、機関の発展方針を打ち出すのである[78]。

 ただし、大学によってこうした党の関与の程度には差が存在している。そうした例として⑤人事についてみれば、非教育部所管大学では党委員会は人事を大学党組織の最重要任務に位置づけており、末端の組織である部門の主任(部門長)から学長に至るまで教員人事には大学党組織の討論による同意を得なければならない[79]。これに対して、ハノイ国家大学社会人文科学大学では「部門レベルの人事では、専門性が重視されるため部門を構成する教

員の発言権が相対的に強く、部門に属する教員が人事権を持つ」とされる[80]。こうした差異は、党からどの程度自律的であるかという大学全体の管理運営における自主性の程度とも関わっていると思われる。

　一方で、私塾大学における大学党組織は公立大学における大学党組織とは異なり、大学の管理運営において果たす役割が非常に限定的である。第3章において述べたように、私塾大学では構成員に占める党員数そのものが少なく、大学党組織の影響力も極めて限定的である。FPT大学では全大学教員に占める党員数は3.7％に過ぎず[81]、大学党組織の役割は主として政治的活動に関わる項目に限定されているとされる[82]。なお、ハノイ国家大学外国語大学において教員に占める党員数は約30％であり、非教育部所管大学でも党員数は全教員のうちの約50％を占めることに鑑みれば、FPT大学の党員数の相対的な少なさが浮き彫りになる[83]。

　こうした党による大学管理運営への関与の一方で、教育・研究を中心とする大学の専門的活動への党の統制については、私塾大学をはじめとして、いずれの大学類型、機関においても大学党組織は具体的な介入をおこなわないことが確認された[84]。すなわち、大学党組織は大学におけるおおまかな教育や研究活動の方針を示すものの、政治思想科目を除く専門科目に関わる教育や研究には具体的な統制はおこなわず、そうした教育の具体的なあり方や研究活動は個々の大学教員の裁量に委ねられている。具体的にハノイ国家大学外国語大学の大学党組織についてみてみれば、大学党組織は「研究題材の数量や研究テーマのおおまかな方向性などについて方針を示すものの」、「個人の専門性が重視されるため、大学党組織は具体的な研究内容までは口を出さない」ということであるし[85]、非教育部所管大学でも「研究内容は原則として教員個人の自由」であり、「大学党組織は研究内容には干渉しない」ということである[86]。

　また、各大学が発行している大学紀要などにおいても、「基本的には専門性が重視され、研究主題の決定は筆者の自由に任せる」[87]、「査読はあくまで各分野の専門性が重視されている」[88]とされる。こうした状況は、従来の「紅」

と「専」の両立が求められた体制に照らせば、実態としての「紅」と「専」の分離ないしは「専」の重視と呼ぶことができる。ただし、付け加えておく必要があるのは、こうした研究活動には党の方針という一定の枠組みのなかで「自由」が与えられているということである。すなわちそれは、とりわけベトナムの政治体制に関わる研究であれば「天安門事件に関する研究はおこなわない」など[89]、政治体制に関する主題を「自分から進んで研究対象とはしない」[90]という点で、党の正統性や存立基盤に関係する特定の研究に対しては研究者自らが制限をかけている状況なのである[91]。

2　大学党組織と行政系統・大学評議会との関係：党による「一体化」戦略

このようにみてくると、とりわけ公立大学の大学党組織は、機関の発展の方向性を打ち出すという点で、大学管理運営における意思決定組織としての役割を持っていることがわかる。それでは、大学において「政権(chính quyền)」と呼ばれる学長を頂点とする行政系統や、大学管理運営における意思決定機関として設置が進められてきている大学評議会と大学党組織との関係はどうなっているのであろうか。ここではまず、議論の焦点を行政系統にしぼり、聞き取り調査の結果から実態について迫ることにする。なお、行政系統は学長を頂点とした組織であり、政権や「監督委員会(ban giám đốc)」とも呼ばれ、おおまかに学長と副学長、科・部門の主任、それから各部局の責任者などによって構成されている[92]。

第2章で検討したように、従来の体制では大学党組織と行政系統の両者は、大学の管理運営において大学党組織が方針を定め、学長はそのもとで具体的な計画を執行するという関係に置かれていたが、現在もなお公立大学ではこうした関係性が維持されていると言ってよい。すなわち、公立大学の大学党組織は慣例として一月に一度執行委員会による会議を開き、そこで大学の発展方針や政治活動など特定の議題について討論し、決議のうえで方針を打ち出す。そして、学長をはじめとする行政系統がこうした方針を執行するという関係に両者は置かれている[93]。すでに述べたようにベトナムでは、大学

党組織と行政系統の両者の関係を一律に規定する法規は存在していないとされるが[94]、大学党組織が大学の方針を打ち出し行政系統がそれを執行するという点で、公立大学において大学党組織の中核に位置する党委員会は自分たちが大学の舵取りをしていると認識していると言える[95]。

しかしながら、ここでとくに強調しなくてはならないのは、このように大学党組織と行政系統は一貫してそれぞれ別の体系に置かれてきたものの、近年では両体系の「一体化(Nhất thể hóa)」が進められてきていることである[96]。ここで示される両体系の「一体化」とは、大学党組織における党委員会書記や同副書記と、行政系統における学長、副学長とのあいだに相互の乗り入れが生じていることを意味している[97]。

こうした大学管理運営における大学党組織と行政系統の「一体化」はベトナム全体として2010年代から進められてきた[98]。具体的な状況について、ハノイ国家大学外国語大学の党委員会を例として示したものが表6－2である。表6－2からは、ハノイ国家大学外国語大学では2000年代以降にこうした「一体化」の動きが生じてきていることがわかる[99]。

聞き取り調査からは、こうした動きの背景には、大学の管理運営において重要な方針の決定は大学党組織がおこない、より確実にそうした方針を行政系統に執行させること、そして行政系統による反対意見を封じることなどの大学党組織の「思惑」があるとされる[100]。実態としても、ハノイ国家大学社会人文科学大学では、教育と研究に関する党の方針に対して、行政系統である「幹部教授会が(党委員会による決議の内容を)具体化する過程でその方針を棄却する」、「党の方針以上に、専門的な視点から大学教員の意見を重視する」ことがあるとされる[101]。

こうした背景に加えて、大学管理運営の方針を決定する最高意思決定機関として大学党組織の役割と大学評議会の役割が重複していることも「一体化」を促進する一因であると考えられる。すなわち、大学党組織は意思決定組織としての自らの役割や重要性を維持するため大学評議会の設置を望まず、実際としても、ベトナム教育管理学院の党委員会副書記によれば「大学評議

第 6 章　ベトナムの大学管理運営における党による関与の構造と論理　239

表 6 － 2　ハノイ国家大学外国語大学党委員会における「一体化」の実態

党委員会会期(年)	党委員会書記	党委員会副書記
第 8 期(1982 － 1988)	Nguyễn Xuân Vực	
第 9 期(1988 － 1990)	Đặng Trần Cường	Dương Đức Niệm
第 10 期(1990 － 1993)	Vũ Quỳnh	Dương Đức Niệm
第 11 期(1993 － 1996)	Dương Đức Niệm	Nguyễn Văn Lợi
第 12 期(1996 － 1998)	Nguyễn Văn Lợi	Nguyễn Đức Chính
第 13 期(1998 － 2000)	Nguyễn Hữu Thọ	Nguyễn Văn Lợi
第 14 期(2000 － 2003)	Nguyễn Văn Lợi(学長)	Nguyễn Hữu Chinh
第 15 期(2003 － 2006)	Nguyễn Văn Lợi(学長)	Nguyễn Hữu Chinh
第 16 期(2006 － 2008)	Nguyễn Văn Lợi(学長)	Nguyễn Văn Lợi(副学長)
第 16 期(2008 － 2010)	Nguyễn Hòa(学長)	Nguyễn Lân Trung(副学長)
第 17 期(2010 － 2015)	Nguyễn Hòa(学長)	Nguyễn Lân Trung

出典：Nguyễn Lân Trung (tổng chủ biên), *Lược sử Đảng bộ Trường đại học Hà Nội Đại học quốc gia Hà Nội*. Trường đại học ngoại ngữ- Đại học quốc gia Hà Nội, 2015, pp.38-40 より、加筆・修正して筆者が作成。

　会の設置がベトナム高等教育において進展していない第 1 の理由は、各大学の党委員会が大学評議会の建設を好まないからであろう」ということである[102]。「一体化」は、大学評議会が管理運営の決定権を握るなかで、学長をはじめ、各科や部門の主任などの大学評議会の主要な構成員と党員とが同一化することで、事実上、大学党組織がこれまでどおりの役割を発揮するための戦略的な対応として捉えられる。

　なお、こうした大学党組織と大学評議会との関係は、機関の意思決定組織として大学評議会の設置を希望するベトナムの研究者によっても指摘されるところである。2018 年 8 月には、ハノイ法科大学において大学の自主性をさらに拡大させる方向で高等教育法を改定するため、ハノイ法科大学や国民経済大学の教員を中心に研究会「大学の自律的運営に向けたドイモイ」が開催された。そこでは、公立大学 163 校のうち大学評議会を設置している大学は 59 校(およそ 36％)に過ぎないことが示されたうえで、その普及を阻害する要因として次の 3 点が指摘されている。すなわち、第 1 に、大学評議会に関する現行の規定の内容が不明瞭であること、第 2 に、大学関係者による大学評議会の役割や位置づけに関する認識が正確ではないこと、そして第 3 に、

大学党組織が大学の活動を全面的に領導する状況のもとで大学評議会の存在意義を認めようとしない意見が多く存在していることである。とりわけ、大学評議会の設置が進まないのは、「一体化」体制のもとで大学党組織および行政系統の「権力」がその設置を阻止しているからであるという[103]。

　ここまでの実態的検討から、大学党組織の役割については、次のようにまとめることができる。すなわち、大学党組織はとりわけ政治思想教育や人事権の掌握を中心に、大学の発展戦略や方針を全般にわたって決める意思決定組織として大学管理運営に一貫して関与してきている。しかしながら、体制移行の過程では大学の自主性や大学教員の専門性が重視されるようになっており、専門教育や研究活動の具体的なあり方に対しては介入することはなくなっている[104]。ただしこうした過程で党は、大学党組織と学長を頂点とする行政系統との「一体化」を進めることで、大学の管理運営の方向性を決めるうえでの役割をより強く維持しようとしてきているのである。

5　党による大学の管理運営への関与の論理

　これまでの検討をふまえ、ベトナムの大学の管理運営において「誰が」「何をどの程度」「いかなる原理のもとで」管理するのかという視点から、ベトナム高等教育における大学党組織による大学への関与の実態について整理すれば、次のようになるだろう。

　第1に、ベトナムにおいて「誰が」大学の管理運営に関与するのかという視点から党についてみてみれば、党は一貫して、大学の管理運営に対して各大学に存在する大学党組織（党部・支部）を介して大学の管理運営に関与してきている。具体的には、大学党組織の規模により差異があるものの、大学党組織の執行委員会、すなわち党委員会を中心として、各科、各部門に設置された支部と連携しつつ、上意下達方式のもとで大学の管理運営に関与している。近年では、党中央の方針を受けて大学における党建設がいっそう促進されてきており、党員数は拡大傾向にある。

第2に、大学党組織は大学の管理運営において「何をどの程度」管理するのかという視点から、ベトナムの大学党組織が大学において果たす役割について検討すれば、文献調査を中心とした検討からは大学における党建設、政治思想教育の強化、そして大学教員の人事への関与が具体的な役割として想定されていることが確認された。とりわけ政治思想教育については、教育部によるマクロな管理を志向した一連の改革とは逆行するように、近年党は大学における政治思想教育の管理と指導を強化するようになっている。2014年に打ち出された党中央第94号結論では、教育部のなかに政治理論を扱う専門的単位の設置が決められているし、個別の大学に対しても政治理論を担う専門的な部局の設置が決められた。

　大学における党の建設、政治思想教育の強化、そして人事への関与に加えて、聞き取り調査からは大学党組織は大学の管理運営に対してより幅広い役割を果たしていることが明らかになった。大学党組織の実態的役割は大きく、設置主体の違いや大学の自主性の高さによって程度に相違はあるものの、教育と研究活動の方針を含む機関発展の方向性に関する議決、政治思想教育活動の統制、そして党委員会による同意を通じた人事への関与である。ただし教育や研究活動の具体的な内容は、体制移行の過程で大学教員の専門性がより重視されるようになっており、大学党組織による統制はなく教員の裁量に委ねられている現状が明らかになった。

　そして第3に、「いかなる原理のもとで」大学を管理するのかという視点から、大学党組織による大学への関与の持続性について検討すれば、それには大きく次の2点を挙げることができる。1点目として、文献調査を通じて検討したように、体制移行に伴う市場化の進展を背景にベトナムにおいても多様な価値観が流入してきており、そのなかで学生や大学教員の党や政治思想教育に対する関心の低さが党により問題視されている。そのため大学党組織は、政治思想教育の強化と党建設を通じて党の体制維持と強化を図ってきている。2点目として、これも体制維持と関わるが、従来の体制から一貫して党は社会全体の領導者として自らを位置づけてきている。そのもとで大学党

組織は、大学を党の路線に沿って発展させるために自ら大学の管理運営体制の頂点に立ち、機関発展の方向性を指し示す立場にあると認識している。大学党組織が大学管理運営における指導的役割を大学評議会によって取って代わられるのを望まないことも、このことを裏付けるだろう。そして近年では、大学の管理運営において重要な方針の決定は大学党組織がおこない、より確実にそうした方針を行政系統に執行させること、また大学党組織は行政系統による反対意見を封じることを目的として行政系統と「一体化」を図ってきている。このことから事実上、党は大学を「領導し、かつ管理する」ようになっているのである[105]。

加えて、ベトナムの高等教育における党と行政系統との「一体化」の背景には、2011年の第11回党大会以降、党建設や政治思想教育のいっそうの強化が図られるようになるとともに社会全体における各組織の管理者と党委員会との「一体化」体制が進められてきたことが挙げられる[106]。このように市場化の過程で党のありように懐疑的な党員や各組織の管理者が現れるなか、党は方針を確実に執行させるとともにその正統性を保証するため、国家組織や企業も含めて、ベトナムの社会全体における党の影響力の再強化につながる動きを活発化させている。

以上のことから、党による大学管理運営への関与の論理を考察すれば、そこには体制移行の過程で進展する市場化がもたらす実態的な変化に対して、政治思想教育の強化や「一体化」を通じて大学の管理運営における党の影響力を高めることで、その正統性と一党支配体制維持の強化を図ろうとする党の戦略的な対応が浮かび上がる。市場化がもたらす実態的な変化として、こうした党による対応の背景には、従来の国家社会主義体制のもとで「紅」であり「専」であることが求められた大学教員や、教育と研究を通じて社会主義建設に奉仕する大学のありようが、自主的かつより専門性を重視するのが望ましい大学教員、大学像へと転換しつつあることが挙げられる。また体制移行の過程では、実態としてより党から距離をとる私塾大学という大学類型が登場しており、このこともまた揺り戻しのように党が大学への関与を強化してい

こうとする方向へと舵を切る要因の1つとなっている。

　最後に、大学党組織を通じた党による大学への関与との関連から、党による「知識人の領導」の実態に言及しておきたい。党の指導のもとで、中央行政部門、各大学の学長、各科学研究院の院長をはじめとする多様な領域にある国家機関の指導者は、その任期中一定の期間で政治学院に国防学を学びに行かねばならず、そこでは実習訓練活動にも参加しなくてはならない。党による領導の対象となる機関は、大学や研究所のみならず、銀行やベトナム航空など多岐にわたっている。これらの機関の指導者たちは、その多くが碩士号や進士号の学位を所有している[107]。ベトナム社会科学アカデミー言語学院の党委員会副書記兼副院長(当時)によれば、こうした状況は「ベトナム高等教育の特徴であり、党による知識人の領導」と呼ぶべきものなのである[108]。

6　おわりに

　本章では、ベトナム高等教育において主として大学の管理運営における大学内部の党組織の役割について検討することを通じて、党による「知識人の領導」のあり方を示すとともに、大学管理運営に対する党の関与の論理について明らかにした。党は大学党組織を通じて、機関の発展戦略の決定をはじめとして大学の管理運営に関与してきている。本章の検討から、体制移行の過程で進展する大学教員における「紅と専」の希薄化や高等教育の市場化がもたらす変化に対して、党は思想政治教育の強化や「一体化」を通じて大学の管理運営における影響力を高め、その正統性の強化と一党支配体制の維持を図ろうとしている姿が明らかになった。

　第7章では、序章で設定した3つの課題について検討することを通じて、多様化した高等教育の構造における国家および党による大学への関与の論理について明らかにする。

【注】

1 「わが国の政治制度は次の3つの基礎の上にある。すなわち、党、国家、人民であり、それらはおのおの異なる職能を有する。党は領導し、国家は管理し、人民は主人となる、という原則である」(Lê Hữu Nghĩa. "Xây dựng đảng trong sạch, vững mạnh- nhân tố quyết định sự ổn định và phát triển bền vững chế độ chính trị ở Việt Nam." *Tạp Chí Cộng Sản.* số 892, tháng 2, 2017, p.58）。

2 Lê Thanh Tâm. "Thực hiện tự chủ đại học tại các trường đại học công lập trực thuộc bộ công thương. *Tạp Chí Giáo Dục Khoa Học.* " tháng 3, số 102, 2014, pp.49-52.

3 Trần Hồng Quân (tổng chủ biên). *50 Năm Phát Triển Sự Nghiệp Giáo Dục và Đào tạo (1945-1950).* Hà Nội: Nhà xuất bản Giáo Dục, 1995.

4 これは国家大学社会人文科学大学に歴史領域に関する碩士論文として提出されている。

5 Ngô Văn Hà. "Đảng lãnh đạo sự nghiệp giáo dục đại học và trung học chuyên nghiệp ở miền bắc giai đoạn 1965-1975." Luận Văn Thạc Sĩ Lịch Sử (Đại học quốc gia Hà Nội Trường đại học khoa học xã hội và nhân văn), 2003.

6 なお、教育部の文献では「1945～1954年」と「1956～75年」とに区分されている。

7 Trần Hồng Quân (Tổng Chủ Biên). 1995, *op.cit.*, p.400.

8 Nguyễn Thu Hải. "Vai trò trí thức trong xây dựng, củng cố và bảo vệ chính quyền cách mạng giai đoạn 1945-1946." *Tạp Chí Giáo Dục và Xã Hội.* tháng 11, 2014, pp.39-40.

9 例えばホー・チ・ミンは次のように呼びかけている。「(国家)建設の仕事に関して、才能や知識を持っている方で」「国家のために手伝ってもよいと思っている方は、どうぞ政府あてに具体的な計画を送ってください」「我々は技術的な面からその計画を研究し、実行可能であるものであればすぐに実行に移します」。こうして得られた知識人や人士の意見に従い、1945年12月末にホー・チ・ミンは「建設計画研究委員会」の設立に関する政令を出した。ホー・チ・ミンは継続的に全民族を集め、知識人の集団を集めてこの委員会に参加させることによって、政府が建設計画を研究するうえで資するようにしたのである(*Ibid.*, p.40)。

10 このことについて、次のような記述が存在する。「『建設研究委員会』は当初は40人で構成されたが、次第に拡大して威信を持った多くの知識人を含むことになった」。「(ホー・チ・ミンは)1946年5月、ベトナム国民連合会を組織し、人士(愛国的名望家)、知識人、宗教家を吸収していくことで団結を図った。そのねらいは、新たな社会における自らの責任に関して、いまだにどちらにもつけずにいた愛国心を持つ知識人をできるだけ多く集めることであった」。「1946年7月から9月にかけて、ホー・チ・ミンはフランスを訪問した際に、自発的にパリ在住の越僑と面会した。その後で多くの知識人がホー・チ・ミンに従って

11 なお教育部文献にも同様の記述がある。具体的には Trần Hồng Quân (Tổng Chủ Biên). 1995, *op.cit.*, pp.400-401 を参照。
12 Ngô Văn Hà. 2003, *op.cit.*, pp.15-18. および Trần Hồng Quân (Tổng Chủ Biên). 1995, *op.cit.*, p.401.
13 *Ibid.*, p.401.
14 森絵理咲『ベトナム戦争と文学：翻弄される小国(東京財団研究報告書)』2006年、10〜32頁。以下の URL より 2019 年 3 月 11 日最終アクセス。(https://nippon.zaidan.info/seikabutsu/2006/00202/pdf/0001.pdf)
15 こうした知識人による党批判活動の封殺をはじめとして、党は文芸路線、知識人に対する方針、それから文化・思想・教育政策を明確化していった。1958年1月には党政治局は文芸工作に関する決議を発し、文芸界での整風工作(破壊分子の追放、それ以外の人々に対する自己批判・思想改造の運動)を発動している(白石昌也『東アジアの国家と社会 5 ベトナム：革命と建設のはざま』東京大学出版会、1993 年、68〜69 頁)。
16 Ngô Văn Hà.2003, *op.cit.*, p.23.
17 「紅」と「専」はベトナムでは「徳(紅)」と「才(専)」とも言われる。例えば、1946年 11 月 20 日付の論文「才と徳を備えた人物を探す」のなかでホー・チ・ミンは次のように記述している。「2 千万人の同胞がいるなかで、才があり、徳もある人物は決して少なくないはずである。政府は、しかしながら、そうした人物を十分に発掘できていないのである」(Nguyễn Thu Hải. 2014, *op.cit.*, p.40)。
18 Ngô Văn Hà. 2003, *op.cit.*, pp.47-48.
19 *Ibid.*,pp.64-65.
20 *Ibid.*,pp.66-67.
21 *Ibid.*,pp.67-68.
22 このことは、第 4 章において検討したように、従来の大学院教育において研究生はマルクス・レーニン主義の観点に立って研究をおこなわねばならなかったことと通じている。
23 白石昌也編『ベトナムの国家機構』明石書店、2000 年、15〜16 頁。
24 試みに ERIC において、「higher education」、「Vietnam」、「communist party」という 3 つの語をキーワードとして検索したところ、該当する論文は 3 本に過ぎなかった。
25 Mai Thanh Hồng. "Đảng cộng sản Việt Nam lãnh đạo phát triển giáo dục đại học từ năm 1996 đến năm 2005." Luận văn thạc Sĩ Lịch Sử (Đại học quốc gia Hà Nội Trung tâm đào tạo, bồi dưỡng giảng viên lý luận chính trị), 2011.
26 それぞれの文献の内容については、以下の URL よりアクセス。
・2006 年第 10 会党大会第 9 期中央執行委員会政治報告：

(http://vietnam.gov.vn/portal/page/chinhphu/NuocCHXHCNVietNam/ThongTinHop/noidungvankiendaihoidang?categoryId=10000715&articleId=10038371)

・2011年第11会党大会第10期中央執行委員会政治報告：
(http://vietnam.gov.vn/portal/page/chinhphu/NuocCHXHCNVietNam/ThongTinHop/noidungvankiendaihoidang?categoryId=10000716&articleId=10038382)

・2016年第12会党大会第11期中央執行委員会政治報告：
(http://nhandan.com.vn/chinhtri/item/29115302-bao-cao-chinh-tri-cua-ban-chap-hanh-trung-uong-dang-khoa-xi-tai-dai-hoi-dai-bieu-toan-quoc-lan-thu-xii-cua-dang.html)

27　国家体制に関する理念のなかにホー・チ・ミン思想が表れてくるのは、1990年代に入ってからのことである。具体的には、「1992年憲法」によって、マルクス・レーニン主義に加えて、ホー・チ・ミン思想が入れ込まれた(第4条)。なお、それ以前の「1980年憲法」には、ベトナム共産党はマルクス・レーニン学説に従うとのみ規定されていた(第4条)。

28　白石昌也、前掲書、2000年、15〜16頁。また、すでに指摘したように異なる職能として「党が領導し、国家が管理し、人民が主人となる」ことが国家体制の基礎とされる。

29　例えば、「現在はあまり聞かれない」「古い言葉であるという印象を受ける」(2017年5月26日筆者実施、ハノイ国家大学外国語大学における政治・学生室副室長グエン・フエン・チャン氏への聞き取り)などと言われる。

30　本章第4節で詳しく検討するが、近年では大学党組織は教員の研究活動には具体的な指示を出さないようになっている。こうした活動において重視されるのは大学教員の専門性なのである。

31　原則として、各大学における政治理論に関する科(政治教育科やマルクス・レーニン科など)や部門に属する教員がこれらの教育を担っている。国家大学や地方総合大学をはじめとして、ベトナムにおける有力な大学には政治理論を専門とする碩士課程や進士課程が設置されており、より高次の学位を取得することができるようになっている。

32　教育部の機関誌『教育雑誌』や『教育科学雑誌』から、大学教授職について論じた主要な論考の要点を示せば、以下のようになる。ホー・チ・ミン国家行政・政治学院のディン・ティ・ミン・テュエットは、高等教育の目標を民族の独立や社会主義建設に置きながらも、大学教員の専門性や学位、対学生比における教員の量的規模などの非政治的側面から高等教育の質について論じている(Đinh Thị Minh Tuyết. "Xây dựng và phát triển đội ngũ giảng viên đại học." *Tạp Chí Giáo Dục.* số 250, 2010, pp.3-5)。また、民営大学における教員集団の管理のありよう

について論じたグエン・ラン・フオンは、私塾大学において教授職資格者や進士号取得者が教員のなかに極めて少ないことなど、国際比較の視点から大学教員の学術に関わる資質に関して議論を展開している（Nguyễn Lan Phương. "Quản lý phát triển đội ngũ giảng viên trong các trường đại học ngoài công lập." *Tạp Chí Khoa Học Giáo Dục*. số 82, 2012, pp.45-47）。また、ホーチミン市国家大学チャン・ヴァン・トゥンは「ベトナム高等教育における教員の質と訓練の質」と題する論考のなかで大学教員の質評価の枠組みを検討しているが、「教員の能力」、「熱意」、「指導・学習」などの項目を設定したうえで、大学教員集団における学術活動の自由度の低さやインブリーディングの状況、研究に比べて教育が重視されることの実態について議論を試みている（Trần Văn Tùng. "Chất lượng giảng viên và chất lượng đào tạo đại học Việt Nam." *Tạp Chí Khoa Học Giáo Dục*. số 83, 2012, pp.18-20）。なお、Trần Văn Tùng は議論を展開するうえでベトナムの大学の質評価指標として 2001 年にハノイ国家大学が作成した 10 の指標を取り上げているが、ベトナムが全体として国際的な指標を意識しているということとも関わって、ハノイ国家大学の指標においても大学機関レベルないし教員個人のレベルで党との関わりを評価するような指標はない。国家大学が打ち出した指標は具体的には、①組織と管理工作、②教員と学生の比率、③学位や職階を有する教員の比率、④カリキュラムや教材、⑤教授・学習方法などである。

33　主要なものとしては、次のものが挙げられる。Pham Than Nghi. "Academic Career Development in Vietnam." In Research Institute for Higher Education Hiroshima University (RHIE) (ed.). *The Changing Academic Profession in Asia: The Formation, Work, Academic Productivity, Internationalization of the Academy; Report of the International Conference on the Changing Academic Profession Project*. RHIE International Seminar Reports No.22, 2015, pp.119-132 および Nguyễn Văn Lâm. "Phát triển đội ngũ giảng viên các trường cao đẳng giao thông vận tải thời kỳ Công nghiệp hóa và Hiện đại hóa đất nước và hội nhập quốc tế." Luận án tiến sĩ khoa học giáo dục (Viện khoa học giáo dục Việt Nam), 2015. このうち後者は、主として大学教授職の発展に関する国際的な視点から理論を検討した後、対象機関の大学教員の実態を分析し、今後の発展方策について検討している。

34　原語は、Điều Lệ Đảng Cộng sản Việt Nam（党条例）である。

35　原語は *Tạp Chí Giáo Dục và Xã Hội* であり、本誌は教育部の機関誌の1つである。『教育科学雑誌』と比較すると、『教育と社会雑誌』には、より社会と教育との関係について焦点があてられている研究論文が多く、また、党と教育機関との関係について検討をおこなっている論文が比較的多く掲載されている。

36　原語は *Tạp Chí Cộng Sản* であり、本誌はベトナム共産党中央が発行する主要な理論・政治的機関誌である。

37　党条例（2016 年）、第 21 条。

38 党条例(2016 年)、第 21 条および第 24 条。
39 党条例(2016 年)、第 23 条。
40 党条例(2016 年)、第 24 条。
41 後に述べるように、全国レベルでの大学と大学党組織のありようを具体的に規定する法規がベトナムには存在しないため、大学の実情により多少の差異が存在するとされる。
42 「ヴィン大学機関党部の職能と任務に関する規定(Quy định về chức năng, nhiệm vụ của Đảng bộ cơ sở Trường Đại học Vinh)」、第 1 条。以下の URL より 2019 年 3 月 11 日最終アクセス。
(http://danguy.vinhuni.edu.vn/gioi-thieu/seo/quy-dinh-ve-chuc-nang-nhiem-vu-cua-dang-bo-co-so-truong-dai-hoc-vinh-66316)
43 それぞれ「ヴィン大学機関党部の職能と任務に関する規定」の第 3 条、第 4 条、第 5 条、第 6 条に該当する規定がある。
44 ハノイ区大学短大党部は、具体的には次のような活動をおこなっている。「ハノイ区大学・短大党部が領導する高等教育機関における知識人の集団とハノイとを結びつけるために、ハノイ区の党委員会は積極的に科学技術局に働きかけて、科学研究会『知識人の潜在能力を発揮させ首都の社会経済の発展に参加させるための検討会』を組織した。これは、工業化と現代化を促進し、首都の建設と発展に寄与することを目的とするものである」(Nguyễn Thị Hồng Hạnh. "Một số ván đề về công tác đào tạo ở Đảng bộ khối các trường đại học, cao đẳng Hà Nội hiện nay." *Tạp Chí Giáo Dục và Xã Hội*. tháng 11, 2016, p.245)。
45 党条例(2016 年)、第 9 条。
46 2011 年ベトナム共産党第 11 回党大会文献のなかにそうした記述がある。これ以後、『共産雑誌』をはじめ多くの党員が「道徳の衰退」について言及するようになってきている。
47 Phan Thị Hà. "Một số nội dung cơ bản về giáo dục đạo đức Hồ Chí Minh cho học sinh, sinh viên trong giai đoạn hiện nay." *Tạp Chí Giáo Dục và Xã Hội*. tháng 1 và tháng 2, 2013, pp.61-64.
48 そうしたものとして例えば、2016 年 10 月 30 日付の党中央第 12 期第 4 回総会における第 4 議決「政治思想、道徳、生き方に関する衰退と「自己演変」「自己転化」を防止、撃退するための党の建設と整頓の強化に関する議決」などが挙げられる。
49 Chỉ Thị số 03 của Bộ Chính Trị Khoá XI ngày 4 tháng 5 năm 2011 Về tiếp tục đẩy mạnh việc học tập và làm theo tấm gương đạo đức Hồ Chí Minh. なお、Phan Thị Hà. 2013, *op.cit.*, p.64 においてもこの指示に沿った改革の必要性が論じられている。
50 Kết Luận số 94 của Ban Bí Thư ngày 28 tháng 3 năm 2014 Về việc tiếp tục đổi mới

việc học tập lý luận chính trị trong hệ thống giáo dục quốc dân.

51　Hướng Dẫn số 127 của Tuyên Giáo Trung Ương ngày 30 tháng 6 năm 2014 Về việc thực hiện kết luận số 94 của Ban Bí Thư Trung Ương về việc tiếp tục đổi mới học tập lý luận chính trị trong hệ thống giáo dục quốc dân また、Nguyễn Phước Tài, Nguyễn Thuận Quý. "Nâng cao chất lượng dạy và học môn những nguyên lý cơ bản của chủ nghĩa Mác- Lênin trong giai đoạn hiện nay." *Tạp Chí Giáo Dục và Xã Hội*. tháng 11, 2015, pp.39-41.

52　この議決では、現時点での党中央の理論研究の限界をふまえて2030年を目標年次として、理論的研究についてその方針、任務、主要な研究の方向性、そして2030年までの研究の方向性が打ち出されている。その研究の方針は、理論を現実と結びつけること、マルクス・レーニン主義とホー・チ・ミン思想を堅持することである。また、その任務は理論的な研究を発展させることとされる。主要な研究の方向性としては、マルクス・レーニン主義とホー・チ・ミン思想の原理を肯定して具体化していくこと、現代資本主義の特徴と本質について継続的に研究し、資本主義から社会主義への過渡期の性質と特徴について明らかにすること、各国の状況について、政治、経済、安寧、国防について研究すること、それから、党の路線を確定するための科学的な論拠を形成するための研究をおこなうことである (Nghị Quyết số 37 của Bộ Chính Trị Khoá XI ngày 09 tháng 10 năm 2014 Về công tác lý luận và định hướng nghiên cứu đến năm 2030)。

53　Hà Đức Kiêm. "Đổi mới phương pháp dạy học các môn lí luận chính trị nhằm nâng cao hiệu quả giáo dục lí tưởng cách mạng, đạo đức, lối sống cho thanh niên, thiếu niên và nhi đồng." *Tạp Chí Giáo Dục và Xã Hội*. tháng 8, 2016, pp.76-79.

54　Đoàn Minh Huấn. "Đổi mới, hoàn thiện cơ chế, chính sách góp phần ngăn chặn, đẩy lùi sự suy thoái tư tưởng chính trị, đạo đức, lối sống và các biểu hiện "tự diễn biến", "tự chuyển hóa" trong nội bộ." *Tạp Chí Cộng Sản*. số 892, tháng 2, 2017, pp.47-56.

55　*Ibid.*, p.56.

56　こうした背景を受けて、党中央第12期第4回総会第4議決「政治思想、道徳、生き方に関する衰退と「自己演変」「自己転化」を防止、撃退するための党の建設と整頓の強化に関する議決」が公布されたと言える。

57　ホー・チ・ミン国家政治学院によれば、『自己演変』や『自己転化』とは、幹部や党員による「内部からの衰退であり、」「思想、政治、道徳、生き方に関する変化の過程である」とされる (http://hcma1.vn/hoat-dong-khoa-hoc/99/Tu-die-n-bie-n-tu-chuye-n-ho-a-Kha-i-nie-m-bie-u-hie-n-va-nguyen-nhan.html)。より端的に示せば、これらは、幹部や党員が、党による一党支配体制の転換を望むようになることを示唆する用語である。

58　Lê Hữu Nghĩa. 2017, *op.cit.*, p.62.

59　*Ibid*, p.62.

60　Mạch Quang Thắng. "Một số vấn đề về Đảng cộng sản Việt Nam cầm quyền trong điều kiện mới." Nguyễn Xuân thắng, Vũ Văn Phúc, Phạm Văn Đức(eds.). *Văn Kiện Đại Hội XI của Đảng Một Số Vấn Đề về Lý Luận và Thực Tiễn*. Hà Nội: Nhà xuất bản Khoa Học Xã Hội, 2013, pp.133-141.

61　Cao Văn Đan. "Tiếp tục xây dựng bản lĩnh chính trị cho cán bộ, đảng viên trường đại học xây dựng theo nghị quyết đại hội XII của Đảng." *Tạp Chí Giáo Dục và Xã Hội*. tháng 6, 2016, pp.179-182.

62　*Ibid.*, p.179.

63　党中央書記局の意見をふまえて、必須の政治理論については次の3つの教科が含まれる。すなわち、マルクス・レーニン主義の基本的原理、ホー・チ・ミン思想、そしてベトナム共産党の革命路線である(Nguyễn Lê Thi Giang. "Giáo dục chính trị trong thời kỳ đổi mới." *Tạp Chí Giáo Dục và Xã Hội*, tháng 8, 2015, pp.43-44)。

64　Phạm Văn Hùng. "Tăng cường giáo dục chính trị tư tưởng cho sinh viên các trường đại học, cao đẳng hiện nay." *Tạp Chí Giáo Dục và Xã Hội*. tháng 4, 2015, p.77.

65　2016年の第12回ベトナム共産党大会において「和平演変」が言及されたこともあり、党中央の機関誌である『共産雑誌』では、この主題に関する論文が2016年度の各月号に掲載されている。

66　すなわち、「マルクス・レーニン主義の基本原理、ホー・チ・ミン思想などの科目は重要であるにも関わらず、決して少なくない学生がこうした教科に対して無関心であり、多くの学生はこうした教科を学び続けることに何らかの難しさを感じている」(Phạm Văn Hùng. 2015, *op.cit.*, p.77)。

67　Đoàn Quốc Thái. "Một số vấn đề cơ bản giáo dục giá trị chính trị-xã hội cho sinh viên hiện nay." *Tạp Chí Giáo Dục và Xã Hội*. tháng 3, 2013, pp.17-19.

68　「ベトナム共産党の革命路線」科目についても、教育方法の改善が必要とされている。とくに、受動的な態度の学生たちをいかにして主体的な学び手としていくかが問題視されており、ゼミの形式を導入することで学生の参加を促すことが課題とされている(Trần Ngọc Có. "Nâng cao chất lượng seminar trong dạy học môn đường lối cách mạng của Đảng cộng sản Việt Nam trong giai đoạn hiện nay." *Tạp Chí Giáo Dục và Xã Hội*. tháng 2, 2016, pp.72-75, p.84)。

69　例えば、第3章で明らかにしたように体制移行の過程でベトナム高等教育には、私塾大学のように制度上および実態としても党から距離をとっている大学類型が存在するようになっている。

70　2016年1月から6月にかけてハノイの大学に勤務する127人の教員を対象に、大きく教育・研究の状況、大学自主権の配分様式、党とのつながり、そして党による大学管理運営への影響の4点について質問紙調査を実施した。このうち党による大学管理運営への影響に関しては①人事、②教育内容、③研究内容そ

して④機関の方向性の策定に対して党は一定の影響を及ぼすのか、あるいは⑤いずれに対してもまったく影響を及ぼさないの5つの項目を設定した。各教員に対しては、該当すると思われる項目すべてにチェックを入れてもらうようにした。大学ごとに、分母は全項目に付されたチェックの総数とし、分子は各項目のチェックの合計としてその割合を算出した。このようにして表6注－1は、党の役割に関する大学教員の認識を割合として示している。

表6注－1　大学教員の認識における党の役割

	ハノイ国家大学社会人文科学大学・自然科学大学(43人)	ハノイ国家大学外国語大学(20人)	ベトナム教育管理学院(15人)	水利大学(24人)	FPT大学(25人)
①人事	35.1%	**47.3%**	**45.9%**	29.0%	17.1%
②教育内容	14.9%	5.3%.	8.3%	22.6%	20.0%
③研究内容	12.2%	―	8.3%	6.5%	8.6%
④機関の方向性	**37.8%**	31.6%	37.5%	**35.5%**	22.9%
⑤影響なし	―	15.8%	―	6.4%	31.4%

注：調査対象について、社会人文科学大学は25人、自然科学大学は18人である。

　　表6注－1からわかるように、いずれの大学の教員でも、党は教育や研究活動というよりも人事や機関の方向性に対して関与すると回答する傾向が強かった。とくに私塾大学であるFPT大学では、大学党組織は大学の管理運営に対してまったく関与しないと回答した教員が一定数存在した。

71　大学名および所管部門名は公開しないという条件で、党委員会執行委員の大学教員に聞き取りをおこなった。
72　私塾大学を除いて、これらの大学はいずれも体制移行以前に設置されており、各所管部門にとっては重要な大学である。この点で、それぞれの大学類型を代表する主要な大学であると言える。
73　なおこのうち執行委員は、ハノイ国家大学外国語大学党執行委員、ベトナム教育管理学院党執行委員会副書記、非教育部所管大学党委員会執行委員の3人である。一般の党員は、ハノイ国家大学社会人文科学大学党員、ハノイ大学党員、FPT大学党員(図書館司書)の3人である。
74　2017年6月15日筆者実施、ベトナム教育科学院における高等教育研究局長(党員)への聞き取り。
75　同上。
76　同上。他の6名の党員からの聞き取りにおいても同様の回答が得られた。
77　2017年6月10日筆者実施、ベトナム教育管理学院副院長兼党委員会副書記

への聞き取り。
78　2017年6月6日筆者実施、ハノイ国家大学外国語大学における政治学生組織室室長兼党執行委員氏への聞き取り。
79　2017年6月8日筆者実施、非教育部所管大学における党執行委員への聞き取り。
80　2017年6月6日筆者実施、ハノイ国家大学社会人文科学大学における党員への聞き取り。
81　FPT大学には1,400人の教職員がいるが、そのうち党員は53人である。
82　2017年5月30日筆者実施、FPT大学ホアラク校における日本語科長(非党員)およびFPT大学党員(図書館司書)への聞き取り。
83　それぞれ、2017年5月26日筆者実施、ハノイ国家大学外国語大学における政治学生組織室室長兼党執行委員への聞き取りおよび2017年6月8日筆者実施、非教育部所管大学における党執行委員への聞き取り。
84　学部(科)級および機関級研究題材については、大学内部の科学評議会によりおおまかな研究題材が設定され、研究の遂行にあたっては教員が申請するという形式を採る。いずれの研究題材の場合も、具体的な研究内容は活動に参加している個々の教員が決定する。
85　2017年6月6日筆者実施、ハノイ国家大学外国語大学における政治学生組織室室長兼党執行委員への聞き取り。
86　2017年6月8日筆者実施、非教育部所管大学における党執行委員への聞き取り。
87　2017年6月6日筆者実施、ハノイ国家大学外国語大学における政治学生組織室室長兼党執行委員への聞き取り。
88　2017年6月6日筆者実施、ハノイ国家大学社会人文科学大学における党員への聞き取り。
89　大学教員が選択する研究主題や内容について、党による事後的な統制はほとんどないとされる。ただし、「天安門事件」に関する研究など、自粛すべきテーマは暗黙の了解として存在している(2017年6月6日筆者実施、ハノイ国家大学外国語大学における政治学生組織室室長兼執行委員への聞き取り)。
90　「研究対象としない方がよい」というものには、政治的な研究および宗教に関わる研究がある。
91　この意味において、第4章で検討したように、大学の自主性に関する「研究会」におけるホーチミン市師範大学副学長が言及していた研究活動の「自己検閲」は実態としても存在していると言える。
92　科学研究院にも、行政系統である「政権」は存在する。例えば教育科学院では、研究院長1人、副院長3人から構成されている。
93　例えば、「党委員会が討論をおこない、その議決を行政系統が執行する」(2017

年6月6日筆者実施、ハノイ国家大学外国語大学における政治学生組織室室長兼執行委員への聞き取り)。他の党員への聞き取りからも同様の回答が得られた。

94　いくつかの聞き取りからは「党条例」において規定されるという答えを得たが、すでに検討したように「党条例」はあくまで党全般に関わる運営や党員について規定したものであり、詳細を規定したものとはなっていない。

95　ハノイ国家大学外国語大学の党員によれば、一般的に党員は各組織のリーダーとしてみなされているという。その意味で大学においても管理職に就くには党員であることが望ましいとされる(2017年5月26日筆者実施、ハノイ国家大学外国語大学における聞き取り)。

96　党によって明文化はされていないものの、2012年前後からこうした動きが大学のなかでみられるようになってきているとされる(2017年6月15日筆者実施、ベトナム教育科学院における高等教育研究局長への聞き取り)。

97　党系統と行政系統上位の関係は次の3通りが存在する。すなわち、①党書記が学長を兼務、②党書記が副学長を兼務、③党書記が行政系統上の役職を兼務しないというものである。「一体化」は、とりわけ①のパターンを指すものとされる(2017年6月10日筆者実施、ベトナム教育管理学院副院長兼党委員会副書記への聞き取り)。

98　なお、大学に加えて、他の社会領域においても一体化が進められてきている。

99　第1期から第7期においても、党委員会書記が学長を兼務するということはみられていない(Nguyễn Lân Trung (Tổng Chủ Biên). *Lược sử Đảng bộ Trường đại học Hà Nội Đại học quốc gia Hà Nội*. Trường đại học ngoại ngữ- Đại học quốc gia Hà Nội, 2015, pp.36-37)。

100　例えばベトナム教育管理学院では、基本的には党委員会の決議を行政系統は執行するが、反対の意見を出すこともありうるという(2017年6月10日筆者実施、ベトナム教育管理学院副院長兼党委員会副書記への聞き取り)。

101　2017年6月6日筆者実施、ハノイ国家大学社会人文科学大学党員への聞き取り。

102　2017年6月10日筆者実施、ベトナム教育管理学院副院長兼党委員会副書記への聞き取り。

103　Vũ Thị Lan Anh. "Thực tiễn quản trị đại học ở Việt Nam trong giai đoạn hiện nay." *Nhiều tác giả. Kỷ yếu hội thảo khoa học "Đổi mới quản trị đại học" Đề án khoa học "Nghiên cứu cơ sở lý luận và thực tiễn để sửa đổi bổ sung luật giáo dục đại học 2012."* Trường đại học luật Hà Nội, 2018, pp. 16-20.

104　体制移行の過程において党が大学における専門的教育・研究活動や大学教員の専門性について介入しなくなっていることとも関わって、大学内部の大衆組織であるホー・チ・ミン共産青年団(旧ホー・チ・ミン労働青年団)にも変化が生じてきていることは興味深い。第2章で検討したように、従来の体制ではホ

ー・チ・ミン共産青年団は大学における専門教育を含めて、教育活動すべてに対して党の路線が貫徹されるように党の支援をおこなっていた。現在では、青年団は大学における政治的な活動と専門性に関わる活動とを切り分けている。具体的に、ハノイ国家大学外国語大学におけるホー・チ・ミン共産青年団の活動の実態をみてみれば、その主たる活動は、①青年の思想に関する指導、②青年の学習や就職活動の支援、③学生の生活における支援と指導である。このうち、青年の学習に関しては、学生の専門性を高めるため無料の外国語学習クラスや試験を組織したり、研究活動の指導のためのワークショップを開催したりしている。なお近年は、「大学外にはさまざまな誘惑があることや学内でもクラブ活動が盛んにおこなわれてきていることから、青年団の活動に学生を引き入れるためのインセンティブが相対的に低下してきている」ということである (2017年5月26日筆者実施、ハノイ国家大学外国語大学におけるホー・チ・ミン共産青年団主席への聞き取り)。

105 機関発展の方針を確定する領導者としての党の役割とそうした決議を執行し具体的な大学内部の管理運営をおこなう行政系統が一体化することで、事実上は党執行委員会および党書記が大学の管理運営における領導と管理の権限を所掌することになると言えるだろう。

106 例えばバックザン省では、ベトイェン県とイェンテ県の2つの地方における県級の人民委員会において党書記が人民委員会主席を兼務する「一体化」が「成功」したと報じられている。以下のURLよりアクセス。
(http://dantri.com.vn/ban-doc/bac-giang-thi-diem-nhat-the-hoa-thanh-cong-chuc-danh-bi-thu-kiem-chu-tich-huyen-20171103122622641.htm)

107 人民安寧学院における国防学に動員されている第72期の指導者のプロフィールを摘要しておくと、次のとおりである。タイバック大学副学長(進士号保持者)、ベトナム航空幹部(進士号保持者)、事実国家政治出版社幹部(碩士号保持者)、民族委員会幹部(碩士号保持者)、内務省情報センター副センター長(碩士号保持者)、計画投資部副局長(碩士号保持者)、裁判学院副院長(進士号保持者)、労働出版社幹部(碩士号保持者)、ベトナム放送協会幹部(挙人号保持者、学士に相当)、国家銀行貨幣政策局副局長(進士号保持者)、農業農村発展銀行副頭取、ホータイ企業情報株式会社副代表(碩士号保持者)ハノイ国家大学学生政治工作室副室長(副教授、進士号保持者)、心理学院副院長(副教授、進士号保持者)などである。第72期全体では被動員者は70名を超えているが、おおまかに言えば、高等教育機関、国家科学研究院、行政部門、それから銀行などの組織において指導的立場に就いている人物が多い (Học Viện An Ninh Nhân Dân. *Kỷ Yếu Lớp Bồi Dưỡng Kiến Thức Quốc Phòng và An Ninh khóa 72*. 2017, pp.22-49)。

108 2017年6月15日筆者実施、ベトナム社会科学アカデミー言語学院副院長兼党委員会副書記への聞き取り。

第7章

現代ベトナムにおける高等教育の構造改革の論理

1 国家体制と高等教育の構造の相互関係
　　体制移行国ロシアと中国の事例から
2 国家社会主義体制における
　　ベトナム高等教育の構造と国家および党の論理
3 体制移行の過程における
　　ベトナムの大学管理運営改革と国家および党の論理
4 多様化した高等教育の構造における
　　国家と党による大学への関与の論理
5 体制移行とベトナム高等教育の構造的特質

第1章では、ベトナム高等教育を考察するうえでの理論的な視座を得るため、典型的な体制移行国である中国とロシアの高等教育の構造変容について検討した。それをふまえて第2章から第6章では、ベトナムにおける高等教育の構造について考察してきた。具体的には、第2章では南北統一期の北ベトナムを主として取り上げ、体制移行に至るまでの従来の体制下における高等教育の歴史的経緯とその構造について検討した。第3章と第4章では、体制移行の過程におけるベトナム高等教育の構造について、それぞれ民営大学と公立大学に焦点をあて、教育部による大学の管理運営改革の論理について考察した。そして第5章と第6章では、それぞれ非教育行政部門と党による大学への関与のあり方について検討した。

　本章では、これまでの議論を改めて整理しながら総合的な考察をおこなう。本章の目的は、序章で設定した3つの課題について検討することを通じて、多様化した高等教育の構造における国家および党による大学への関与の論理を明らかにすることである。

1　国家体制と高等教育の構造の相互関係：体制移行国ロシアと中国の事例から

　本書における研究課題の第1は、ベトナム高等教育の変容を解釈するための理論的な視座を得るため、体制移行国であるロシアと中国を事例に国家体制と高等教育の構造の相互関係を明らかにすることであった。それは具体的には、体制移行国では高等教育がどのように変容してきたのか、また、政治体制の民主化を含むかどうかという体制移行のパターンの相違は国家と大学の関係にいかなる影響を及ぼすのかという問いに答えることである。第1章の議論で明らかにしたことをふまえて、体制移行と高等教育のありようをまとめると以下のようになる。

　まず、社会主義国における高等教育の変動を分析するために提示した仮説的な枠組みとは、次のようなものである。すなわちそれは、体制移行以前のソビエトと中国においてともに高度な国家的統制のもとに置かれた大学は、

経済体制が計画経済体制から市場経済体制へと移行する過程で一定程度「自律的な機関」になりつつあるというものである。その際に重要となる視点は、政治体制の民主化を経験していない中国では大学のありようにおける変化は主として大学の経営的側面を中心に表れるのに対して、ロシアでは政治体制の民主化を経験したことで、大学の理念型が大きく変容し経営的側面に限らない広範な自主権が大学に与えられるようになるとする見方である。

こうした仮説的な枠組みから、ロシアと中国における体制移行に伴う高等教育の変容状況について比較的に検討することを通じて、次の3つのことがらが明らかになる。

第1に、体制移行の過程におけるロシア、中国の両国ともに共通する高等教育の変化として、市場経済体制への移行を経験するなかで高等教育における民営セクターが拡大しており、全体として高等教育の市場化が進展してきている。こうした過程では有償プログラムや校営企業の展開をはじめとして、市場における大学の自主的な運営が促進されており、経営的側面での大学の自律性は高まってきている。とりわけ両国とも大学の設置主体には企業が含まれるようになっているし、大学の自律的な活動を促すため大学自体が一様に法人格を有するようになっていることは重要な共通点である。体制移行国は「比類のない民営化の実験地」と指摘されるように[1]、高等教育においても市場化が進められているのである。

第2に、ロシアと中国の高等教育の相違点として、政治体制の民主化を経たロシアでは、1990年代に諸法規の制定を通じて教育機関の自律性や学術の自由が強調されるようになる過程で大学から党組織が撤退し、大学はそれぞれ統治の論理として自らの憲章を制定するとともに大学内部の学術評議会が意思決定を担うようになっている。その一方で、政治体制の民主化が生じていない中国では、大学における党委員会が機関の発展や改革の方向性を打ち出し、学長が執行するという体制が一貫して採られている。近年では党による大学への関与を前提としながらも、大学ごとの規則を作り「学術の自由」を尊重する動きが生じつつある。

そして第3に、政治体制の民主化の有無に関わらず、ロシアと中国では共通して大学に教育研究上の一定程度の自主裁量が与えられるようになっているものの、国家が大学の管理運営上の重要な事項を所掌し続けている。ロシアでは学長の承認や教育課程基準の策定に関する権限が国家にあり、学位の授与についても大学が学位を授与する過程で国家の関与を受ける仕組みとなっている。また、中国でもこうした学長の人事や学位の授与における過程で国家が関与する制度となっている。ただし、多数省庁所管方式の構造は、中国において大多数の大学が地方政府に移管されたのに対し、ロシアでは現在もなお従来の体制が維持されているのである。

こうした検討の結果をふまえると、体制移行パターンの相違は国家と大学の関係にいかなる影響を及ぼすと言えるだろうか。まず、ロシアと中国の高等教育の変容のあり方から当初設定した仮説的枠組みを検証してみれば、それは巨視的にみれば妥当な説明枠組みであることが示される。すなわち、ロシアと中国の事例からは、政治体制の劇的な転換を伴わずに経済体制のみが市場経済体制へと移行しているパターンと、政治体制および経済体制の両方が従来のものから転換するパターンのいずれの場合も、体制移行国では市場化が進む過程で大学は法人化され経営的側面を中心に大学の「自律的機関」化が生じているのである。そのうえで、政治体制の転換を含む体制移行のパターンでは党の組織が大学から撤退するとともに、1990年代にはとりわけ大学管理運営の民主化を図るための改革が実施され大学の運営自主権の拡大が図られることとなった。一方で、市場化のみが生じる体制移行のパターンでは、「国家に対する経済的自立性が強まり、それが政治的自立性の向上にも寄与」するという指摘とも対応して[2]、党による大学管理運営への関与を残しながら、経営面での自主裁量の拡大に次いで漸次的に学術面に関わる運営自主権の拡大をもたらすものとなっている。

以上をふまえれば、次のことが示される。すなわち、体制移行は従来の体制と比較した際、法人化を通じて大学をより国家から遠ざけることで大学の「自律的活動」を可能にするが、政治体制の民主化を含むかどうかという体制

移行の相違は、大学の理念型を含んだ大学の自治の範囲を規定することになるというものである[3]。そして、おおまかに体制移行国における高等教育の構造を規定する力学についてみれば、その均衡点は体制移行の過程で国家的統制から市場の方向へと移動してきているのである。

2　国家社会主義体制におけるベトナム高等教育の構造と国家および党の論理

　本書における研究課題の第2は、南北統一期の北ベトナムを中心に、従来の体制下における高等教育の歴史的展開とその構造を検討することを通じて、国家社会主義体制下の大学の管理運営に対する国家と党の関与の論理について明らかにすることであった。それは具体的には次の問いに答えることである。すなわち、国家社会主義体制における国家および党と大学とは、大学の機能である教育と研究ないし知識の伝達と生産を軸としてみたときどのような関係にあったのか、そして、そうした関係性はいかなる論理に支えられていたのかというものである。

　まずは、各章での検討を通じて明らかになった従来の体制下におけるベトナム高等教育の構造を示そう。その特徴は次のように記述できる。

　南北ベトナムの統一が図られた1976年以後の高等教育の構造として第1に、高等教育において民営セクターは存在できず、師範・農業・工業を中心に総合大学と単科大学からなる高等教育システムを有していた。第2に、大学における教育と研究が各専門分野の需要と直結されるように多数省庁所管方式が採られるなか、大学の管理運営に関わる諸権限は原則として国家に属し、大学の自治は否定された。それとも関連して第3に、大学内部の運営では、党委員会の領導のもとで方針・計画が策定され、学長・学部長は党委員会が打ち出した計画にもとづき指示をおこなう関係にあった。そして第4に、大学は国家建設に奉仕する「装置」であるという観点から、大学教員や学生には専門的な知識に加え、政治的品性を持つことが重視されたために（「紅と専」の重視）、大学部が組織する大学入学者の選抜や学位の授与などにおいても政

治思想的観点と専門的知識の両方が重要な要素とされた。そのため大学の青年団は学生に対する専門分野の教育支援と政治思想活動を統合し、党の末端的組織としてこの両側面で学生を動員したのである。

　こうした高等教育の構造の形成過程は、次のように整理できる。

　1945年の8月革命によるフランスからの独立以降抗仏戦争が終結する期間における高等教育は、旧仏領時代の政策を廃止し、新たに自国民のための高等教育を発展させることが目指された。すなわち、「民族的・民主的」な高等教育の建設と発展が強調された。1947年4月には、第4回中央幹部会議の議決において「大学のカリキュラムは、第一に抗仏戦争の勝利に貢献する人材を養成するための実際的なものでなければならない」ことが示された。このように大学の役割は第一義的に、「抗戦と建国」という目標を果たすために国家的な要請のもとで人材育成をおこなうことと規定された。

　フランスから独立して以後、北ベトナムにおける党の指導者たちは共産主義国家の建設をめざした。このことを背景に高等教育ではソビエトの社会主義的高等教育制度が模倣の対象とみなされ[4]、1950年代にはそうした観点から北ベトナムで高等教育の社会主義的改造が進められた。とりわけ教育の領域では1958年に「社会主義学校建設運動」が打ち出されたことで、「教育と生産労働の結合原則」、「大学党組織の尊重と政治的任務への従属」および「純粋な専門性という概念の排除」という3つの原則が確立した。この原則は大きく、従来の体制における大学の理念型を規定するものとなった。

　1960年代には、こうした原則のもと北ベトナムにおいて高等教育の社会主義的改造がいっそう進められ、大学および大学教員は全体として「紅」と「専」の両立が重視されるようになった。そうしたなかで1966年の第142号党中央執行委員会政治部議決では、幹部の訓練に関する長期計画が打ち出され、社会主義建設に資する道徳・政治品性を備えると同時に高い専門性を備えた幹部の養成が確認されたのである。すなわち、科学技術・経済管理幹部は「よき政治品性を備え、党、公民、民族に対して絶対の忠誠を誓う」と同時に、専門性として「科学技術と業務において高いレベルを維持する」ことが強調さ

れた。また、1968年に党の方針のもと大学部によって展開された「大政治運動」を通じて、大学には政治思想教育の徹底が求められると同時に、その管理・統制の強化が図られていったのである[5]。

　1970年代に入ると、北ベトナムが南ベトナムの解放と南北統一を視野に入れる過程で、大学では国家による管理・統制が強化されるとともに、教育と研究を通じて国家や党の路線に「奉仕」することがより強調されるようになった。具体的には、政府首相により第222号指示「新たな状況における大学と中等専門学校工作の転換」(以下、第222号指示)が打ち出されたことで、大学は改めてその管理の強化が図られるとともに、国家建設のために「よき奉仕」をしていく機関として位置づけられることとなった。第222号指示では、大学の「よき奉仕」とは、社会主義建設とベトナム戦争の勝利を掲げる党の方針のもとで、高等教育に加えて生産労働と科学研究をおこなうこととされた。また、1970年代においても大学には「紅」であり「専」である幹部の養成が一貫して求められており、このことは1976年に導入されたベトナムの大学院教育のありようにも表れている。

　このようにみてくると、独立以後1976年の南北統一に至るまで、北ベトナムの大学は「抗戦と建国」(1940年代)、「社会主義的改造と建設」(1950〜1960年代)、「ベトナム戦争と南北統一」(1970年代)という国家および党の論理のもとにつねに置かれてきたことが明らかになる。とりわけ1970年代の南北統一期を中心にみれば、大学は第222号指示を実現する国家のための「よき奉仕」をする機関であるということ、つまり、大学は国家および党に従属し、国家の社会主義建設のために教育のみならず研究を通じて奉仕しなくてはならないとする一貫した論理が存在していたことが明らかになる。

3　体制移行の過程におけるベトナムの大学管理運営改革と国家および党の論理

　本書における研究課題の第3は、体制移行の過程において国家の構成主体である中央教育行政部門(教育部)および非教育行政部門、ならびに党の3つ

の主体が、いかなる論理のもとで大学の管理運営に関与するのかを明らかにすることであった。具体的には、体制移行の過程におけるベトナムの大学を、「誰が」「何をどの程度」そして「いかなる原理のもとで」管理するのかという問いに答えることである。こうした視点をふまえて、3つの主体による大学への関与の実態について検討することを通じて、教育部、非教育行政部門、そして党による大学への関与の論理を明らかにする。

(1) 中央教育行政部門の論理

　まず、中央教育行政部門である教育部と大学の関係から検討していこう。従来の体制下で高等教育行政を所掌としていた大学部は、1990年に教育部へと改組された。教育部による大学への関与は、大きく高等教育システムとそれを構成する個別の大学への関与に大別される。体制移行の過程で教育部は、従来の公立大学に加えて公立セクターにおいて高度な自主性を持つ総合大学である国家大学を新たに創設した。また民営セクターでは、まずは1990年代に民立大学という党が理事会と関わって大学を監督するいわば「社会主義的私立大学」の設置が進められ、実験的に高等教育の民営化がおこなわれた。その後、2005年には私塾大学の設置が正式に認可され、現在では民営大学の私塾大学への一元化が進められている。

　第1に、「誰が」大学の管理運営に関与するのかという視点から民営セクターについてみてみれば、管理運営において民立大学は投資家、大学教員・学長、党委員会の代表からなる理事会によって主として意思決定がなされるのに対して、私塾大学は企業による設置が奨励されており、株主総会および株主からなる理事会によって意思決定がなされる。他方、公立大学は従来の体制では党の領導のもと国家の厳密な統制・管理下に置かれていた。体制移行の過程では大学内部に意思決定を担う大学評議会の設置が進んでおり、教育部の代表、大学教員・学長、投資家、党員など多様なアクターが大学評議会の構成員となり、大学の管理運営に関与するようになっている。

　第2に、大学に対し「何をどの程度」管理するのかという視点から教育部

第7章　現代ベトナムにおける高等教育の構造改革の論理　263

による大学への関与についてみれば、教育部は民営セクターにおける民立大学、私塾大学はもちろんのこと公立大学に対しても積極的に権限委譲を進めており、大学における運営自主権の拡大を図ってきている。民立大学および私塾大学はともに法人格を備えており、機関内部の組織、人事、財政管理について自主権を有するとともに、教育と研究活動についても主体的に決定することができる。とくに私塾大学では、企業文化の浸透を軸とする教育の理念を掲げる企業設立型の大学もあり、こうした私塾大学では企業の求める人材を大学への入学段階で選抜するため自主的な入学者選抜試験がおこなわれている。他方で公立大学をみると、2000年代以降矢継ぎ早に打ち出されてきた高等教育に関する法規を通じて大学の運営自主権は拡大傾向にあり、公立大学でも高等教育の目標や大学の組織、人事、それから教育と研究活動などについても自主権が与えられるようになっている。とりわけ近年では、教育部はマクロな管理と言える事後的な介入の仕組みを残しながら、入学者選抜、教育課程、それから学位授与などの各活動において大学の自主裁量を拡大させてきているのである。

　そして第3に、大学を「いかなる原理で」管理するのかという視点からは、民営大学では市場原理による管理という考え方が体制移行の過程でより顕著になってきている。すなわち、民立大学の管理運営には設立申請者や投資家のみならず党も一定程度関与するのに対して、私塾大学は党から距離をとった株主総会および理事会によって機関の意思決定がなされる点で、企業的経営体としての管理運営体制を備えている。他方、公立大学の管理運営改革の方向性は、教育部によるマクロな管理のもとで大きく大学をより自主的で学術の自由が保障される機関へと転換させるとともに、市場的な原理にもとづいて管理していくことである。具体的な方策として、教育部は国家大学を実験的なモデルとして発展させながら、公立大学に意思決定機関としての大学評議会を導入することをめざしている。全体としてみれば、従来の体制と比較した場合、公立大学においても機関の管理運営や教育・研究の意思決定に大学の教員が参加する制度へと動いてきている。

以上から、教育部による大学の管理運営改革の論理とは、国家がマクロな管理へと移行したうえで、主として市場に適応できる人材を養成していくため、大学の管理運営に市場原理を漸次的に導入しながら高等教育の市場化と一定の自由化を図っていくことである。

ただし、こうした教育部による高等教育システムおよび大学への関与の論理は、必ずしも体制移行の過程において一貫しているとは言いがたい。具体的に公立大学の管理運営については、1980年代後半から2000年代半ばにかけては試行錯誤のもとで従来の体制から脱却が図られていった。2000年代半ば以降になると、国家丸抱えの大学の統制・管理システムは市場化する社会のなかでは非効率的と考えられるようになり、公立大学の法人化戦略をはじめとして市場の原理を管理運営体制に導入することが促進されてきている。また2010年を前後して、市場化に伴って教育部は大学の運営自主権を拡大させ、両者に一定の距離が生じるなかで、入学者の選抜、大学による教育や研究の内容の決定、そして学位の授与における権限委譲改革を打ち出してきた。こうして現在教育部のなかには、学術の自由を根底に置く西洋由来の伝統的な大学モデルへの転換を図るべきとする考え方が生じてきている。

改めて教育部による大学の管理運営改革の背景をまとめておけば、次のように整理できるだろう。私塾大学形成の背景には大きく、1990年代後半以降に進められてきた教育財源の多元化をねらいとする「社会化」政策がある。教育の「社会化」が展開する過程で、国内外からのベトナム高等教育への投資を促進するとともに、高等教育をより魅力的な投資先にするため、営利を目的とした教育機関の運営が認められることになった。また、2000年代に入って以降ベトナムがグローバル経済への統合を進める過程では、「教育サービス論」や「商品」としての高等教育のあり方が議論されるようになっている。そうしたなかで、企業による高等教育を通じて大学が市場で求められる知識をより主体的に伝達する「仕掛け」を生み出す必要があったことも私塾大学形成の一因となっている。

また、公立大学の管理運営改革の背景には、2000年代以降市場化が進み

高等教育の規模が拡大する過程で党中央をはじめとして管理運営の分権化が認識されるようになったこと、および2010年代を通じて大学教員や教育部官僚のあいだで大学の管理運営をめぐる議論が活発化してきていることが挙げられる。2018年現在も、教育部や大学の研究者のあいだで大学の自主性をさらに拡大させる方向で議論が進められている。2018年8月にはハノイ法科大学において研究会「大学の自律的運営に向けた刷新」が開催されており、そこでは大学をより「自律的に」運営していくことを目的として、運営自主権のいっそうの拡大や大学評議会の普遍化のための方策について議論が交わされているのである[6]。

(2) 非教育行政部門の論理

次いで、教育を本来の所掌事項としない非教育行政部門に焦点をあてて、非教育行政部門が所管する大学の管理運営に対する関与の論理について明らかにしよう。

ベトナムでは、体制移行の過程でも非教育行政部門は公立大学を所管するだけでなく多くの大学を新たに設置してきており、このことが多数省庁所管方式の維持につながっている。つまり、「誰が」大学を管理するのかという視点からみれば、ベトナムでは各専門領域を管轄する多数の非教育行政部門が大学を設置し、高等教育に関与する体制が一貫して採られている。また、非教育行政部門が所管する公立大学の内部をみれば、教育部の改革方針として大学評議会を設置してこの組織によって機関内部の意思決定をおこなっていくことが求められてきているものの、全体として非教育行政部門に所管される公立大学では大学評議会の設置が進んでおらず、大学党組織が機関の発展の方向性を決めている状況が確認できる。

また、大学の「何をどの程度」管理するのかという視点から非教育行政部門の所掌事項に関して検討すれば、従来のベトナムでは非教育行政部門は所管する大学における教育内容の決定から予算配分、人事、卒業生の雇用に至るまで、あらゆる側面で大学の管理運営に関与していた。しかしながら現在で

は、実態としては教育部が一括して教育課程枠組みを策定し、非教育行政部門はそれにもとづいて教育の質保証をおこなう仕組みが採られている[7]。また、非教育行政部門は所管する大学の財政に関する権限を握ったうえで、主として大学の指導者に関する人事の側面について管理している。具体的には、非教育行政部門は大学評議会の議長や学長選出における関与を通じて、自らが管轄する専門分野における人材の育成や大学のありように影響力を及ぼしている。こうした関与のありように対して非教育行政部門に所管される大学には、組織の新設や大学教員の雇用に関する人事、それから教育内容の策定・新設など一定程度の自主権が与えられるようになりつつある。

　そして、大学を「いかなる原理のもとで」管理するのかという視点から多数省庁所管方式の実態についてみれば、非教育行政部門が管轄分野における自省庁の専門性を向上させるとともに、管轄対象の専門分野の指導者・管理者としての威信を高める仕組みが存在していることが明らかになった。具体的には、非教育行政部門は教育財政における予算面での優遇措置のもとで大学を傘下に置きつつ、管轄する専門分野の経済発展および人材育成の目標にもとづいて所管大学を指導したり、所管大学の教員を教授に任命する過程において関与したりするのである。これと同時に、本省内での昇格と関わらせて、国家官僚を大学教員ないし研究者、あるいは進士学位の取得を目的とする研究生として大学に送りこむという仕組みが存在している。なお、非教育行政部門が管轄する専門分野における人材育成は当該行政部門にとっても重要な職務とされており、そうした例として工商部では「人的資源開発課」という人材開発を職能とする組織を設置するようになっている。

　このように非教育行政部門とそれに所管される大学との関係をみれば、そこには各専門領域の頂点に位置し関連する知識の伝達および生産と人材の育成に関与しようとする非教育行政部門と、そうした国家機関がベトナム社会における指導者ないしは管理者として存在するべくその威信を高めるための「装置」として非教育行政部門に所管される大学という構図が明らかになる。そして所管部門に対する大学の主要な役割は、当該専門領域における人材の

育成と、実態は横に置くとしても[8]、大学院での教育や学位論文の執筆を通じた所管部門の官僚に対する専門性の向上機能として捉えられる。

こうした関係性が一貫してみられるのは、次のような論理が存在するからである。すなわち、一方の非教育行政部門は当該専門領域の知識や技術を管理するうえで、官僚に専門的知識・技能ないし学位を獲得させるため大学を手放そうとせず、他方の大学は、教育財政における非教育行政部門の相対的な「力」の強さのため財政面での恩恵を受けようとその傘下にとどまろうとする点で、両者の思惑が複合的に結び付く状況によるものである。

(3) 大学党組織の論理

最後に、党の大学への関与のありようとして、大学管理運営における大学党組織の役割に着目してその論理について検討する。党は高等教育の発展に関するマクロな方針については党大会において打ち出しているものの、高等教育システムの具体的な設計は教育部の所掌事項であり、党は末端の基礎組織である大学党組織を通じて個々の大学に関与している。

このことと関連して、まず「誰が」大学の管理運営に関与するのかという視点から党についてみてみれば、党は従来の体制から現在に至るまで一貫して、大学内部の管理運営に対して各大学に埋め込まれた大学党組織を介して大学の管理運営に関与してきている。大学の設置主体を問わず、ベトナムの大学には大学党組織の設置が義務づけられている。

また、大学の「何をどの程度」管理するのかという視点から大学党組織の果たす役割について検討すれば、文献調査を中心とした検討からは、大学における党建設、政治思想教育の強化、そして大学教員の人事への関与が具体的な役割として明らかになった。これに加えて、現地における聞き取り調査からは、実態として大学管理運営において大学党組織はより幅広い役割を果たしてきていることが明らかになった。その具体的な役割とは、公立大学や私塾大学といった設置主体による大学類型の違いや大学の自主性の高さによって程度に相違はあるものの、大学における教育と研究活動の方針を含む機関

発展の全体的戦略に関する議決、政治思想教育活動の統制、そして組織人事への関与のことである。このうち大学のありようと関連して教育と研究活動に対する関与についてみれば、体制移行の過程で「紅と専」は弱まり、大学教員の専門性がより重視されるようになっており、大学党組織による統制はなく教員の自主裁量に任されている。ただし党は、政治思想教育の強化をより重視してきており、教育部が打ち出してきた大学のマクロな管理を志向する改革とは逆行するように、政治思想教育の管理と指導の強化を図るようになっている。2014年に打ち出された党中央第94号結論では、党は教育部のなかに政治理論を扱う専門的組織の設置を定めるとともに、大学全体に対しても政治理論を担う部局の設置を義務付けているのである。

そして、大学を「いかなる原理のもとで」管理するのかという視点から大学党組織による大学への関与について検討すれば、その原理として次の2点を挙げることができる。1点目は、ベトナムにおける党の構造とも関わって、党部や支部の定期的な会合における決議を行政系統に執行させること、そして大学党組織による上意下達の機構を通じた政治思想教育の強化と党建設（選抜を経た党員の増加）である。2点目は、2010年以降の関与のあり方の変化として、大学において党委員会書記と学長が兼務することによる「一体化」の推進と党の領導の強化である。こうしたことの背景には、体制移行の過程における市場化の進展に伴ってベトナムにおいても多様な価値観が流入してきており、そのなかで政治思想教育に対する学生や教員の関心が低下してきていることが党により問題視されていることがある。また、ベトナムでは市場化が進む過程で党のあり方に懐疑的な党員や各組織の管理者が現れてくるなか、党の方針を確実に執行させるとともに党の正統性を保障するため、国家組織や企業も含めてベトナムの社会全体における党の影響力の強化を図ろうとする動きがあることも重要である。

こうした状況のもとで党は、大学の管理運営において大学党組織と行政系統との「一体化」を推し進めてきている。つまり、大学において主として党委員会書記と学長が同一人物によって兼務されるようになることで、実質上、

党は大学を「領導し、かつ管理する」ようになっているのである。それは大学の管理運営において重要な方針の決定は大学党組織がおこない、学長を頂点とする行政系統によってより確実に大学党組織や党の方針を執行させるようにすることを目的としている。このように「一体化」を通じて党は大学を統御しつつあると言えるだろう。

こうしてみてくると、党の論理は一貫して、党による体制維持とその正統性の強化を図ることなのである。体制維持と関わって、党は従来体制から一貫して社会全体の領導者であり、大学党組織は大学を党の路線のもとで発展させるために大学の管理運営体制の頂点に立ち、発展の方向性を指し示すことを堅持しようとしている。この点で、大学評議会には大学党組織と同様の役割が期待されているため、大学党組織は自らの役割を大学評議会によって取って代わられることを望まないのである。

4 多様化した高等教育の構造における国家と党による大学への関与の論理

これまでの議論をふまえて、本節では、本書全体の研究目的に答えるための検討をおこなう。具体的には、これまでの議論を総合的に考察することで体制移行の過程における高等教育の構造改革の実態を把握し、国家や党との関係における大学の役割について考察する。そして、ベトナム高等教育の構造改革の論理について明らかにする。

(1) ベトナム高等教育の構造的多様化

序章で示したように、本書における「高等教育の構造」とは、①高等教育システムにおいて大学のありように影響を及ぼす要素、②大学内部の管理運営体制、それから③管理主体(国家や党)と大学とのあいだの権限配分関係によって規定されるものである。まず、体制移行の過程におけるベトナム高等教育の構造変容の特質から明らかにしよう。

第1に、ベトナムの高等教育システムにおいて大学のありように影響を及

ぼす要素についてみてみよう。従来の国家社会主義体制では、社会主義建設への奉仕という一貫した論理のもとで党と一体となった国家が教育や研究の内容を管理・統制し、大学のありようを一様に規定していた。これに対して体制移行の過程では、原則として国家と党は分離し、党はおおまかな高等教育の方針の提示に専念するとともに国家は大学を管理するというように役割分担がなされるようになっている。加えて、教育部が打ち出してきている改革にみられるように、大学のありようを規定する要素として「市場」が拡大してきていることや、大学の自主性が拡大することによって「大学」自身が教育と研究の内容をはじめ、大学の管理運営の意思決定に参加できるようになっている。つまり、こうした変化を概括すれば、高等教育システムにおける大学のありようは「党」と一体になった「国家」によってコントロールされる一元的な管理・統制の体制から、「党」、「国家」、「市場」そして「大学」の4つの要素が相互に影響を及ぼし合う複合体制によって規定されるようになっている。

　第2に、大学内部の管理運営体制についてみれば、このような「党」＝「国家」という図式による一元的な大学に対する管理・統制的体制とも関連して、従来のベトナムの大学内部の管理運営では党委員会の領導のもとで方針・計画が策定され、学長や科長は党委員会が打ち出した計画に基づき指示をおこなうという位置に置かれていた。加えて、大学の内部では青年団が党の路線や思想を教員および学生に周知し、専門分野においても党の路線や思想を徹底させるという方針にもとづき大学の管理運営や教育活動がおこなわれていた。この点で、党の影響力は大学の内部にまで浸透していたと言ってよい。

　ベトナムにおいて体制移行に伴い市場化が進む過程では、こうした大学の管理運営体制に変容が生じてきている。すでに述べたように、新たに生じた民営大学では設置母体の構成員からなる理事会が主として大学の運営に関与している。そのうち民立大学は一定程度党による関与を受けるのに対して、私塾大学では株主総会が理事会の上位に置かれることで、大学内部の管理運営は党の影響力から離れており、その決定は市場原理ないし設置母体である企業の需要に委ねられるようになりつつある。他方、公立大学では、普及率

は高くないものの2003年以降「大学条例」や「高等教育法」をよりどころとしながら、大学党組織の役割に取って代わるように機関内部の意思決定組織として大学評議会の設置が進められてきた。

また同時に、機関の意思決定を担う大学評議会に加えて、教育や研究に関する大学の専門的活動の諮問や審議をする科学評議会なども大学内部の管理運営体制に影響を及ぼすようになっている。国家大学社会人文科学大学をはじめとして、大学教員から構成されるこうした組織が大学党組織の教育や研究に対する方針に反対するといった大学が現れてきているのは、党に対する大学や大学教員の自主性・専門性の拡大という点で大きな変化である。

そして第3に、ベトナム高等教育において大学内部の意思決定組織が設置されるようになることと関連して、国家や党と大学とのあいだの権限配分関係にも変化が生じてきている。全体としてみれば、国家への従属的機関としての役割が強調されるとともに、大学の自治や学術の自由が否定されていた従来の大学の理念型を見直すことで、近年では市場化や大学の自主性の拡大という方向性に向かって権限配分関係は変動してきている。

ただし、ベトナムでは大学類型によって付与されている運営自主権には違いがあり、以下に詳述しておく。第5章の議論における表5－4(p.201)の枠組みを参照すれば、具体的にはいずれの大学類型においても、①組織構造に関する決定(組織に関する自主性)、②大学教員の雇用、昇進に関する決定(人事に関する自主性)、③入学者選抜、教育課程・内容、研究活動、学位授与に関する決定(学術に関する自主性)において、教育部のマクロな管理を伴いながら自己決定権と自由裁量が拡大してきている。大学類型ごとに言えば、法人格を有する国家大学はこれらの権限に加えて、④財政に関しても高度な自主裁量を有している。これに対して、従来型の公立大学では2020年を目標年次として法人化を図っていくことがめざされているものの、現在では財政に関する自主裁量は十分ではなく、その権限の拡大を図っていくことが大学教員のなかで課題として認識されている。またこうした公立大学類型には、原則として進士号の授与の過程における一連の自主権が与えられているのに対し

て、法人格を有する私塾大学では組織、人事、学術に関する権限に加えて財政に関する権限が与えられているが、一部の専門領域を除いて進士課程の設置や進士学位の授与については認められていない[9]。

(2) ベトナム高等教育における大学の役割

このように全体としてベトナムの大学は、国家のマクロな管理のもとで一定程度の自主権を享受する、より「自律的な機関」へと変貌しつつある。その一方で、高等教育の行政構造は従来の体制から大きく変化していないし、とくに近年では「一体化」を通じて大学への党の関与は強化されてきている。こうした国家と党の複合する論理のもとで、現在ベトナムの大学はどのような役割を果たしているのだろうか。国家および党との関係性に焦点をあてて各大学類型の役割について整理すれば、表7－1のようになる。

繰り返しになるが、従来の体制において、大学には教育と応用研究を通じて第222号指示を実現するために国家に奉仕する役割が期待されていた。またそのもとで大学教員には「紅と専」が重視されており、大学教員は専門分野の知識を備えていることに加えて、それ以上に社会主義的道徳、すなわち社会主義建設をするため国家および党に奉仕する自覚を持っていることが求められていたのである。

こうした状況に対して体制移行の過程でベトナムでは、すでに述べたように大学類型によって与えられている自主権の程度は異なるものの、大学は全体として「自律的な機関」へと転換してきている。公立大学では高等教育の過程における「入口」、「内部過程」、そして「出口」に相当する入学者選抜と教育課程や研究活動、それから学位授与において自主裁量が拡大してきている。なかでも教育課程をみれば、体制移行の過程で導入されてきた教育部による教育課程枠組みが近年「大綱化」されたことによって、教育内容はかなりの程度自由化され、その決定には大学内部の科や部門に所属する大学教員が影響力を及ぼすようになっている[10]。

また、研究活動については、ベトナムの大学における研究は国家社会主義

体制では大学が主として国家建設のために遂行していたが、体制移行に伴い教育の質的向上のために大学が主体的におこなうのが望ましいものへと志向性が転換しつつある。そして同時に、大学における教育と研究の統合が求められるようになっているのである。なかでも国家大学では、構成員大学に人文社会科学大学や自然科学大学を擁することも関連して、基礎的研究や人文学に関する研究とその分野における人材養成がおこなわれている。

　第4章と第6章で述べたように、ベトナムにおける公立大学の自主性の拡大は科や部門に属する大学教員にも認識されてきているし、国家大学人文社会科学大学をはじめ、教育や研究における自由度の拡大のことを「学術の

表7−1　ベトナムにおける国家および党と大学との関係

	国家大学 (政府所管)	従来型公立大学 (教育部所管)	従来型公立大学 (非教育行政部門所管)	私塾大学 (教育部所管)
教育部	・国家大学直属単位の設置決定 ・最低合格点数の規定 ・教育課程枠組み ・教授職任命	・予算配分と人事関与 ・最低合格点数の規定 ・教育課程枠組み ・学位論文の質保証 ・教授職任命	・最低合格点数の規定 ・教育課程枠組み ・学位論文の質保証 ・教授職任命	・最低合格点数の規定 ・教育課程枠組み ・教授職任命
非教育行政部門	―	―	・予算配分と人事関与(学長人事、教授職の確認) ・学位論文および専門分野の質保証 ・機関設置、組織開設の指導	・設置母体の企業を管轄する場合、私塾大学の設立を教育部に提言
党	・「一体化」 ・運営方針の議決 ・党建設、思想教育	・「一体化」 ・運営方針の議決 ・党建設、思想教育	・「一体化」 ・運営方針の議決 ・党建設、思想教育	・「一体化」(志向) ・党建設、思想教育
大学の役割	・より高度な自主性のもとでの教育と研究(基礎的研究や人文科学分野の教育・研究も含む) ・学位授与などを通じた関連行政部門官僚の再教育	・相対的に高い自主性のもとでの教育と研究 ・学位授与などを通じた、所管部門官僚の再教育 ・市場で即戦力となる人材の養成	・基幹経済部門の専門的人材の養成と研究 ・学位授与などを通じた、所管部門官僚の再教育	・設置母体である企業のための人材養成 ・市場で即戦力となる人材の養成

出典：筆者作成。

自由」であると捉える大学教員も存在してきている。研究における表現には「自己検閲」の文化が存在するという指摘もある一方で、大学教員のなかには「大学（自治）の論理」と呼べるような概念が生まれつつあると言える。

　ただし、いずれの類型の公立大学でも、授与する進士学位の取得者のなかに国家官僚が一定程度含まれていることは共通しており、公立大学には共通して専門人材の底上げと学位授与を通じた指導者の認定や国家官僚の再教育機能がある。そして公立大学のなかでも、非教育行政部門に所管される公立大学は、その主要な役割の1つは当該中央行政部門が管轄する基幹経済分野の発展を直接的に担う専門人材を育成することなのである。

　このことに対して教育部が所管する大学は全体として、その典型的事例は私塾大学であるが、市場の需要や変化していく社会に適応することのできる人材の育成を志向している。とりわけ私塾大学は、市場ないし設置母体である企業によって求められる知識を学生に伝達することで、そうした企業による卒業生の雇用をはじめとして卒業後に市場における即戦力となる人材の育成が主たる役割となっている。また、公立大学でも同様であり、いかに「市場で売れる人材」を育成するかということが課題となっている。

(3)ベトナム高等教育における構造改革の論理

　このようにしてベトナム高等教育の構造をおおまかに規定する力学についてみれば、体制移行に伴って均衡点が国家的統制に偏っていたものから市場の方向へと移動してきている。こうした高等教育の構造は、党がおおまかな方針を打ち出して領導をおこない、そのもとで主として教育部が高等教育政策を具体化し、教育部を含む各中央行政部門がそれぞれ大学を所管するという国家と党のあいだの役割分担のもとで発展してきている。

　このような党や国家主体間の関係に加え、大学の管理運営に対する党、非教育行政部門および教育部による複合する関与の論理について整理すれば、次のようになるだろう。

　党は体制維持と正統性の強化を図るため、高等教育における政治性を重視

し、大学党組織を通じて政治的観点から大学の管理運営に関与してきている。このことは従来の体制から一貫しており、具体的には大学における党組織の建設と政治思想教育に加え、自らが機関運営の舵取りをおこなってきたことに表れている。体制移行の過程で市場化が進展するのに伴い、実態として党から距離をとるような私塾大学という新たな類型が生み出され、公立大学にも機能上大学党組織と重複するような機関内部の意思決定組織の設置を進める改革がおこなわれてきている。また、市場化に伴い高等教育において入学者の選抜と学位の授与の過程から政治性が排除され、専門的な知識がより重視されるようになるとともに、教育課程枠組みも大綱化されるに至っている。党は市場の存在自体は認めながらも、こうした高等教育の市場化の展開や大学における教育と研究の自由度の拡大には慎重な態度を取っており、そうした認識は政治思想教育のいっそうの重視や大学内部において学長と党委員会書記が兼務する「一体化」戦略に表れている。

　非教育行政部門は水利部門、交通運輸部門、商工部門など管轄する部門の経済発展を第一義としながら、一貫して当該専門領域の知識に関与し、当該分野で求められる専門的な人材の育成を担ってきている。この点で、非教育行政部門は専門性を重視していると言え、具体的に大学に対する関与をみれば、所管する大学の学位論文の質保証、教授職や学長人事への関与を通じて間接的に大学の専門性のあり方を規定している。また、こうした関与のためには非教育行政部門の専門性における威信の向上が必要であり、所管する大学において官僚が教育・研究歴を身につけたり、進士号をはじめとするより高次の学位を取得したりすることで官僚自身の再教育を図る仕組みが存在している。体制移行に伴う市場化の過程でも、非教育行政部門が管轄する部門の専門的知識や人材を管理していくとする認識は変化しておらず、国家の発展のため基幹となる経済産業部門の人材は自分たちで育成するという論理から、大学を所管するとともに所管大学の増設を図ってきている。

　そして教育部は所管する個別の大学との関係についてみれば、非教育行政部門のそれと同様の関係性を持っている。つまり、教育学や師範学を専門と

する単科大学や総合大学を中心に専門的な知識に対して関与するとともに、教育部と所管大学との垣根は相対的に低く、官僚や教員の行き来が頻繁にある。そして高等教育の構造全体に対しては、教育部は大学に対する権限委譲を進めることで、市場における国民の学習需要や人材育成の需要に大学が適応できるようにすると同時に、より市場の変化に適応できる人材の育成を目指している。体制移行の過程で教育部は、各中央行政部門がそれぞれ大学を設置し関与する状態を批判的に捉えながらも、教育部の相対的な資源の制約や「力」の弱さから、多数省庁所管方式の構造を変化させることはできずに現在に至っている。こうしたなかで教育の量的拡大および質的向上の観点から、教育部は高等教育の市場化を進めることを一貫した方針としてきており、2000年代半ば以降はそうした過程で民営大学および公立大学ともに多岐にわたる管理運営上の権限委譲を進めてきている。教育部による一連の管理運

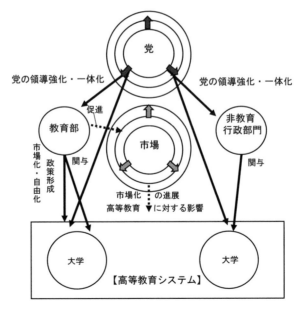

図7－1　ベトナム高等教育の構造

出典：筆者作成。

営改革を通じて、実質的に大学では知識の生産と伝達における一定程度の自由化が生じつつある。

以上の議論をふまえれば、国家と党による大学への関与という視点から、教育部、非教育行政部門、党、そして大学との関係性を**図7－1**のように示すことができる。図7－1において、太い矢印は「市場」と「党」の影響力の拡大を示しており、実線は直接的な関与を、破線は間接的な働きかけを示している。そのうえで結論として、ベトナム高等教育における構造改革の論理について以下のことが明らかになる。

第1に、背景としての国家と大学および知識との関係について、第5章で述べたように、ベトナムの社会には碩士学位や進士学位というより高次の学位を持った人物が指導者になるのが望ましいとする通念が存在している。逆に言えば、指導者になるには専門的な知識やより高次の学位を持つことが求められている点で、ベトナムは「指導者には知識人がなる」社会(いわば、「進士社会」)であることが示唆される[11]。こうした観点から、社会に対して指導的立場にあり、かつ管理者である国家(中央行政部門)は、それぞれが多様な方法で大学に関与するとともに、専門性の象徴である大学教授や学位の質保証などを通じて間接的に知識のあり方を規定しているのである。なお、官僚が学位の取得をはじめキャリアアップのために専門性を向上させようとする行動をとることも、こうした社会的通念がその根底にあるためと言える。

第2に、国家による大学への関与の特徴について、こうした国家(中央行政部門)による大学や知識への関与のあり方には「タテ割り」的な特徴が観察される。市場化の過程においても各中央行政部門は、それぞれが管轄する専門領域や経済部門の需要のもとで大学を所管し専門性の高い人材の養成をおこなっている。同時に、非教育行政部門は所管する大学に対して学長人事や教授職任命の過程、そして論文の質保証を通じて専門的な知識に対する一定の関与をおこなっている。ただし、教育部はこうした所管大学への関与に加えて、高等教育の構造全体に対してより市場に適応できる人材を育成するという論理のもと国家による管理をマクロ管理へと移行させており、教育と研究

を含む大学の管理運営上の自由裁量を拡大させてきている。このように教育部は高等教育の市場化を一貫して図ってきている。

　そして第3に、党と大学の関係については、大学は人材の育成において政治思想教育をおこなう機関としての役割を持つだけでなく、学位の授与を通じて指導者を「認定」したり所管部門の国家官僚を再教育したりする役割がある点で、党にとっても重要な機関である。また、党は一貫して国家体制の維持や政治性の担保という視点から大学党組織を介して大学を領導してきている。フランスからの独立以来実施してきた各分野の指導者を国防教育へと動員する「知識人の領導」政策のなかには学長や副学長も含まれている。こうした視点から、体制移行の過程で高等教育の市場化が進み全体として大学での教育と研究、ないし知識の伝達と生産において自由化がもたらされつつある現状に対し、党は「一体化」戦略を中心に大学における党の政治性の影響力と正統性の拡大を図ろうとしてきている。

　このように体制移行の過程でベトナムでは、各中央行政部門による大学への関与が持続しているものの、全体として高等教育の市場化が進み国家がマクロな管理を志向するようになるなかで、大学には知識の伝達と生産における自由化をもたらす動きが生じてきている。こうした動きに対し、政治性と正統性の強化を図るため党は、揺り戻すように「一体化」戦略を打ち出してきている。このことを言いかえれば、市場化が進むベトナムでは、高等教育の構造改革は各中央行政部門がそれぞれ大学に関与するという体制を残しながらも、一方では、大学全体としての知識の伝達と生産における自由化の動きが生じ、他方ではそれに対して、党による揺り戻しとして政治性・正統性の拡大という体制の安定を志向する動きが展開してきている。このことは、党による一党支配が堅持されるもとで高等教育の市場化・自由化が進められた場合に、党が国家と大学に対する関与を強めることで、高等教育における政治性の再拡大、揺り戻しが生じるというベトナム高等教育のメカニズムとして捉えることができるのである。

5　体制移行とベトナム高等教育の構造的特質

　最後に、ここまでの議論で明らかになった知見をふまえてもう一度本書の分析枠組みに立ち返り、体制移行と高等教育のありようとの相互関係についての枠組みのなかにベトナム高等教育を位置づけてみたい。具体的には、本書において検討対象とした典型的な体制移行国であるロシアと中国の高等教育変動とベトナムのそれとを比較対照させることで、ベトナム高等教育の構造的特質を浮かび上がらせる作業をおこなう。

　本書の検討を総合すると、体制移行の過程におけるロシア、中国そしてベトナムの高等教育の構造変動の状況は**表7－2**のように示すことができる。表7－2における分析の視点は大きく、本書における「高等教育の構造」の定義とも関わって、マクロな関係から「誰が」高等教育システムに影響を及ぼすのか、権限配分の関係として「何をどの程度」国家は管理し、大学は権限を享受するのか、そして、大学は「いかなる原理のもとで」管理されるのかという3つである。こうした視点から、各国の改革動向について整理した。

　表7－2から、比較的な視点からベトナム高等教育の構造的特質について述べれば、それは大きく次の3点のように示すことができる。

　特質の第1は、ベトナムでは、ロシアと中国と同様に体制移行に伴って高等教育の市場化が進展する過程で、私塾大学というより市場を志向した民営大学類型が生み出されたことである。ロシアと中国では民営大学は企業によって設置されることが可能になっているものの、民営セクターにおいて新たに企業をモデルとするような大学類型を設計する改革はおこなわれなかった。ベトナムでは、第3章で詳しく検討したように、株主総会が私塾大学の管理運営において舵取りをする点で、制度設計に加えて実態としてもより市場の需要をくみ取ることができる大学類型が形成されたのである。総じて言えば、体制移行国ではいずれも高等教育の市場化が進展してきているが、ベトナムではより抜本的かつ実験的な制度改革がおこなわれたと捉えられる。すなわち、1993年には認められなかった私塾大学が2005年以降改めて認められ

表7－2　体制移行国3カ国における高等教育改革の動向

体制移行国	ロシア(民主化・市場化)	中国(市場化)	ベトナム(市場化)
高等教育への影響要素	「国家」・「大学」・「市場」	「国家」・「大学」・「市場」・「党」	「国家」・「大学」・「市場」・「党」
大学類型	公立大学・非公立大学	公立大学・民弁大学	公立大学・私塾大学
権限配分の状況	【法的根拠】 ・教育法(1992年)、高等教育法(1996年) 【大学の運営自主権】 ・組織、人事、学術、財政に関する権限の付与 【教育活動の権限】 ・個別大学による入試から国家的統一入試への転換 ・国家スタンダードにもとづく大学による教育課程の作成 ・国家関与のもとでの大学による学位授与	【法的根拠】 ・高等教育法(1998年) 【大学の運営自主権】 ・国家によるマクロな管理のもとで、組織、人事、学術、財政に関する権限付与 【教育活動の権限】 ・地方政府レベルでの統一試験の実施、一部の大学による自主学生募集 ・大学による学問分野の調整、教学計画の策定 ・大学による学位授与	【法的根拠】 ・高等教育法(2012年) 【大学の運営自主権】 ・国家によるマクロな管理のもとで、組織、人事、学術、財政に関する権限付与 【教育活動の権限】 ・国家による統一試験、大学による募集定員策定と一部の大学による入試問題の作成 ・大学による教育課程作成 ・大学による学位授与
運営の原理(公立大学)	・公立大学の法人化 ・高等教育の市場化	・公立大学の法人化 ・高等教育の市場化	・公立大学の法人化(志向) ・高等教育の市場化
公立大学の意思決定組織	学術評議会 (大学)	大学党組織・学長 (党・大学)	大学党組織・大学評議会 (党・大学・国家・市場)

出典：筆者作成。

たことは、ベトナムにおいて高等教育ないしは社会主義を標榜する国家と党の体制がより市場を許容するように動いたことを示している。

　特質の第2は、ベトナムでは、ロシアと中国と同様に体制移行の過程で全体として大学の運営自主権が拡大されてきているが、ロシアや中国と比較した場合に、とりわけ高等教育の教育課程・教育内容において制度上の大胆な大綱化ないし自由化が生じつつあることである。ベトナムにおけるこうした改革は、4年制の大学課程、碩士課程、そして進士課程における教育課程を対象としている。ベトナムの大学には、学長を責任者として教育課程の作成ないし伝達するべき知識の選択にあたっての大幅な権限が付与されつつある。これら3カ国に共通して、体制移行の過程では国家が策定する教育課程ないし知識のパッケージのなかに一定程度の自主裁量が生じてきているが、ベト

ナムでは近年こうした国家の枠組み自体が弱まりつつある。そして、本章の考察を通じて明らかにしたように、ベトナムの党はこうした高等教育の自由化や市場化が進む状況に対して、伝達するべき知識の内容に関する枠を改めてはめ直すように、近年では教育部をはじめ各大学に対して政治思想の側面から関与を強化してきているのである。

　特質の第3は、ベトナムでは、政治体制の民主化は生じていないものの、ロシアと同様に大学の機関内部に機関発展の方向性や意思決定をおこなう組織として従来の大学党組織に取って代わり大学評議会を導入してきていることである。体制移行のパターンとも関連していると考えられるが、ロシアでは機関内部の意思決定組織である学術評議会は各大学の「大学憲章」によって設置の手続きが規定される点で、理念的には大学人から構成されるものである。これに対して、ベトナムでは党による一党支配体制が継続していることから、大学評議会には大学党組織のメンバーを入れることが規定されている。またベトナムでは、大学評議会に対して機関運営上のマクロな方針を決めるうえで大学党組織も影響力・権威を持っており、実態としては多くの公立大学で大学党組織は現在も影響力を及ぼしている。この点で、機関内部の管理運営体制については、ベトナムは「党委員会の指導のもとでの校長責任制」を採る中国と類似しているように捉えられる。ただしベトナムでは、公立大学への大学評議会の設置を進めることで、党のみならず大学に関わるより多様な主体が大学の舵取りに参加できる体制が築かれてきている。

　アジアの体制移行国というより広い地理的範囲で体制移行と高等教育の関係を検討した南部による先行研究では、体制移行に伴う各国に共通する高等教育変容として「個別機関における運営自主権、決定権の拡大、大幅な量的拡大」、それから管理運営体制については「法規の整備」や「機関の自律性を高める」諸改革が挙げられている[12]。ここまでの検討から明らかなように、ロシア、中国、そしてベトナムの3カ国においてもこうした方向性のもとでの高等教育の変容がみられる。全体として体制移行国では高等教育の市場化が進んできており、大学は国家によって規定された一定の範囲のなかでより「自

律的な機関」へと転換している。

そしてこの先行研究では、政治体制に大きな変化が生じていない中国やベトナムでは、「依然として党組織が機関内部に存在してある程度の役割を果たし」ていると指摘している[13]。本章の検討からは、実際としても中国やベトナムの大学党組織は個別の大学の管理運営に対しとりわけ機関の発展戦略や人事を中心に関与しているが、大学を取り巻く高等教育システムの改革の状況には両国で異なる部分があることが明らかになった。こうした相違にベトナム高等教育の特質があると言え、それはベトナムでは教育部の主導のもとで高等教育の市場化や自由化の進展に特徴づけられる改革がおこなわれたことである。ベトナムにおいて党は市場化による経済発展を通じた「工業化」と「現代化」を国是としながら、馬車を走らせる「御者」のように国家や大学を領導してきている。市場化に伴う近年の党の動きから明らかになるように、党は「行き過ぎである」と言わんばかりに「手綱を調整」し、政治的な観点から改めて高等教育改革に対して介入を強化してきているのである。

【注】
1 Gupta, A. *Beyond Privatization*. London: Macmillan Press, 2000, pp.6-7.
2 唐亮『現代中国の政治：「開発独裁」とそのゆくえ』岩波新書、2012 年、ⅰ頁。
3 政治体制の転換を伴う体制移行国である東欧諸国における、1990 年代初頭の新たな教育の理念や原則について示せば次のようになる。すなわち、「教育機関・国家および個人との関係の変化、教育システムの人間化（ポーランド）」、「学術の自由および教育の自由の原則（ハンガリー）」、「教育機関における学術の自由と個人の選択の自由の奨励（チェコ）」、「自己統制の原則、教育システムの民主化（ルーマニア）」、「教育システムの人間化、民主化、個人化（ブルガリア）」、「教育の民主化と人間化（ウクライナ）」というものである（Birzea, C. *Educational Policies of the Coutries in Transition*. Strasbourg: Coucil of Europe,1994, pp.42-53）。
4 ベトナムの指導者が社会主義という問題を実践的課題として意識するようになるのは、1950 年にモスクワで会談していたスターリンと毛沢東のもとに、ホー・チ・ミンが乗り込み、抗仏戦争のための支援を要請したときとされる（古田元夫『ドイモイの誕生：ベトナムにおける改革路線の形成過程』青木書店、2009 年、5 頁）。
5 なおこの期間では、大学部は 1966 年から 1969 年まで暫定的に全国統一の大学入学者試験を停止し各省に入試委員会を設置することで、地方の状況に応じ

て政治的観点をより重視した大学入学者の選抜と推薦入学を導入している。
6 　Nhiều tác giả. Kỷ yếu hội thảo khoa học "Đối mới quản trị đại học" *Đề án khoa học "Nghiên cứu cơ sở lý luận và thực tiễn để sửa đổi bổ sug luật giáo dục đại học 2012."* Trường đại học luật Hà Nội, 2018.
7 　ただし、第4章でも述べてきたように近年は教育課程枠組みが廃止され、教育課程作成の権限が全面的に各大学の学長に委譲されつつある。そうした変化のなかでむしろ所管部門である非教育行政部門が、個別の大学が教育課程を作成するうえで直接ないし間接的な指導をおこなうということはありうる。
8 　進士号を取得するべく研究生となっている国家官僚が進士課程における研究活動に積極的に取り組まないことはすでに第5章で検討したとおりである。
9 　ただし近年では、ホンバン国際大学(旧民立大学)をはじめ、規模は小さいながらも私塾大学にも「経営管理」の領域で進士課程を提供することができるようになってきている。
10 　これは現在もなお実態としては多くの大学で教育課程枠組みが残っており、教育課程作成のうえで機能していると考えられるからである。
11 　古田は、その特質の1つとして、ベトナムという社会を伝統的には科挙官僚制を抱えていた「知識人社会」であるとみている(地域研究コンソーシアム『地域研究』編集委員会『地域研究：JCAS review』第10巻、第2号、京都大学地域統合研究情報センター、2010年)。
12 　南部広孝『アジアの「体制移行国」における高等教育制度の変容に関する比較研究』(平成25年度〜平成28年度科学研究費補助金(基盤研究(B))(課題番号：25285230)最終報告書　研究代表者：南部広孝)、2017年、9頁。
13 　同上。

終　章

「体制移行」という視角からみえるもの

1　ベトナム高等教育における構造改革の論理
2　結語

1 ベトナム高等教育における構造改革の論理

　本書では、ベトナムにおける高等教育の管理運営改革と大学への国家と党による管理や統制の実態を体制移行という視点から多角的に考察することを通じて、多様化した高等教育の構造における国家および党による大学への関与の論理について明らかにしてきた。その際、体制移行国としてロシアと中国にも分析の射程を広げ、国家と大学の関係および大学のありようの変化について比較検討することで、ベトナム高等教育の構造改革を捉えるための理論的視座について考察した。また、ベトナム高等教育の検討にあたっては体制移行の過程において教育行政部門に加えて非教育行政部門も大学を所管し一定の関与をおこなっていると推察したことから、「国家」による大学への関与を大きく教育行政部門による関与の論理と非教育行政部門による関与の論理とに分けて検討をおこなった。本書の検討で得た知見を章ごとにまとめれば、次のとおりに示すことができる。

　第1章では、ベトナム高等教育の変容に関する理論的な視座を得るため、体制移行国における高等教育変容の典型的事例として、ロシアと中国の高等教育改革について検討した。具体的には、「体制移行論」について理論的な検討をしたうえで、ロシアと中国における体制移行に伴う高等教育変容について比較的に分析し、ベトナムの高等教育変容をみるうえでの説明枠組みを提示した。検討を通じて、体制移行以前のロシアと中国においてともに高度な国家的統制のもとに置かれた大学は、体制移行の過程で法人化されており一定程度「自律的な機関」になりつつあることを示した。加えて重要な視点として、体制移行のパターンがおおまかに高等教育変容の方向性を規定するという見方が示された。つまり、政治体制の転換を経験していない中国では自主性の拡大は主として大学の経営的側面を中心に表れるのに対し、ロシアでは政治体制の民主化を経験したことで大学の理念型も大きく変容し、経営的側面に限らないより広い自主権が大学に与えられるようになった。

　第2章では、主として南北統一期の北ベトナムを中心に、従来の国家社会

主義体制下における高等教育の歴史的展開とその構造について先行研究を批判的に検討することで、体制移行以前の大学管理運営の理念型と国家と党の一貫した論理を明らかにした。検討を通じて、国家社会主義体制下のベトナムにおける国家と大学は抗仏戦争以来の国家による統制と党による「知識人の領導」のもとで、抗仏戦争それからベトナム戦争(対米戦争)を終結させると同時に国家の社会主義建設を遂行するために、大学が教育と研究、そして青年団による政治活動を通じて国家および党に奉仕するという関係にあったことが明らかになった。

　第3章から第6章までは各論という位置づけであり、1986年にドイモイ政策が打ち出されて以降の体制移行の過程を中心として、教育部、非教育行政部門、それから党の3つの主体それぞれによる大学管理運営に対する関与の論理について検討をおこなった。

　第3章では、高等教育の市場化のなかでも民営大学の多元化と転換の改革に焦点をしぼり、民営大学類型である民立大学および私塾大学を対象とする管理運営体制の比較検討を通じて、民営大学の管理運営改革における教育部の論理を明らかにした。検討の結果、新たに企業的な特徴が強調される私塾大学が形成されたことからは、2000年代半ば以降、より個人や市場の需要を意識した高等教育への転換が生じているとともに、ベトナムにおいて高等教育の市場化がいっそう進展していることが明らかになった。また、私塾大学の管理運営体制は党の影響力を減らしよりいっそう市場の原理に委ねられるようになっていることが指摘された。教育部の論理は、グローバル経済への統合の過程で国内外の資本から投資を引き出すことで教育財源の多元化と高等教育の量的拡大を図るのみならず、大学のありようをより市場や企業の需要へと接近させていくことであることが示された。

　第4章では、公立大学に焦点をあてて、管理運営改革に関する議論の背景として教育部の機関誌『教育科学雑誌』を中心に経年的に分析するとともに、大学の自主権に関する制度変容の状況を検討することで、従来の体制からの大学のありようの転換と公立大学の管理運営における教育部の論理を明らか

にした。検討の結果、全体として公立大学の管理運営のありようは、教育部によるマクロな管理のもとで大学はより自主的で学術の自由が保障される機関へと転換するとともに、市場的な原理にもとづいて管理されつつあることが明らかになった。それは国家大学を実験的な大学類型としながら、従来体制下では党と国家的統制のもとに置かれていた公立大学に意思決定機関としての大学評議会を導入し、2020年を目標年次として法人化させることに象徴されている。公立大学の管理運営のありように対する教育部の論理は、第1に、国家丸抱えの大学の統制・管理システムは市場化する社会のなかでは非効率的であり公立大学にも法人化をはじめ市場的な原理を導入していくこと、第2に、国家への奉仕を第一義とする従来の大学像を見直し、学位の授与や学術の自由を根底に置く西洋由来の大学モデルへの転換を図ることとして捉えられることが示された。

　第5章では、多数省庁所管方式に着目し、非教育行政部門を中心に中央の各行政部門が所管する公立大学の管理運営に対する論理について明らかにした。具体的には、非教育行政部門による所管の公立大学に対する所掌事項と大学側の自主権に関する検討をおこなうとともに、実態面から非教育行政部門の大学への関与のあり方について考察した。検討の結果、非教育行政部門との関係における公立大学の役割は、当該専門領域における学生を対象とする人材育成と学位の授与や大学教員としての受け入れなどを通じて、所管部門の官僚に対する威信の付与や専門性の向上であることが示された。また、非教育行政部門による大学への関与を支える論理とは、一方の非教育行政部門は当該専門領域の知識や技術を管理するうえで官僚に専門的知識・技能ないし学位を獲得させるため大学を手放さず、大学は財政における非教育行政部門の相対的な力の強さのため恩恵を受けようと傘下にとどまろうとする点で両者の思惑が合致する状況によるものであることが明らかになった。

　第6章では、ベトナム高等教育において党による高等教育の方針と党組織による大学の管理運営の論理について明らかにした。具体的には、体制移行の過程における高等教育の方針と大学教員のありようについて従来の体制か

終　章　「体制移行」という視角から見えるもの　289

らの変容を確認したうえで、現地調査を中心に、大学類型ごとの管理運営における党組織の役割について考察した。検討の結果、党組織の具体的な役割は、機関発展の全体的方針に関する議決をはじめとして大学における党建設、政治思想教育の強化、そして大学教員の人事への関与であることが示された。大学党組織は学長を頂点とする行政系統に党組織による決議を執行させてきているが、2010年以降はとりわけ、党委員会書記と学長が兼務することによる「一体化」が推進されることで、大学に対する党の領導が改めて強化されてきていることが明らかになった。党の論理は従来の体制から一貫しており、それは党による体制維持と正統性の強化であることが示された。

　第7章では、総合的な考察をすることで体制移行の過程における高等教育の構造改革の実態を明らかにするとともに、国家や党との関係における大学の役割について考察した。そのうえで、ベトナムの多様化した高等教育の構造における国家および党による大学への関与の論理について明らかにした。検討を通じてベトナムでは、体制移行の過程において高等教育の構造を規定する力学は、大きく国家的統制に偏っていたものから市場の方向へとその均衡点が移動してきており、大学は大学類型や設置主体のあり方によって異なる役割を果たしながら全体として「自律的な機関」へと変容しつつあることが明らかになった。

　以上をふまえ、本論全体の考察からベトナム高等教育の構造改革の論理について得られた結論を示せば、次のようになる。

　体制移行の過程でベトナムでは、各中央行政部門による大学への関与が持続しているものの、全体として高等教育の市場化が進み国家がマクロな管理を志向するようになるなかで、大学には知識の伝達と生産における自由化をもたらす動きが生じてきている。こうした動きに対し、政治性と正統性の強化を図るため党は、揺り戻しのように「一体化」戦略を打ち出してきている。このことを言い換えれば、市場化が進むベトナムにおいて、高等教育の構造改革は、次のような動態を伴って展開してきている。すなわち、各中央行政部門がそれぞれ大学に関与するという体制を残しながらも、一方では大学全

体としての知識の伝達と生産における自由化の動きが生じることで、他方ではそれに対する党による揺り戻しとして政治性・正統性の拡大が生じるというダイナミズムなのである。

2 結語

　1986年にドイモイ政策が打ち出されて以降、体制移行の過程にあるベトナムでは大学類型の多様化や高等教育の量的拡大をはじめ、高等教育の構造は従来の体制と比べて大きく変容してきている。従来、大学は公立大学しか認められず極めて強い国家的な統制と党の領導のもとに置かれていた。体制移行の過程では高等教育の市場化が進められており、まず比較的に党と距離の近い民営大学として民立大学が生み出され、その後、党から距離をとると同時に市場の需要に親和的な大学類型として私塾大学が形成された。また、こうした高等教育の市場化は従来から存在する公立大学にも影響を及ぼしてきている。現在、公立大学はマクロな管理のもと国家から相対的に遠ざかることで、より「自律的な機関」になることが目指されており、そこでは高等教育を受ける対象の選抜から知識の伝達と生産の過程、そして学位の授与に至るまで大学の自主性と専門性が重視されるようになりつつある。そして体制移行の過程においても一貫して、管轄する専門領域や経済部門の需要のもと非教育行政部門によって公立大学が所管されているが、こうした大学においても教育と研究を含む管理運営上の自主裁量が拡大してきている。このように体制移行の過程で高等教育の市場化が進み、全体として大学における知識の伝達と生産の過程における自由化がもたらされつつある状況に対して、党は学長と大学党組織の書記を兼任させる「一体化」戦略を採ることで、大学における党の影響力と正統性の拡大を図ってきている。

　本書において明らかにしたように、ベトナム高等教育の構造改革は近年矢継ぎ早に管理運営改革が打ち出されてきているが、すべての側面において高等教育制度の改革と高等教育の現状とが一致しているとは言いがたい。こう

したベトナム高等教育の実態について、今後の展開を考えるうえで以下の2つの視点は重要であると考えられる。

1つ目は、2012年に制定されたベトナムの「高等教育法」において明記された大学の「階層化(Phân tầng cơ sở giáo dục đại học」に関する概念に関して、それが改革として具体化されていくことで高等教育の構造に与える影響である。すでに明らかにしたように、体制移行の過程でベトナムの大学は、国家大学、公立大学(教育部および非教育行政部門所管)、私塾大学に類型化でき、実際としておおまかな役割分担がなされている。これに対して「高等教育法」の「階層化」では、大学を「研究志向」、「応用志向」、そして「実践志向」に区分し、それと関連させて優先的な予算配分をおこなうとしている(同法第9条)。こうした方向性は、高等教育の市場化が進むなかで「選択と集中」の原則を高等教育に適用させることで、限定的な資金を効率的に用いて大学間の競争力を高めるものである。この方針が具体化されれば、新たに生じた大学類型ないし「大学階層」のあいだで教育や研究上の質的格差がより顕著になるだろうし、「大学階層」と所管部門とのあいだに密接な関係が生じれば、特定の「大学階層」を所管する行政部門による所管を望んで大学の移管が進み、所管構造に変化が生じることもありうるだろう。そして本書の検討でも明らかにしたように、近年の高等教育改革の特徴として教育部は「学術の自由」や「教育のための研究」という理念を謳っているが、「階層化」はベトナムにおける大学のありようの捉え直しないしは固定化をもたらすと同時に、大学における教育と研究が分離していくこともありえる。これらの点で、「階層化」の方針が高等教育システムにおいてどう展開されていくのかが注目される。

2つ目は、大学の自主性や「学術の自由」という概念と党による「一体化」との関係である。本書で明らかにしたように、体制移行の過程では主として教育部が主導する改革を通じて大学の自主性が拡大され、「学術の自由」という概念が教育部官僚や大学教員のなかで認識されるようになりつつある。とりわけ大学全体としての知識の伝達と生産のありようについてみれば、近年では教育部が作成してきた教育課程枠組みが大綱化されたことで、大学におけ

るカリキュラム作成上の自由度が飛躍的に拡大するとともに、研究活動においても大学教員の自主性が拡大してきている現状がある。このように大学の自主性が拡大する一方で、2010年代以降は大学において党による「一体化」戦略が採られるようになってきており、実質的に大学の学長と党委員会書記が同一人物によって兼任されるような状況が確認される。こうした状況のもとでは、教育課程の作成権が大学に移譲されたとはいえ、その権限は学長が所掌している以上、実質的に大学党組織の党委員会書記が教育課程を作成することと同義なのである。現時点では、ハノイ国家大学社会人文科学大学のように、政治思想教育を除けば教育内容までは党が関与せず全体としてタブーとされることがらについても講義をすることができるような自主性の高い大学でも、今後党による揺り戻しがいっそう強まり、教育内容や研究活動に対する党による指導・統制がおこなわれることはありうるだろう。「一体化」戦略が進められるもとでは、学長をはじめ大学教員のうち高位職階にあるものは党員である可能性が高い点で、こうした教員は「紅」であり「専」でもあると言える。一党支配体制を残しながら市場化を進めていくベトナムの体制移行の過程において、大学教員をはじめとする党による「知識人の領導」がどう展開していくのかについては慎重な検討を要する。

　本書では、これまで日本ではほとんど研究の対象とされてこなかったベトナム高等教育の管理運営体制について、体制移行という視角から、主として1986年から2010年代までのベトナムにおける高等教育の構造改革の状況について検討するとともに、多様化した高等教育の構造と国家と党による大学への関与の論理について考察してきた。本書の論述にあたっては、政府文書や関連法規に加え教育部を中心とした中央行政部門が発行する機関誌や党中央による機関誌を手がかりに文献調査をおこなった。また、文献調査を主としながらも、ベトナムの首都ハノイにおいて各大学類型を代表する個別機関での聞き取り調査を実施することで、ベトナム高等教育の構造の全体像を捉えようとした。こうした分析手法は国家的なシステムとして高等教育の制度的枠組みを捉えたり、政府文書や機関誌に表れる範囲において高等教育に

対する国家や党の論理を理解したりするうえでは有効である。

　しかしながら、本書全体の分析枠組みである「国家」、「大学」、「市場」、「党」という4つの要素と高等教育システムとの関係からみれば、本書では「市場」に関わる主体が高等教育の構造の形成過程でどのような影響力を発揮してきたのかということや、国家や党の論理に対する「市場」における主体の論理や、それらの相互関係については十分に検討できなかった。こうした「市場」に含まれるものとしては、本書で検討したベトナムの企業のほかにも、学校の生徒や学生をはじめとするベトナム国民の「声」や世論、そして国際社会の動向などが挙げられる。こうした視点からの検討を加えることは、体制移行の過程における高等教育の構造を規定する力学やその改革の論理について、より多様な視点から描き出すことにつながるだろう。

　また、本書で明らかにしたように、フランスからの独立以後一貫してベトナムにおける党は「知識人の領導」を重視してきたが、本書では研究の枠を超えるためベトナムにおける「知識人」について真正面から検討することはしなかった。ベトナムの社会は、進士号取得者のおよそ70％が管理職に就くとされる「指導者には知識人がなる」社会であることをふまえれば、ベトナムの「知識人」の内実や、大学が知識人集団の形成において果たしてきた役割について検討することは国家や党が大学に関与することの論理をより深く掘り下げることにつながると考えられる。こうした検討は、高等教育の管理運営に直接的に関わる研究主題ではないものの、ベトナムにおける指導者層の養成・再教育に果たす大学の役割や学術のありようの実態をより多角的に明らかにする点で、ベトナムにおける国家および党と大学との相互関係に切り込む研究をより豊かに発展させることができるものである。

　さらに、本書において体制移行は従来の国家に従属する機関であった大学をより「自律的な機関」へと転換させ、とりわけ政治体制の変化の有無は体制移行国における大学が民主的な管理運営体制を持つかどうかの決定要因になりうることを示したが、体制移行のありようは必ずしも高等教育の構造や大学管理運営体制の特徴のすべてを規定するわけではない。本書の事例で言え

ば、ロシアとベトナムでは体制移行の過程における政治体制は異なるのに両国とも多数省庁所管方式を採り続けているし、ロシアと中国では教育課程に対する国家的な統制が比較的に強いのに対し、ベトナムでは制度上、大学の権限として委譲されつつある。このような具体的な権限配分関係は、体制移行の類型によって説明が可能なものと、それに加えて、各国の文化や学術に対する考え方に起因するものとがあると考えられる。こうした体制移行と高等教育改革の相互関係をより一般化し法則性を導いていくためにも、今後は東欧諸国も含めて体制移行国における高等教育改革の事例を検討していきたい。体制移行国という枠内で横断的な比較研究を蓄積していくことで、高等教育における体制移行論の精緻化を図ることができる。それと同時に、そうした知見からベトナムを立ち返ってみることで、ベトナム高等教育の構造についてより深く理解し、その特質をさらに鮮明に浮かび上がらせることができると考える。以上の点を今後の課題として、体制移行という視角からベトナム高等教育の構造とその改革について引き続き検討していきたい。

引用文献
(ここでは本書において引用ないし典拠とした文献のみを挙げている。本書がここに挙げていない数多くの先行研究を参考としていることは言うまでもない)

1　日本語文献

猪口孝(ほか)編『政治学事典』弘文堂、2004年。

ヴィエトナム共和国教育協力調査団『ヴィエトナム共和国の教育』文部省大臣官房調査統計課、1975年。

上野俊彦「第二次プーチン政権下のロシア政治」溝端佐登史編著、日本国際問題研究所協力『ロシア近代化の政治経済学』文理閣、2013年、66〜84頁。

江原武一「大学の管理運営改革の世界的動向」江原武一、杉本均編著『大学の管理運営改革：日本の行方と諸外国の動向』東信堂、2005年、3〜45頁。

遠藤忠「ロシア連邦の教育改革の動向」大桃敏行(ほか)編『教育改革の国際比較』ミネルヴァ書房、2007年、75〜93頁。

大阪市立大学経済研究所編『経済学辞典：第3版』岩波書店、1992年。

大塚豊「中国高等教育行政制度の原型形成過程」『教育学研究』第60巻第2号、日本教育学会、1993年、129〜137頁。

大塚豊『現代中国高等教育の成立』玉川大学出版部、1996年。

大塚豊『中越両国の高等教育拡張における民営化方式の有効性と影響に関する比較研究』(平成11年度〜平成13年度科学研究費補助金(基盤研究(C)(2))(課題番号：11610256)研究成果報告書　研究代表者：大塚豊)名古屋大学大学院国際開発研究科、2002年。

大塚豊「中央学舎区：1950年代仏越戦争期におけるベトナム高等教育の揺籃」『大学論集』第43号、2012年、117〜134頁。

川野辺敏『ソビエト教育制度概説』新読書社、1976年。

川野辺敏『ソビエト教育の構造』新読書社、1978年。

川野辺敏、松永裕二、嶺井明子「ソ連の高等教育改革の現状と課題」『比較教育学研究』第17号、日本比較教育学会、1991年、111〜128頁。

楠山研「中国の高等教育における行政改革の進展」江原武一・杉本均編著『大学の管理運営改革：日本の行方と諸外国の動向』東信堂、2005年、209〜230頁。

楠山研「中国の地方大学の特色作りに関する考察」『京都大学大学院教育学研究科』第54号、2008年、39〜57頁。

楠山研「中国における社会主義政策の変遷と高等教育および大学教員の変容」南部広孝『アジアの「体制移行国」における高等教育制度の変容に関する比較研究』(平成25年度〜平成28年度科学研究費補助金(基盤研究(B))(課題番号：25285230)最終報告書　研究代表者：南部広孝)、2017年、33〜42頁。

クラーク,R・バートン著、有本章訳『高等教育システム：大学組織の比較社会学』東

信堂、1994 年。
澤野由紀子「ロシア連邦における教育改革の現状と社会主義教育の「遺産」」『比較教育学研究』第 22 号、日本比較教育学会、1996 年、51〜60 頁。
白石昌也『東アジアの国家と社会 5　ベトナム：革命と建設のはざま』東京大学出版会、1993 年。
白石昌也編著『ベトナムの国家機構』明石書店、2000 年。
スローパー、デイヴィッド、レ・タク・カン編、大塚豊監訳『変革期ベトナムの大学』東信堂、1998 年。
関口洋平「変革期ベトナムの教員養成改革の動態に関する研究：教員養成モデルの多様化という視点から」『日本教師教育学会年報』第 21 号、日本教師教育学会、2012 年、128〜137 頁。
関口洋平「ベトナム高等教育における私塾大学の特質に関する研究：管理運営的側面における制度設計を中心に」『比較教育学研究』第 46 号、日本比較教育学会、2013 年、21〜40 頁。
関口洋平「ベトナム高等教育における博士学位授与制度の動態に関する一考察：大学における自律性の拡大過程として」『京都大学大学院教育学研究科紀要』第 59 号、京都大学大学院教育学研究科、2013 年、277〜289 頁。
関口洋平「ベトナム高等教育における社会主義的改造過程に関する一考察：ベトナム共和国接収前後の比較的検討を通じて」『京都大学大学院教育学研究科紀要』第 60 号、京都大学大学院教育学研究科、2014 年、111〜123 頁。
関口洋平「ベトナムにおける高等教育行政構造の特質に関する研究：多数省庁による所管分担方式の持続的原理」『比較教育学研究』第 49 号、日本比較教育学会、2014 年、114〜135 頁。
関口洋平「ベトナムの大学入学者選抜制度における権限配分の論理：体制移行期の制度改革を中心に」『京都大学大学院教育学研究科紀要』第 61 号、京都大学大学院教育学研究科、2015 年、369〜381 頁。
地域研究コンソーシアム『地域研究』編集委員会『地域研究：JCAS review』第 10 巻、第 2 号、京都大学地域統合研究情報センター、2010 年。
近田政博『近代ベトナム高等教育の政策史』多賀出版、2005 年。
中央教育審議会大学分科会「大学のガバナンス改革の推進について（審議まとめ）」、2014 年。
唐亮『現代中国の政治：「開発独裁」とそのゆくえ』岩波新書、2012 年。
中兼和津次『体制移行の政治経済学』名古屋大学出版会、2010 年。
長崎太作「高等教育改革の経験：1928〜1932 年のソビエトにおける総合大学の解体を中心として」竹田正直編『教育改革と子どもの全面発達』ナウカ、1987 年、222〜241 頁。
南部広孝『中国高等教育独学試験制度の展開』東信堂、2009 年。

南部広孝「中国における高等教育質保証と学習アセスメント」深堀聡子（研究代表）『学習アセスメントのインパクトに関する総合的研究』（平成23年度プロジェクト研究調査報告書：高等教育）、国立教育政策研究所、2012年、165〜182頁。

南部広孝『東アジアの大学・大学院入学者選抜制度の比較：中国・台湾・韓国・日本』東信堂、2016年。

南部広孝『アジアの「体制移行国」における高等教育制度の変容に関する比較研究』（平成25年度〜平成28年度科学研究費補助金（基盤研究（B））（課題番号：25285230）最終報告書　研究代表者：南部広孝）、2017年。

南部広孝・ジャルガルサイハン、ジャルガルマー・関口洋平「体制移行に伴う高等教育の構造変容：専門分野別学生数に着目して」『京都大学大学院教育学研究科紀要』第62号、京都大学大学院教育学研究科、2016年、157〜181頁。

南部広孝、関口洋平「社会主義国の体制移行に伴う教育変容：ベトナムと中国を中心に」『京都大学大学院教育学研究科紀要』第57号、京都大学大学院教育学研究科、2011年、1〜24頁。

鮑威『中国の民営高等教育機関：社会ニーズとの対応』東信堂、2006年。

鮑威「中国の高等教育制度と大学設置形態」『大学の設置形態に関する調査研究：国立大学財務・経営センター研究報告書』第13号、独立行政法人公立大学財務・経営センター、2010年、41〜72頁。

橋本伸也「大学と国家：ヨーロッパ大学史に見る悩ましい関係」広田照幸、石川健治、橋本伸也、山口二郎『学問の自由と大学の危機：岩波ブックレットNo.938』岩波書店、2016年、41〜56頁。

広木克彦「ベトナム教育運動史：民族解放闘争と主体形成」梅根悟監修、世界教育史研究会編集『世界教育史体系6』講談社、1976年、325〜375頁。

北京大学高等教育科学研究所著、大塚豊訳『中国の高等教育改革』広島大学高等教育研究センター、1995年。

古田元夫「ヴェトナムにおける『集団主人公システム』概念の形成と発展」『共産主義と国際政治』Vol.4 No.3、1979年、69〜87頁。

古田元夫『ベトナムの世界史：中華世界から東南アジア世界へ』東京大学出版会、1995年。

ブレイ、マーク「教育の統制：集権化と分権化の問題と葛藤」アーノブ、F・ロバート、トーレス、アルベルト・カルロス、フランツ、スティーブン編著、大塚豊訳『21世紀の比較教育学：グローバルとローカルの弁証法』福村出版、2014年、307〜336頁。

ボリス・クズネツォフ「近代化がロシア経済の構造変化に及ぼす影響」溝端佐登史編著、日本国際問題研究所協力『ロシア近代化の政治経済学』文理閣、2013年、151〜176頁。

嶺井明子、川野辺敏編著『中央アジアの教育とグローバリズム』東信堂、2012年。

村澤昌崇編集『大学と国家：制度と政策（リーディングス日本の高等教育6）』玉川大学

出版部、2010 年。
王忠烈著、苑復傑訳、黒羽亮一付記「中国における学位制度の現状と展望」『学位研究』第 4 号、1996 年、77 〜 91 頁。

2　英語文献

Andreev, A. L. "On the Modernization of Education in Russia." *Russian Social Science Review*, Vol. 54, No.5, 2013, pp.4-21.

Austin, I. and Jones, G.A. *Governance of higher education: Global perspectives, theories, and practices*. New York: Roultedge, 2016

Bain, O. B. *University Autonomy in the Russian Federation since Perestroika*. New York: Routledge Falmer, 2003.

Balzer, H. D. "From Hypercentralization to Diversity: Continuing Efforts to Restructure Soviet Education." *Technology in Society*, Vol.13, No.1/2., 1991, pp.123-149.

Balzer, H. D. "Plans to reform Russian higher education" In Ansony, Jones(ed.). *Education and Society in the New Russia*. New York: M. E. Sharpe, 1994, pp.27-46.

Beliakov, S., Lugachyov, M., and Markov, A. "Financial and Institutional Change in Russian Higher Education." (Centre for Economic Reform and Transformation, Department of Economics, Heriot-Watt University Working Paper No. DP98/05), 1998.

Birzea, C. *Educational Policies of the Coutries in Transition*. Strasbourg: Coucil of Europe,1994.

Brabant, J. M. van. *The Political Economy of Transition: Coming to Grips of History and Methodology*. London: Routledge, 1998.

Clark, R. B. and Neave, G. (eds.). *The Encyclopedia of Higher Education: Vol.2 Analitycal Perspectives*. Oxford: Pergamon Press, 1992.

Dao, Van Khanh. "Key Challenges in the Reform of Governance, Quality Assurance, and Finance in Vietnamese Higher Education: A Case Study." *Studies in Higher Education*, Vol.40, No.5, 2015, pp.745-760.

Doan Viet Hoat. *The Development of Modern Higher Education in Vietnam: A Focus on Cultural and Socio-political Forces*. Ph.D. Dissertation at the Florida State University, 1971.

Fielden, J. Global Trends in University Governance. Washington, D. C.: The World Bank, 2008.

Forrat, N. "Global Trends or Regime Survival: the Reforms in Russian Higher Education." (The Roberta Buffet Center for International and Comparative Studies Nother University; Comparative-Histrical Social Science Working Paper Series), 2012.

Froumin, I. and Kouzminov, Y. "Supply and Demand Patterns in Russian Higher

Education". In Scwartzman, S., Pinheiro, R. and Pillay, P. (eds.). *Higher Education in the BRICS Countries: Investing the Pact between Higher Education and Society*. New York : Springer, 2015, pp. 97-123.

George, E. St. "Higher Education in Vietnam 1986-1998: Education in Transition to a New Era?" In Harman, G., Hayden, M. & Pham Thanh Nghi (eds.). *Reforming Higher Education in Vietnam: Challenges and Priorities*. Dordrecht: Springer, 2010, pp.31-49.

Gounko, T. and Smale, W. "Modernization of Russian higher education: exploring paths of influence". *Compare*. Vol.37, No.4, 2007, pp.533-548.

Gupta, A. *Beyond Privatization*. London: Macmillan Press, 2000.

Hayden, M. and Lam, Quang Thiep. "Institutional Autonomy for Higher Education in Vietnam." *Higher Education Research and Development*, Vol.26, No.1, 2007, pp. 73-85.

Le Dong Phuong. *The Role of Non-Public Institutions in Higher Education Development of Vietnam*. Dissertation presented to the Faculty of the Graduate School of Education , Hiroshima University, in partial fulfillment of the requirement of the Degree of Doctor of Philosophy in Education, 2006

Marginson, S. and Considine, M. *The enterprise university*. New York: Cambridge University Press, 2000.

Millet, J.D. *New structures of campus power: Success and failure of emerging forms of institutional governance*. San Francisco, CA: Jossey-Bass, 1978.

Nguyen Xuan Thu. *Organizational Structure and Governance of Public Universities in Vietnam*. Ph.D. Dissertation at Indiana University, 1974.

OECD. *Reviews of National policies for Education: Tertiary Education and Research in the Russian Federation*. Paris: Centre for Co-operation with Non-Members, 1999.

OECD. *Thematic Review of Higher Education: Country background Report for the Russian Federation*. Moscow: the State University-Higher School of Economics, 2007.

Pastovic, N. "Problems of Reforming Educational Systems in Post-communist Countries". *International Review of Education*. Vol.39, No.5, 1993, pp.405-418.

Pham Than Nghi. "Academic Career Development in Vietnam." In Research Institute for Higher Education Hiroshima University (RIHE) (ed.) . *The Changing Academic Profession in Asia: The Formation, Work, Academic Productivity, Internationalization of the Academy; Report of the International Conference on the Changing Academic Profession Project*. RIHE International Seminar Reports No.22, 2015, pp.119-132.

Pham, Thi Lan Phuong. "The Renovation of Higher Education Governance in Vietnam and Its Impact on the Teaching Quality at Universities." *Tertiary Education and Management*, Vol.18, No.4, 2012, pp.289-308.

Rolland, G. P. *Conflicting Theories of Social and Educational Change: A Typological Review*. Pittsburg Univ., PS. University Center for International Studies, 1976.

Silova, I. (ed.). *Post-Socialism is not Dead: (Re) Reading the Global in Comparative Education.* Bingley: Emerald, 2010.

Suspitsin, D. "Between the State and the Market: Sources of Sponsorship and Legitimacy in Russian Nonstate Higher Education" In Slantcheva, S. and Levy, C. D. (eds.). *Private Higher Education in Post-Communist Europe.* NY: Palgrave macmillan, 2007, pp.157-178.

Van, Khanh Dao and Hayden, Martin. "Reforming the Governance of higher Education in Vietnam". In Harman, G., Hayden, M. and Pham Thanh Nghi (eds.). *Reforming Higher Education in Vietnam: Challenges and Priorities.* Dordrecht: Springer, 2010, pp.129-142.

3　ベトナム語文献

Báo Thanh niên. *Cẩm Nang Tuyển Sinh năm 2015.* Đồng Nai: Nhà xuất bản Đồng Nai, 2015.

Bộ Đại Học và Trung Học Chuyên Nghiệp. "Phương hướng nhiệm vụ của các trường đại học trong thời gian tới." *Đại Học và Trung Học Chuyên Nghiệp: Tập San của Ngành Đại Học và Trung Học Chuyên Nghiệp.* tháng 1, 1973, pp.4-8.

Bộ Đại Học và Trung Học Chuyên Nghiệp. "Nắm vững tình hình, nhiệm vụ, quyết tâm thực hiện tốt Chỉ thị 222/TTg của Thủ Tướng Chính Phủ." *Đại Học và Trung Học Chuyên Nghiệp: Tập San của Ngành Đại Học và Trung Học Chuyên Nghiệp.* tháng 1, 1973, pp.9-15.

Bộ Đại Học và Trung Học Chuyên Nghiệp. "Nguyên tắc kết hợp học tập với lao động trong hệ thống đại học." *Đại Học và Trung Học Chuyên Nghiệp: Tập San của Ngành Đại Học và Trung Học Chuyên Nghiệp.* tháng 2, 1975, pp.22-23.

Bộ Đại Học và Trung Học Chuyên Nghiệp. *Đại Học và Trung Học Chuyên Nghiệp: Tập San của Ngành Đại Học và Trung Học Chuyên Nghiệp.* tháng 6, 1975, pp.1-2.

Bộ Đại Học và Trung Học Chuyên Nghiệp. "Các trường đại học thành phố Hồ Chí Minh: Qua tám tháng hoạt động sôi nổi." *Đại Học và Trung Học Chuyên Nghiệp: Tập San của Ngành Đại Học và Trung Học Chuyên Nghiệp.* tháng 1, 1976, pp.43-45.

Bộ Đại Học và Trung Học Chuyên Nghiệp. *Đại Học và Trung Học Chuyên Nghiệp: Tập San của Ngành Đại Học và Trung Học Chuyên Nghiệp.* tháng 6, 1976, pp.42-46.

Bộ Đại Học và Trung Học Chuyên Nghiệp. "Đẩy mạnh cách mạng tư tưởng và văn hóa, xây dựng phát triển nên văn hóa mới." *Đại Học và Trung Học Chuyên Nghiệp: Tập San của Ngành Đại Học và Trung Học Chuyên Nghiệp.* tháng 2, 1977, pp.1-3.

Bộ Đại Học và Trung Học Chuyên Nghiệp. *Đại Học và Trung Học Chuyên Nghiệp: Tập San của Ngành Đại Học và Trung Học Chuyên Nghiệp.* tháng 5, 1977, pp.28-29.

Bộ Giáo Dục và Đào Tạo. *10 Năm Phát Triển Giáo Dục và Đào Tạo Việt Nam Qua Các Con Số 2001-2010.* Hà Nội: Nhà xuất bản Giáo Dục Việt Nam, 2012.

Bùi Minh Hiền. *Lịch Sử Giáo Dục Việt Nam*. Hà Nội: Nhà xuất bản Đại Học Sư Phạm, 2004.

Bùi Thu Trang. Xã Hội Hoá Giáo Dục. Hà Nội: Nhà xuất bản Đại Học Quốc Gia Hà Nội, 2001.

Cao Văn Đan. "Tiếp tục xây dựng bản lĩnh chính trị cho cán bộ, đảng viên trường đại học xây dựng theo nghị quyết đại hội XII của Đảng." *Tạp Chí Giáo Dục và Xã Hội*. tháng 6, 2016, pp.179-182.

Đặng Bá Lãm, Trịnh Thị Anh Hoa. "Đặc điểm của chính sách giáo dục trong nền kinh tế chuyển đổi ở nước ta." *Tạp Chí Phát Triển Giáo Dục*. tháng 11, 2004, pp.3-7.

Đặng Ứng Vận, Nguyễn Thị Huyền Trang. "Giải trình, chịu trách nhiệm và tự chủ tài chính đại học." *Tạp Chí Giáo Dục Khoa Học*. tháng 2, số 101, 2014, pp.1-4.

Đinh Thị Minh Tuyết. "Xây dựng và phát triển đội ngũ giảng viên đại học." *Tạp Chí Giáo Dục*. số 250, 2010, pp.3-5

Đỗ Ngọc Thống. "Dân chủ hóa trong giảng dạy và nghiên cứu văn học ở các trường đại học." *Tạp Chí Giáo Dục Khoa Học*. tháng 8, số 119, 2015, pp.4-8.

Đỗ Văn Chừng. "Đổi mới công tác tuyển sinh đại học và cao đẳng năm học 1988-1989." *Đại Học và Trung Học Chuyên Nghiệp: Tập San của Ngành Đại Học và Trung Học Chuyên Nghiệp*. tháng 8, 1988, pp.8-10.

Đoàn Minh Huấn. "Đổi mới, hoàn thiện cơ chế, chính sách góp phần ngăn chặn, đẩy lùi sự suy thoái tư tưởng chính trị, đạo đức, lối sống và các biểu hiện "tự diễn biến", "tự chuyển hóa" trong nội bộ." *Tạp Chí Cộng Sản*. số 892, tháng 2, 2017, pp.47-56.

Đoàn Quốc Thái. "Một số vấn đề cơ bản giáo dục giá trị chính trị-xã hội cho sinh viên hiện nay." *Tạp Chí Giáo Dục và Xã Hội*. tháng 3, 2013, pp.17-19.

Hà Đức Kiêm. "Đổi mới phương pháp dạy học các môn lí luận chính trị nhằm nâng cao hiệu quả giáo dục lí tưởng cách mạng, đạo đức, lối sống cho thanh niên, thiếu niên và nhi đồng." *Tạp Chí Giáo Dục và Xã Hội*. tháng 8, 2016, pp.76-79.

Học Viện An Ninh Nhân Dân. *Kỷ Yếu Lớp Bồi Dưỡng Kiến Thức Quốc Phòng và An Ninh khóa 72*, 2017.

Hội đồng trung ương chỉ đạo biên soạn giáo trình quốc gia các bộ môn khoa học Mác – Lênin, Tư tưởng Hồ Chí Minh. *Giáo Trình Chủ Nghĩa Xã Hội Khoa Học (tái bản có sửa chữa, bổ sung)*. Hà Nội: Nhà xuất bản Chính Trị Quốc Gia, 2012.

Lê Chí Quế. "Một hình thức hoạt động của Đoàn." *Đại Học và Trung Học Chuyên Nghiệp: Tập San của Ngành Đại Học và Trung Học Chuyên Nghiệp*. tháng 6, 1974, pp.29-32.

Lê Đình Lộc. *Lược Sử "FPT" (Tư Liệu Nội Bộ)*. Hà Nội: Công ty cổ phần in sách Việt Nam, 2014.

Lê Hữu Nghĩa. "Xây dựng Đảng trong sạch, vững mạnh - nhân tố quyết định sự ổn định và phát triển bền vững chế độ chính trị ở Việt Nam." *Tạp Chí Cộng Sản*. số 892, tháng 2,

2017, pp.57-62.

Lê Thanh Tâm. "Tự chủ và chịu trách nhiệm trong quản lí trường đại học." *Tạp Chí Giáo Dục Khoa Học*. tháng 10, số 73, 2011, pp.43-46.

Lê Văn Giạng. lịch sử Đại Học và Chuyên Nghiệp Trung Học Việt Nam: Tư Liệu Nghiên Cứu. Hà Nội; Viện Nghiên Cứu Đại Học và Trung Học Chuyên Nghiệp, 1985.

Mạch Quang Thắng. "Một số vấn đề về Đảng cộng sản Việt Nam cầm quyền trong điều kiện mới." Nguyễn Xuân thắng, Vũ Văn Phúc, Phạm Văn Đức(eds.). Văn kiện Đại hội XI của Đảng một số vấn đề về lý luận và thực tiễn. Hà Nội: Nhà xuất bản khoa học xã hội, 2013, pp. 133-141.

Mai Thanh Hồng. "Đảng cộng sản Việt Nam lãnh đạo phát triển giáo dục đại học từ năm 1996 đến năm 2005." Luận Văn Thạc Sĩ Lịch Sử (Đại học quốc gia Hà Nội Trung tâm đào tạo, bồi dưỡng giảng viên lý luận chính trị), 2011.

Mai Thị Thùy Hương. "Quản lý đào tạo nghiên cứu sinh văn hoá nghệ thuật." *Tạp Chí Quản lý Giáo Dục*. số 25, tháng 6, 2011, p.27.

Ngô Văn Hà. "Đảng lãnh đạo sự nghiệp giáo dục đại học và trung học chuyên nghiệp ở miền bắc giai đoạn 1965-1975." Luận Văn Thạc Sĩ Lịch Sử (Đại học quốc gia Hà Nội Trường đại học khoa học xã hội và nhân văn), 2003.

Nguyễn Công Giáp. "Sự hình thành và phát triển thị trường trong lĩnh vực giáo dục và đào tạo ở Việt Nam." *Tạp Chí Phát Triển Giáo Dục*. tháng 3, 2003, pp.8-10.

Nguyễn Đăng Châu. "Vài suy nghĩ về công tác giáo dục lý luận chính trị trong các trường đại học." *Đại Học và Trung học Chuyên Nghiệp: Tập San của Ngành Đại Học và Trung Học Chuyên Nghiệp*. tháng 9 và tháng 10, 1978, pp.10-14.

Nguyễn Lan Phương. "Quản lý phát triển đội ngũ giảng viên trong các trường đại học ngoài công lập." *Tập Chí Khoa Học Giáo Dục*. số 82, 2012, pp.45-47.

Nguyễn Lân Trung (Tổng Chủ Biên). *Lược sử Đảng bộ Trường đại học Hà Nội Đại học quốc gia Hà Nội*. Trường đại học ngoại ngữ- Đại học quốc gia Hà Nội, 2015.

Nguyễn Lê Thi Giang. "Giáo dục chính trị trong thời kỳ đổi mới." *Tạp Chí Giáo Dục và Xã Hội*, tháng 8, 2015, pp.43-44.

Nguyễn Phước Tài, Nguyễn Thuận Quý. "Nâng cao chất lượng dạy và học môn những nguyên lý cơ bản của chủ nghĩa Mác- Lênin trong giai đoạn hiện nay." *Tạp Chí Giáo Dục và Xã Hội*. tháng 11, 2015, pp.39-41.

Nguyễn Thắng Lợi. Trí Thức và Công Tác Trí Thức của Đảng: trong Thời Kỳ Đổi Mới. Nhà xuất bản Chính Trị Quốc Gia Sự Thật, 2017.

Nguyễn Thị Hồng Hạnh. "Một số vấn đề về công tác đào tạo ở Đảng bộ khối các trường đại học, cao đẳng Hà Nội hiện nay." *Tạp Chí Giáo Dục và Xã Hội*. tháng 11, 2016, p.244-246.

Nguyễn Thị Mỹ Lộc, Lê Thanh Tâm. "Bàn về quản lý trường đại học thực hiện quyền tự chủ và trách nhiệm xã hội ở nước ta." *Tạp Chí Giáo Dục Khoa Học*. tháng 7, số 106, 2014, pp.4-6.

Nguyễn Thu Hải. "Vai trò trí thức trong xây dựng, củng cố và bảo vệ chính quyền cách mạng giai đoạn 1945-1946." *Tạp Chí Giáo Dục và Xã Hội*. tháng 11, 2014, pp.39-40, p.50.

Nguyễn Tiến Hùng. "Tự chủ và năng lực thực hiện quyết định tự chủ nghề nghiệp của đội ngũ giảng viên đại học." *Tạp Chí Giáo Dục Khoa Học*. tháng 12, số 123, 2015, pp.4-5.

Nguyễn Văn Hường. "Môi trường đại học là một cơ sở nghiên cứu khoa học, kỹ thuật: Công tác nghiên cứu khoa học ở trường đại học xây dựng." *Đại Học và Trung học Chuyên Nghiệp: Tập San của Ngành Đại Học và Trung Học Chuyên Nghiệp*. tháng 4, 1973, pp.1-3.

Nguyễn Văn Lâm. "Phát triển đội ngũ giảng viên các trường cao đẳng giao thông vận tải thời kỳ Công nghiệp hóa và Hiện đại hóa đất nước và hội nhập quốc tế ." Luận án tiến sĩ khoa học giáo dục (Viện Khoa Học Giáo Dục Việt Nam), 2015.

Nguyễn Xuân Thắng, Vũ Văn Phúc, Phạm Văn Đức (Đồng Chủ Biên). *Văn Kiện Đại Hội XI của Đảng Một Số Vấn Đề về Lý Luận và Thực Tiễn*. Hà Nội: Nhà xuất bản Khoa Học Xã Hội, 2013, pp.133-141.

Phạm Đỗ Nhật Tiến. Về việc hoàn thiện thể chế giáo dục đại học tư thục. *Tạp chí quản lý giáo dục*. tháng 2, số 2, 2018, pp.1-8.

Phạm Minh Hạc. "Xã hội hóa không thương mại hóa giáo dục." *Tạp Chí Khoa Học Giáo Dục*. tháng 12, 2009, p.10-11.

Phạm Tất Dong, Đào Hoàng Nam. *Phát Triển Giáo Dục: Hướng Tới Một Xã Hội Học Tập*. Hà Nội: Nhà xuất bản Dân Trí, 2011.

Phạm Thị Thanh Hải (Chủ Biên). *Tự chủ đại học trong bối cảnh đổi mới giáo dục: Nghiên cứu trường hợp Đại học quốc gia Hà Nội*. Hà Nội: Nhà xuất bản Đại Học Quốc Gia Hà Nội, 2018.

Phạm Văn Hùng. "Tăng cường giáo dục chính trị tư tưởng cho sinh viên các trường đại học, cao đẳng hiện nay." *Tạp Chí Giáo Dục và Xã Hội*. tháng 4, 2015, p.76-79.

Phan Thanh Phố. "Về sự vận dụng cơ chế thị trường và xu hướng toàn cầu hóa trong lĩnh vực giáo dục-đào tạo ở nước ta." *Tạp Chí Phát Triển Giáo Dục*. tháng 10, 2004, pp.28-31.

Phan Thị Hà. "Một số nội dung cơ bản về giáo dục đạo đức Hồ Chí Minh cho học sinh, sinh viên trong giai đoạn hiện nay. " *Tạp Chí Giáo Dục và Xã Hội*. tháng 1 và tháng 2, 2013, pp.61-64.

Phan Văn Kha. "Đổi mới căn bản, toàn diện nền giáo dục theo hướng chuẩn hóa, hiện đại hóa, xã hội hóa, dân chủ hóa và hội nhập quốc tế." *Tạp Chí Giáo Dục Khoa Học*. tháng 11, số 74, 2011, pp.1-5.

Phan Văn Kha (Chủ Biên). *Đổi Mới Quản Lý Giáo Dục Việt Nam: Một Số Vấn Đề Lí Luận và Thực Tiễn*. Hà Nội: Nhà xuất bản Đại Học Quốc Gia Hà Nội, 2014.

Thái Văn Thành, Nguyễn Như An. "Vai trò của trường bộ môn trường đại học trước bối cảnh đổi mới căn bản, toàn diện giáo dục và đào tạo." *Tạp Chí Giáo Dục Khoa Học*. tháng 3, số 114, 2015, pp.12-15.

Trần Hồng Quân (Tổng Chủ Biên).50 Năm Phát Triển Sự Nghiệp Giáo Dục và Đào tạo (1945-1950). Hà Nội: Nhà xuất bản Giáo Dục, 1995.

Trần Khánh Đức và Nguyễn Mạnh Hùng. *Giáo Dục Đại Học và Quản Trị Đại Học*. Nhà xuất bản Đại Học Quốc Gia Hà Nội, 2012.

Trần Kiểm. *Những Vấn Đề Cơ Bản của Khoa Học Quản Lý Giáo Dục*. Hà Nội: Nhà xuất bản Đại Học Sư Phạm, 2015.

Trần Ngọc Có. "Nâng cao chất lượng seminar trong dạy học môn đường lối cách mạng của Đảng cộng sản Việt Nam trong giai đoạn hiện nay." *Tạp Chí Giáo Dục và Xã Hội*. tháng 2, 2016, pp.72-75, p.84.

Trần Quang Tuyết. "Chuyển đổi loại hình đại học dân lập-tư thục: Góc nhìn từ các văn bản." *Tạp Chí Giáo Dục và Xã Hội*. tháng 1 và tháng 2, 2012, pp.44-45.

Trần Văn Thọ. "Bàn lại vấn đề học vị tiến sĩ." *Tạp Chí Tia Sáng*. số.17, 2003, pp.10-13.

Trần Văn Tùng. "Chất lượng giảng viên và chất lượng đào tạo đại học Việt Nam." *Tạp Chí Khoa Học Giáo Dục*. số 83, 2012, pp.18-20.

Viện Chiến Lược và Chương Trình Giáo Dục Việt Nam: Tạp Chí Thông Tin Khoa Học Giáo Dục. *Tổng Mục Lục: Các Bài Báo Khoa Học Đăng Trên Thông Tin Khoa Học Giáo Dục từ 1983 đến 2003*. Hà Nội: Viện Chiến Lược và Chương Trình Giáo Dục Việt Nam, 2003.

Việt Hùng. "Về với Nhân Dân Lao Động." *Đại Học và Trung học Chuyên Nghiệp: Tập San của Ngành Đại Học và Trung Học Chuyên Nghiệp*. tháng 2, 1976, pp.7-9.

Võ Văn Tạo. "Hội nghị bộ trưởng đại học các nước xã hội chủ nghĩa lần thứ XVI". Bộ Đại Học và Trung Học Chuyên Nghiệp. *Tạp Chí Đại Học và Giáo Dục Chuyên Nghiệp*. tháng 1, 1989, pp.26-27.

Vũ Ngọc Hải. "Xã hội hóa giáo dục - đào tạo, những giải pháp chính ở nước ta". *Tạp Chí Phát Triển Giáo Dục*. tháng 1, 2004, pp.5-8.

Vũ Ngọc Hải. "Dịch vụ giáo dục." *Tạp Chí Phát Triển Giáo Dục*. tháng 11, 2004, pp.1-2, p.36.

Vũ Ngọc Hải. "Về quyền tự chủ và tính trách nhiệm xã hội của các trường đại học." *Tạp Chí Giáo Dục Khoa Học*. tháng 6, số 9, 2006, pp.12-15.

Vũ Quang Việt. "Phát triển giáo dục Vai trò của học phí, trách nhiệm nhà nước và khả năng ngân sách nhà nước."Nhiều Tác Giả. *Bàn về Giáo Dục*. Hà Nội: Nhà xuất bản Tri Thức, 2015, pp.181-220.

Vũ Thị Mai Hường. "Tăng cường tính tự chủ, tự chịu trách nhiệm của các trường đại học, cao đẳng Việt Nam theo hướng tiếp cận quản lý dựa vào nhà trường." *Tạp Chí Giáo Dục Khoa Học.* tháng 7, số 82, 2012, pp.36-38.

Vũ Văn Viên. "Nâng cao năng lực lãnh đạo của Đảng trong công cuộc đổi mới đất nước thời gian tới." Nguyễn Xuân Thắng, Vũ Văn Phúc, Phạm Văn Đức và Nguyễn Linh Khiếu(đồng chủ biên.). *Văn Kiện Đại Hội XI của Đảng: Một Số Vấn Đề Lý Luận và Thực Tiễn.* Hà Nội: Nhà xuất bản Khoa Học Xã Hội, 2012, pp.142-151.

4 ベトナム語文献(法規・政府関係文書)

Chỉ Thị số 221 của Ban Bí Thư Khoá III ngày 17 tháng 6 năm 1975 Về công tác giáo dục ở miền Nam sau ngày hoàn toàn giải phóng.

Chỉ Thị số 222 của Ban Bí Thư Khoá III ngày 17 tháng 6 năm 1975 Về công tác giáo dục đại học và chuyên nghiệp ở miền Nam trong thời gian trước mắt.

Chỉ Thị số 03 của Bộ Chính Trị Khoá XI ngày 4 tháng 5 năm 2011 Về tiếp tục đẩy mạnh việc học tập và làm theo tấm gương đạo đức Hồ Chí Minh.

Hướng Dẫn số 127 của Tuyên Giáo Trung Ương ngày 30 tháng 6 năm 2014 Về việc thực hiện kết luận số 94 của Ban Bí Thư Trung Ương về việc tiếp tục đổi mới học tập lý luận chính trị trong hệ thống giáo dục quốc dân.

Kết Luận số 94 của Ban Bí Thư ngày 28 tháng 3 năm 2014 Về việc tiếp tục đổi mới việc học tập lý luận chính trị trong hệ thống giáo dục quốc dân.

Luật Giáo Dục Đại Học của Quốc Hội khóa 13 luật số 8 ngày 18 tháng 6 năm 2012.

Nghị Định số 171 của Hội Đồng Chính Phủ ngày 20 tháng 11 năm 1963 Về Quy chế mở trường và lớp đại học và trung học chuyên nghiệp.

Nghị Định số 134 của Chính Phủ ngày 30 tháng 6 năm 1975 Về việ ban hành Quy chế phân phối nghiên cứu sinh và học sinh đại học, cao đẳng, trung học chuyên nghiệp đã tốt nghiệp.

Nghị Định số 97 của Chính Phủ ngày 10 tháng 12 năm 1993 Về việc thành lập Đại Học Quốc Gia Hà Nội.

Nghị Định số 73 của Chính Phủ ngày 19 tháng 8 năm 1999 Về chính sách khuyến khích Xã hội hóa đối với các hoạt động trong lĩnh vực giáo dục, y tế, văn hóa, thể thao.

Nghị Định số 07 của Chính Phủ ngày 01 tháng 02 năm 2001 Về Đại Học Quốc Gia.

Nghị Định số 20 của Thủ Tướng Chính Phủ ngày 17 tháng 5 năm 2001 Về Quy định tiêu chuẩn, thủ tục bổ nhiệm và miễn nhiệm các chức danh giáo sư, phó giáo sư.

Nghị Định số 166 của Chính Phủ ngày 16 tháng 9 năm 2004 Về Quy định trách nhiệm quản lý giáo dục nhà nước về giáo dục.

Nghị Định số 43 của Chính Phủ ngày 25 tháng 04 năm 2006 Về Quy định quyền tự chủ, tự chịu trách nhiệm về thực hiện nhiệm vụ, tổ chức bộ máy, biên chế và tài chính đối với đơn vị sự nghiệp công lập.

Nghị Định số 115 của Chính Phủ ngày 24 tháng 12 năm 2010 Về Quy định trách nhiệm quản lý giáo dục nhà nước về giáo dục.

Nghị Quyết số 90 của Chính Phủ ngày 21 tháng 8 năm 1997 Về phương hướng và chủ trương Xã hội hóa các hoạt động giáo dục, y tế, văn hóa.

Nghị Quyết số 05 của Chính Phủ ngày 18 tháng 4 năm 2005 Về đẩy mạnh Xã hội hóa các hoạt động giáo dục, y tế, văn hóa và thể dục thể thao.

Nghị Quyết số 14 của Chính Phủ ngày 2 tháng 11 năm 2005 Về đổi mới cơ bản và toàn diện giáo dục đại học Việt Nam giai đoạn 2006-2020.

Nghị Quyết số 37 của Bộ Chính Trị Khoá XI ngày 09 tháng 10 năm 2014 Về công tác lý luận và định hướng nghiên cứu đến năm 2030.

Quyết Định số 224 của Chính Phủ ngày 24 tháng 05 năm 1976 Về việc đào tạo trên đại học ở trong nước.

Quyết Định số 426 của Thủ Tướng Chính Phủ ngày 27 tháng 10 năm 1976 Về một số vấn đề cấp bách trong mạng lưới các trường.

Quyết Định số 319 của Hội Đồng Chính Phủ ngày 17 tháng 12 năm 1980 Về việc giao nhiệm vụ cho các trường đại học và viện nghiên cứu đào tạo cán bộ trên đại học.

Quyết Định của Bộ trưởng Bộ giáo dục và đào tạo ngày 23 tháng 11 năm 1990 Về việc ban hành quy chế thi, kiểm tra, xét lên lớp, xét tốt nghiệp trong các trường, lớp trung học chuyên nghiệp và dạy nghề(Hệ dài hạn tập trung).

Quyết Định số 240 của Thủ Tướng Chính Phủ ngày 24 tháng 5 năm 1993 Về việc ban hành Quy Chế Đại Học Tư Thục.

Quyết Định số 477 của Thủ Tướng Chính Phủ ngày 05 tháng 09 năm 1994 Về việc ban hành Quy chế về tổ chức và hoạt động của Đại Học Quốc Gia Hà Nội.

Quyết Định số 185 của Thủ Tướng Chính Phủ ngày 28 tháng 03 năm 1995 Về việc ban hành Quy chế về tổ chức và hoạt động của Đại Học Quốc Gia thành phố Hồ Chí Minh.

Quyết Định số 18 của Bộ Trưởng Bộ Giáo Dục và Đào Tạo ngày 08 tháng 06 năm 2000 Về việc ban hành Quy chế đào tạo sau đại học.

Quyết Định số 86 của Thủ Tướng Chính Phủ ngày 18 tháng 7 năm 2000 Về việc ban hành Quy Chế Trường Đại Học Dân Lập.

Quyết Định số 24 của Bộ Trưởng Bộ Giáo Dục và Đào Tạo ngày 28 tháng 06 năm 2001 Về việc ủy quyền cho Giám Đốc Đại Học Quốc Gia cấp bằng tiến sĩ.

Quyết Định số 31 của Bộ Trưởng Bộ Giáo Dục và Đào Tạo ngày 30 tháng 7 năm 2001 Về việc thí điểm tổ chức đào tạo, kiểm tra, thi và công nhận tốt nghiệp đại học, cao đẳng hệ chính quy theo học chế tín chỉ

Quyết Định số 08 của Bộ Trưởng Bộ Giáo Dục và Đào Tạo ngày 13 tháng 3 năm 2003 Về việc ban hành Quy chế tuyển sinh đại học, cao đẳng hệ thống chính quy

Quyết Định số 153 của Thủ Tướng Chính Phủ ngày 30 tháng 7 năm 2003 Về việc ban hành "Điều Lệ Trường Đại Học".

Quyết Định số 14 của Thủ Tướng Chính Phủ ngày 17 tháng 1 năm 2005 Về việc ban hành Quy Chế Tổ Chức và Hoạt Động của Trường Đại Học Tư Thục.

Quyết Định số 122 của Thủ Tướng Chính Phủ ngày 29 tháng 5 năm 2006 Về chuyển loại hình trường đại học dân lập sang loại hình trường đại học tư thục

Quyết Định số 389 của Thủ Tướng Chính Phủ ngày 4 tháng 4 năm 2007 Về việc bổ nhiệm ông Đào Xuân Học, giữ chức Thứ trưởng Bộ Nông nghiệp và Phát triển nông thôn.

Quyết Định số 43 của Bộ Trưởng Bộ Giáo Dục và Đào Tạo ngày 15 tháng 8 năm 2007 Về việc ban hành Quy chế đào tạo đại học và cao đẳng hệ chính quy theo hệ thống tín chỉ.

Quyết Định số 174 của Thủ Tướng Chính Phủ ngày 31 tháng 12 năm 2008 Về Quy định tiêu chuẩn, thủ tục bổ nhiệm, miễn nhiệm chức danh giáo sư, phó giáo sư.

Quyết Định số 61 của Thủ Tướng Chính Phủ ngày 17 tháng 04 năm 2009 Về việc ban hành Quy chế Tổ Chức và Hoạt Động của Trường Đại Học Tư Thục.

Quyết Định số 58 của Thủ Tướng Chính Phủ ngày 22 tháng 9 năm 2010 Về việc ban hành "Điều Lệ Trường Đại Học".

Quyết Định số 1555 của Giám Đốc Đại Học Quốc Gia Hà Nội ngày 25 tháng 5 năm 2011 Về việc ban hành Quy chế đào tạo sau đại học ở Đại Học Quốc Gia Hà Nội.

Quyết Định số 17 của Bộ Trưởng Bộ Giáo Dục và Đào Tạo ngày 15 tháng 5 năm 2014 Về việc ban hành Quy chế đào tạo đại học và cao đẳng hệ chính quy theo hệ thống tín chỉ.

Quyết Định số 70 của Thủ Tướng Chính Phủ ngày 10 tháng 12 năm 2014 Về việc ban hành "Điều Lệ Trường Đại Học".

Quyết Định số 1981 của Thủ Tướng Chính Phủ ngày 18 tháng 10 năm 2016 Về quyết định phê duyệt khung cơ cấu hệ thống giáo dục quốc dân.

Thông Tư số 10 của Bộ Trưởng Bộ Giáo Dục và Đào Tạo ngày 07 tháng 05 năm 2009 Về việc ban hành Quy chế đào tạo trình độ tiến sĩ.

Thông Tư số 09 của Bộ Trưởng Bộ Giáo Dục và Đào Tạo ngày 05 tháng 03 năm 2012 Về việc ban hành Quy chế tuyển sinh đại học, cao đẳng hệ thống chính quy.

Thông Tư số 57 Bộ Trưởng Bộ Giáo Dụcv à Đào Tạo ngày 27 tháng 12 năm 2012 Về việc sửa đổi, bổ sung một số điều của Quy chế đào tạo đại học và cao đẳng hệ chính quy theo hệ thống tín chỉ ban hành kèm theo Quyết Định số 43 của Bộ Trưởng Bộ Giáo Dục và Đào Tạo ngày 15 tháng 8 năm 2007.

Thông Tư số 07 của Bộ Trưởng Bộ Giáo Dục và Đào Tạo ngày 16 tháng 04 năm 2015 Về việc ban hành Quy định về khối lượng kiến thức tối thiểu, yêu cầu về năng lực mà người học đạt được sau khi tốt nghiệp đối với mỗi trình độ đào tạo của giáo dục đại học và quy trình xây dựng, thẩm định, ban hành chương trình đào tạo trình độ đào tạo trình độ đại học, thạc sĩ, tiến sĩ.

Việt Nam Cộng Hoà. Hiến pháp Việt Nam Cộng Hoà: Ban hành ngày 1 tháng 4 năm 1967. Hà Nội: Bộ dân vận và chiêu hồi, 1974.

5 ベトナム語文献（新聞、ウェブサイトなど）

『Nhân Dân』

『Nhân Dân』ウェブサイト
http://nhandan.com.vn/

『若者』ウェブサイト
https://tuoitre.vn/

『民智』ウェブサイト
http://dantri.com.vn/

『越報』ウェブサイト
http://vietbao.vn/

『共産雑誌』ウェブサイト
http://www.tapchicongsan.org.vn/

ベトナム社会主義共和国政府電子情報局
http://chinhphu.vn/portal/page/portal/chinhphu/trangchu

ベトナム教育部統計情報
https://www.moet.gov.vn/thong-ke/Pages/thong-ko-giao-duc-dai-hoc.aspx

「ベトナムの大学・短大における自主性と責任に関する問題」論文資料
http://tailieu.vn/doc/hoi-thao-khoa-hoc-van-de-tu-chu-tu-chiu-trach-nhiem-o-cac-truong-dai-hoc-va-cao-dang-viet-nam-1842950.html

「ヴィン大学党委員会」
http://danguy.vinhuni.edu.vn/gioi-thieu/seo/quy-dinh-ve-chuc-nang-nhiem-vu-cua-dang-bo-co-so-truong-dai-hoc-vinh-66316

「ホー・チ・ミン国家政治学院」ウェブサイト
http://hcma1.vn/hoat-dong-khoa-hoc/99/Tu-die-n-bie-n-tu-chuye-n-ho-a-Kha-i-nie-m-bie-u-hie-n-va-nguyen-nhan.html

6 中国語文献・ウェブサイト

（論文）
労凱声「教育体制改革中的高等学校法律地位変遷」『北京師範大学学報（社会科学版）』第二期、2007年、5～16頁。

（新聞）
『人民日報』

（ウェブサイト）
教育部ホームページ、各年版「全国教育事業発展統計広報」

http://www.moe.gov.cn/jyb_sjzl/sjzl_fztjgb/
中国学位および大学院教育情報センター「国家重点学科選択項目紹介」
http://www.cdgdc.edu.cn/xwyyjsjyxx/zlpj/zdxkps/257697.shtml

7　ロシア語文献

（教育統計資料）

Образование в Российской Федерации: 2014: статистический сборник. осква:Национальный исследовательский университет «Высшая школа экономи

あとがき

　本書は、筆者が京都大学大学院教育学研究科に提出した博士学位請求論文「ベトナム高等教育における構造改革の論理：国家と党による大学への関与」（2018年1月提出、2018年3月学位授与）をもとに、加筆・修正をおこない刊行するものである。刊行にあたっては京都大学学長裁量経費・若手研究者出版助成事業の助成を受けた。各章の内容と関連する主な既発表論文は次のとおりである。

序章　　書き下ろし
第1章　「社会主義国の体制移行に伴う教育変容：ベトナムと中国を中心に」（南部広孝と共著）『京都大学大学院教育学研究科紀要』第57号、京都大学大学院教育学研究科、2011年、1～25頁。
　　　　「ロシアと中国における体制移行に伴う高等教育の構造変動」『大学教育研究』第24号、神戸大学大学教育推進機構、2016年、67～86頁。
　　　　「体制移行に伴う高等教育の構造変容：専門分野別学生数に着目して」（南部広孝とジャルガルサイハン、ジャルガルマーと共著）『京都大学大学院教育学研究科紀要』第62号、京都大学大学院教育学研究科、2016年、157～181頁。
第2章　「ベトナム高等教育における社会主義的改造過程に関する一考察：ベトナム共和国接収前後の比較的検討を通じて」『京都大学大学院教育学研究科紀要』第60号、京都大学大学院教育学研究科、2014年、111～123頁。
第3章　「ベトナム高等教育における私塾大学の特質に関する研究：管理運営的側面における制度設計を中心に」『比較教育学研究』第46号、日本比較教育学会、2013年、21～40頁。
第4章　「ベトナム高等教育における博士学位授与制度の動態に関する一考察：大学における自律性の拡大過程として」『京都大学大学院教育学研究科紀要』第59号、京都大学大学院教育学研究科、2013年、277～289頁。
　　　　「ベトナムの大学入学者選抜制度における権限配分の論理：体制移行期の制度改革を中心に」『京都大学大学院教育学研究科紀要』第61号、京都大学大学院教育学研究科、2015年、369～381頁。

第5章　「ベトナムにおける高等教育行政構造の特質に関する研究：多数省庁による所管分担方式の持続的原理」『比較教育学研究』第49号、日本比較教育学会、2014年、114〜135頁。
第6章　書き下ろし
第7章　書き下ろし
終章　書き下ろし

　本書を出版するにあたり強く感じていることは、本書は筆者にとって主として修士・博士後期課程における1つの到達点であるとともに、研究を志す人生のスタート地点でもあるということである。本書の成果をふまえて、より「いい研究」をおこなうために努力を継続していきたい。そして、これまで研究を進めてくるうえでは数多くの先生方にご指導・ご支援をいただいてきた。

　最初に、杉本均先生に心からお礼を述べたい。博士論文の副査をしていただいた杉本先生には、学部生の頃より「比較教育学概論」の授業をはじめ、学部ゼミや院ゼミ、論文の指導などを通じて、比較教育学の基礎を学ばせていただいた。ときどきみせていただけるお茶目な一面に反して、杉本先生の研究に対する姿勢は非常に厳しく、とりわけ研究論文が面白いかそうでないかを見極める「眼」は非常に鋭い。筆者にとって杉本先生は比較教育学者としての道しるべのような存在である。面白みのない論文を書いて読んでいただいた後の空気ほど苦しいものはなく、先生に論文を読んでいただくにはかなり勇気を要するものであった。杉本先生のような研究に対する「眼」を持てるよう、いっそう励んでいきたいと思っている。今後ともご指導ご鞭撻を頂戴したい。

　博士論文の主査をしていただいた南部広孝先生には、先生が京都大学に着任された2008年からこれまでずっとご指導をいただいており、南部先生は筆者が心から「師」と呼ばせていただきたい先生である。南部先生への感謝は筆舌に尽くすことができないが、曲りなりにも筆者が研究者としてのスタート地点に立とうとしているのは、すべて南部先生のおかげである。本書で主題の1つとして扱っている「体制移行」は、修士課程の1回生の時に南部先生と共著させていただいた論文が発想の土台となっている。南部先生には文章の書き方や、言葉遣いから教えていただき（いまだに吸収できていないことも多いが）、先生に読んでいただいた論文や申請書には朱が付かない文章がないというほどに、一文

一文丁寧にご指導していただいた。南部先生は非常に正確で鋭い観点から研究対象に切り込まれる反面、面談の際などには研究構想を楽しそうにお話されることも多く、南部先生との面談の時間からは学問を楽しむという姿勢を学ぶことができた。不肖の弟子ではあるが、こうしてご指導をいただいていることに心から感謝している。今後ともどうぞ、ご指導ご鞭撻をくださいますよう、よろしくお願い申し上げます。

　神戸大学の近田政博先生には、学振のPDとして3年間神戸大学に受け入れていただき、本書の基礎となった博士論文を執筆するうえで大変お世話になった。近田先生が大学教育推進機構の資料室を一室まるごと研究室として筆者に貸してくださったおかげで、博士論文の執筆に集中することができた。友人・知人と会うということが極端に少ない灘区六甲山での孤独な生活ではあったが、近田先生は鶴甲のキャンパス内をふらふらと歩く筆者をみかけると、「関口くん、元気か」といつも気にかけくださった。近田先生には、ベトナムの高等教育に対する見方はもちろんであるが、文章の書き方や大学で働くうえでの心構えなど、研究者として身につけるべき作法を数多く教えていただいている。今後ともご指導、ご鞭撻を賜りたい。

　直接ご指導を賜る機会は限られていたが、中国教育研究の大家である大塚豊先生にも感謝を申し上げたい。南部先生にご紹介していただいた大塚先生には、修士課程の二回生から博士課程の二回生まで、毎年夏になるとそのときどきに抱えている論文の構想を持って広島大学の研究室にお邪魔し、授業を抱えられているなかで丁寧に論文の指導をしていただいた。いま思い返しても非常に贅沢な時間であり、当時は「いい研究をする」ということが唯一の恩返しにつながると考え、広島から京都に戻っては頭の熱いうちに論文に取り掛かっていた。「いい研究をする」というのはいまもって変わらない目標である。

　京都大学の比較教育学研究室では、本当に多くの先輩、同級生、後輩のみなさんのお世話になった。そのなかでも、筆者が研究を進めるうえで直接的なご指導をいただいた諸先輩にお礼を述べたい。まず、馬場智子先生には、大学三回生で参加させていただいた自主ゼミからはじまり、卒業論文や修士論文、そして博士論文に至るまで、いつも親身になって筆者にアドバイスをしてくださった。朗らかな笑顔で建設的なアドバイスをしてくださる馬場さんには助けてもらい続けている。今後とも変わらぬご支援を賜りたい。

あとがき 313

　工藤瞳さんは、研究室のフロントランナーというような存在であり、筆者にとっては身近なロール・モデルの1人である。研究に対する真摯な姿勢、現地の言葉や文化を尊重する態度、そして面白い研究主題への着眼力など、工藤さんからは多くを学ばせていただいている。筆者の研究に対する態度（それ以外も）について厳しい視点でアドバイスをされることも多く、そうしたことは筆者が研究を進めるうえでの糧となってきた。先輩には感謝に堪えない。
　田村徳子さんには、1つ回生が上の先輩として、並々ならぬご指導とお世話をしていただいた。「大学院生は研究に集中していればよいのだろう」と思っていた筆者に、研究室の運営や先生方との関係の作り方など、社会的なことを教えてくださったのは田村さんである。研究については田村さんのペースを参考にさせていただき、学振の申請書や学会誌への投稿など、その書き方を学ばせていただいた。さらに、研究室のメンバーの誕生日会、研究室旅行などいつも律儀に企画していただいた。明るい思い出が多くあるのは先輩のおかげである。
　ベトナム、特にハノイにおいても、多くのベトナム人の先生方、学生それから日本人留学生に物心両面で支えていただいた。ベトナム教育科学院の高等教育局長をされているレ・ドン・フォン先生は、筆者が修士課程2回生だったときに大塚豊先生にご紹介していただいて以来お付き合いさせていただいている。高等教育の最新の改革動向を教えてもらおうと研究室のドアを突然ノックする筆者を、いつもあたたかい笑顔で迎えてくれてお話をしてくださる先生には感謝の念が堪えない。また、筆者が留学していた際ベトナム教育管理学院の副院長であったレ・フック・ミン先生（現在は、社会科学アカデミーアフリカ・中東研究院長）には、研究面での支援をはじめ、ハノイでの下宿探しや旧正月の過ごし方（1週間ほどハノイがゴーストタウンのようになる）など節目節目に筆者を支えてくださった。そして、留学当時ベトナム言語学研究所の副院長をされていたマイ・スアン・フイ先生には、実の父のように、言い尽くせないほどのお世話をしていただいた。当初、ベトナム語をほとんど話すことができなかった筆者が、多少なりとも話をすることができるようになったのはフイ先生のおかげであり、フイ先生の語学の授業がなければ研究のための文献調査・聞き取り調査を進めることはできなかった。フイ先生が副教授になられた際には、教授および副教授の職名記の授与式が国家会議センターで開かれ、国家的な行事である授与式に家族の一員として参加させていただいた。加えて、ハノイでの生活を支えて

くれた当時ハノイ工科大学学生であったグエン・スアン・ハイさん、それから日野喜文先生をはじめとする日越大学の先生方にもお礼を申し上げたい。

　現在の職場である広島大学教育開発国際協力研究センターでは、数多くの先生方のお世話になっている。大規模なプロジェクトをいくつも抱えるセンターの日々の業務と並行して、筆者が本書刊行のため原稿の修正や研究活動に取り組めるのは、センター長の吉田和浩先生をはじめとするセンターの先生方、それから事務職員の方々のご理解の賜物であると感謝している。とくに日下部達哉先生は、東広島西条での日常生活から調査・研究に至るまで数多くのアドバイスをしてくださり、まるで大学の先輩がすぐそばにいるような贅沢な環境を筆者に与えてくださっている。この場を借りてお礼を申し上げたい。なお、日本比較教育学会をはじめとして、アジア教育研究会や三大学ゼミ、それから現職の広島大学では、ここに直接お名前を挙げることができていないが非常に多くの先生方・先輩・朋輩・後輩のお世話になっている。今後ともよろしくお世話を賜りたい。

　最後に、本書の意義を認めてくださり、出版を快くお引き受けくださった東信堂下田勝司氏に心からお礼を申し上げたい。

　末筆ながら私事になるが、博士論文を執筆する過程で筆者をはげましてくれた友人、とくに柴田誠先生・ビックさん夫妻にはありがとうと言いたい。そして何より、就職活動をまったくせず、さも当然のごとくに大学院への進学を決めた筆者をずっと応援してきてくれている両親に感謝の気持ちを伝えたい。大学院進学を希望しながらもあきらめざるを得なかった両親にとって、本書が多少なりとも親孝行になれば幸いである。また、この場を借りていつもそばで筆者を支えてくれている妻ミン・ヒエンにも感謝の気持ちを伝えたい。ありがとう。

索 引

ア行

一体化	237-239, 269, 275, 278
一般知識群	165
イデオロギー	15, 40-42, 44
運営自主権	7, 52, 57-58, 64, 144, 146-147, 149-150, 153-154
営利性	115-118
教え良し、学び良し	82, 95

カ行

科	26, 81, 119, 127, 270
改革・開放（中国）	38, 53
外国語大学	148, 233, 235-236, 238
改正教育法	21
開発独裁体制	41-43
解放の教育観	37
科学技術部	129, 172, 203
学位	28, 52, 58, 147-148, 166-173
学術の自由	5-6, 51, 59, 150-151, 154-155, 257, 263-264, 271, 273-274
ガバナンス	4, 11, 15-16, 24-25, 150
株主総会	122-123, 125, 131, 262-263
カントー大学	84-85, 92
監督モデル	5, 65
管理者	6, 210, 242, 266, 268, 277
基準点	158-159
義務教育（ベトナム）	21, 114
教育科学雑誌	17, 20, 149, 151-155, 171
教育課程	26, 52, 77-78, 84-85, 91, 110, 160-166, 263, 271
教育課程の弾力化	162, 164
教育訓練部	16, 109
教育大学（ハノイ国家大学）	148
教育と社会雑誌	18, 134, 226, 231
教育と生産労働の結合	91, 190, 193, 197, 221
教育発展雑誌	17, 116-117
教育部の論理	19, 287-288
教育法（ベトナム）	21-22, 145, 273
共産党（ベトナム）	5, 74, 76, 225
グエン・タット・タイン大学	124-125
グローバル化	4, 24, 116-117
計画経済体制	4, 36, 40-41, 44, 54-55, 110, 257
計画経済体制から市場経済体制への移行	4, 36
研究生	167-170, 194, 206-207, 266
検査委員会	122, 130-132
建設大学	96, 196, 231
工業化と現代化	206
工商部	153, 186-187, 196, 199-201, 266
交通運輸技術大学	137, 202
高等教育アジェンダ	15, 124, 146, 150
高等教育システム	4-8, 11-12, 24-25, 27, 38-39, 79, 84, 90-91, 269-270
高等教育の構造	7, 9-12, 14, 17-20, 24-25, 43-46, 74-76, 269, 274, 276
高等教育の市場化	8, 109, 118, 135-136, 264, 275-276, 280
紅と専	20, 220, 222, 232
国防学	243
国家（本書の定義）	27
国家後期中等教育卒業試験	159
国家社会主義体制	7, 10, 41, 43, 74-76, 97, 223
国家大学	8, 26, 147-148, 159, 170, 233, 235-236, 273
国家中長期教育改革・発展計画綱要（中国）	59
国家のマクロな管理	154, 272

サ行

サービスとしての教育	117-118

サイゴン大学	84-87		189, 256
試験問題枠	156	ソビエト・モデル	10, 75, 99
私塾大学	8, 21, 108-109, 111, 121-135, 242, 262-264, 273-274		

タ行

私塾大学規則	11, 111, 118-119, 121, 123	第一次五カ年計画（ベトナム）	79
私塾大学への類型転換	108, 134, 141-142	大学（ベトナム、本書の定義）	25-27
自主権	5, 17, 43-44, 119-121, 145-147	大学課程	26, 166, 280
市場化	4, 8, 49, 54, 113, 130, 228, 241-242	大学教授職	127, 204, 225
自治	5-6, 9, 21, 44, 47, 85, 89, 145, 200	大学条例	11, 119-121, 144-146, 271
資本主義	7, 41, 43, 90	大学・中級職業教育雑誌	17, 80, 89, 95
社会化（ベトナム）	108-109, 114-118, 133, 146-147	大学・中級職業教育部	75, 80, 82-83, 89-90
社会主義	4-8, 22, 74-75, 99	大学党組織	11, 27, 60, 93, 119-120, 123, 201, 233-243
社会主義学校建設運動	79, 221, 260	大学評議会（現代ベトナム）	119-121, 131-132, 146, 153-154, 237-240, 265, 280-281
社会人文科学大学	148, 233, 235, 238, 292		
社会的責任	150, 171		
就職活動	110, 181, 254	体制	39-40
集団主人公制度	81, 95, 101	体制移行	4, 36-37, 62, 269-270, 274-276, 278
従来型の単科大学	8		
従来の体制	5, 10, 74, 94, 97	体制移行論	18, 38-39, 41
ジュネーヴ協定	74, 78, 83	体制維持	47, 231, 233, 241, 274
生涯学習社会	115, 137, 224	大政治運動	222, 261
職業分配制度	110	体制転換	6, 43
ショック療法	36, 53	多数官庁所管方式	8, 44-45, 53, 57, 187, 192-196, 209-211
自律性	4, 16, 50-51, 86		
自律的な機関	18, 42, 147, 272, 281-282	単位制	110, 162-163
進士（学位）	74, 168-170, 206-208, 243	短大課程	26
水利大学	96, 196, 202-205	タンロン大学	134
水利部	186-187, 193	知識人	24, 27-28, 33, 166, 277
政治思想教育	92, 96, 160-161, 220-223, 228-229, 231-233, 241-242	知識人の領導	27, 77, 97, 220, 243, 278
		地方拠点型の総合大学	8, 15
政治体制の民主化	4, 10, 41-42, 62, 257-258	中央学舎区	78, 101
		中華人民共和国	4, 45-47, 53-59, 189-191, 256-258, 279-282
正統性	122, 127, 237, 242, 274, 278		
碩士（学位）	127, 168, 207, 243	中華人民共和国高等教育法	57-58
漸進主義	36, 64	チュオン・チン（人名）	77, 220
全面的な発達（ベトナム）	22	ドイモイ政策	10, 108, 110, 112, 219, 223, 290
専門知識群	165		
総合大学（ベトナム）	8, 26, 75, 78, 94, 96-97, 147-148, 276	党委員会（ベトナム）	81, 83, 119-122,
ソビエト	5, 7, 39, 43-47, 50, 78-79, 187-		

218, 226-227, 235, 238-239
東欧　　　　　4, 15, 36, 66, 145, 282
党が領導し、国家が管理する　25, 27, 218
党条例　　　　　226-227, 234, 253
統制モデル　　　　　　　　　5, 65
道徳資格　　　　　　　　　160, 166
道徳の衰退　　　　　　228, 230, 231
党の領導　17, 27, 95, 173, 219, 230, 268, 290
トライアングル・モデル　　　　6, 25

ナ行

『ニャンヴァン』・『ザイファム』　　221
ニャンザン　　18, 93, 98, 163, 172, 208
入学者選抜　50, 57, 145, 155-159, 171-173, 263, 271
農村農業開発部　　　　202, 204, 207
能力評価試験　　　　　　　　　159

ハ行

ハノイ外国語師範大学　　　　　147
ハノイ区大学・短大党部　　227, 248
ハノイ師範大学　147, 150, 164-165, 175, 196
ハノイ総合大学　　　　　　147-148
比較教育学　　　　　　12-13, 15, 30
非教育行政部門　9-10, 186-187, 193, 195, 206, 209-211, 265-267, 275
非識字　　　　　　　　　　　　77
フエ大学　　　　29, 84, 93, 162, 213
仏領インドシナ　　　　　　　74, 84
部門（大学の組織）　119, 153-154, 235
フランス　　　　5, 7, 74, 77, 84, 260, 278
ベトナム教育科学院 16, 151, 154, 202, 234
ベトナム教育管理学院　　　　234, 235
ベトナム共産党第4回大会　28, 95, 166
ベトナム共産党第6回大会　　　　110
ベトナム共産党第11回大会　　　152
ベトナム共和国（南ベトナム）74, 83-88

ベトナム社会科学アカデミー　　27, 243
ベトナム民主共和国（北ベトナム）74, 76, 78, 80-83, 88-90, 92-94
ペレストロイカ　　　　　　　　47
奉仕（ベトナム）19, 77, 79-83, 92-93, 96-98, 194, 220, 242, 259, 261
法人格　48, 60-61, 121, 130, 146-147, 257, 271-272
ホー・チ・ミン（人名）　33, 74, 77, 220
ホー・チ・ミン労働青年団（青年団）81, 83, 92, 95, 96-97, 99, 156

マ行

マルクス・レーニン主義47, 51, 165, 170, 222-223, 229, 231
民営高等教育　8, 12, 14, 55, 61, 108, 111, 115-116, 121, 132-135, 195
民主化（ベトナム教育）152-153, 171, 178
民立大学　8, 108-109, 111, 118-119, 121-124, 130-131, 134-135, 141-142
民立大学規則　　　　　　118-119, 122

ヨ行

ヨーロッパ大学協会（EUA）　　　200

ラ行

理念型（大学）　6, 8, 38, 43, 62-63, 155, 160, 257
領導者　　　6, 11, 79, 230, 241, 254, 269
レ・ズアン（人名）　　　　　95, 105
ロシア　　4, 47-53, 59-64, 256-258, 279-281
ロシア連邦法「教育について」　　48, 51

ワ行

和平演変　　　　　　　　　232, 250

欧字

FPT大学　124
サービスの貿易に関する一般協定
　（GATS）　116
世界貿易機関（WTO）　116, 117

著者紹介
関口　洋平（せきぐち　ようへい）
1986年生まれ。京都大学教育学部卒業。京都大学大学院教育学研究科博士後期課程修了。博士（教育学）。比較教育学専攻。日本学術振興会特別研究員を経て、現在、広島大学教育開発国際協力研究センター研究員。

主な著書・論文
『グローバル人材育成と国際バカロレア：アジア諸国のIB導入実態』（共著、東信堂、2018年）、「ベトナムにおける高等教育行政構造の特質に関する研究―多数省庁による所管分担方式の持続的原理―」（『比較教育学研究』第49号、2014年）、「ベトナム高等教育における私塾大学の特質に関する研究―管理運営的側面における制度設計を中心に―」（『比較教育学研究』第46号、2013年）。

現代ベトナム高等教育の構造―国家の管理と党の領導―

2019年3月25日　初　版第1刷発行　〔検印省略〕

定価はカバーに表示してあります。

著者Ⓒ関口洋平／発行者　下田勝司　　印刷・製本／中央精版印刷株式会社

東京都文京区向丘1-20-6　郵便振替 00110-6-37828
〒113-0023　TEL 03-3818-5521（代）　FAX 03-3818-5514

発行所
株式会社 東信堂

Published by TOSHINDO PUBLISHING CO., LTD.
1-20-6, Mukougaoka, Bunkyo-ku, Tokyo, 113-0023, Japan
E-Mail : tk203444@fsinet.or.jp　http://www.toshindo-pub.com

ISBN978-4-7989-1547-0　C3037　Ⓒ Sekiguchi Yohei

東信堂

書名	著者	価格
若手研究者必携 比較教育学の研究スキル	山内乾史編著	一七〇〇円
リーディングス 比較教育学 地域研究 —多様性の教育学へ	近藤孝弘 中矢礼美 西野節男 編著	三七〇〇円
比較教育学事典	日本比較教育学会編	一二〇〇〇円
比較教育学の地平を拓く	森下稔 山田肖子 編著	四六〇〇円
比較教育学—越境のレッスン	馬越徹	三六〇〇円
比較教育学—伝統・挑戦・新しいパラダイムを求めて	M・ブレイ編 馬越徹・大塚豊監訳	三八〇〇円
国際教育開発の研究射程—「持続可能な社会」のための比較教育学の最前線	北村友人編著	二八〇〇円
国際教育開発の再検討—途上国の基礎教育普及に向けて	小川啓一 西村幹子 北村友人 編著	二四〇〇円
ペルーの民衆教育—「社会を変える」教育の変容と学校での受容	工藤瞳	三二〇〇円
アセアン共同体の市民性教育	平田利文編著	三七〇〇円
市民性教育の研究—日本とタイの比較	平田利文編著	四二〇〇円
社会を創る市民の教育—協働によるシティズンシップ教育の実践	大谷友男 桐谷正信 編著	二五〇〇円
アメリカにおける多文化的歴史カリキュラム	桐谷正信	三六〇〇円
アメリカ公民教育におけるサービス・ラーニング	唐木清志	四六〇〇円
発展途上国の保育と国際協力	浜野隆 三輪千明 編著	三八〇〇円
中国教育の文化的基盤	顧明遠 大塚豊監訳	二九〇〇円
中国大学入試研究—変貌する国家の人材選抜	大塚豊	三六〇〇円
東アジアの大学・大学院入学者選抜制度の比較—中国・台湾・韓国・日本	南部広孝	三二〇〇円
中国高等教育独学試験制度の展開	南部広孝	三二〇〇円
現代ベトナム高等教育の構造—国家の管理と党の領導	関口洋平	三九〇〇円
中国の職業教育拡大政策—背景・実現過程・帰結	劉文君	五〇八〇円
中国における大学奨学金制度と評価	王帥	五〇四〇円
中国高等教育の拡大と教育機会の変容	王傑	三九〇〇円
中国の素質教育と教育機会の平等—都市と農村の小学校の事例を手がかりとして	代玉	五八〇〇円
現代中国初中等教育の多様化と教育改革	楠山研	三六〇〇円
グローバル人材育成と国際バカロレア—アジア諸国のIB導入実態	李霞編著	二九〇〇円
文革後中国基礎教育における「主体性」の育成	李霞	二八〇〇円

〒113-0023 東京都文京区向丘1-20-6
TEL 03-3818-5521 FAX03-3818-5514 振替 00110-6-37828
Email tk203444@fsinet.or.jp URL:http://www.toshindo-pub.com/

※定価：表示価格（本体）＋税